한눈에 읽는 외식창업 성공이야기 [시리즈 10]

매년 시장 파이 확대되는
치킨 전문점

김병욱 지음

 킴스정보전략연구소

김 병 욱 소장

킴스정보전략연구소 소장인 김병욱 박사는 소상공인 창업 지원 연구, 개발, 평가, 심사, 위원으로 활동하고 있으며, 삼성그룹사가 작사와 1등을 뛰어넘는 2등 전략과 창업 틈새 전략 외 150여 권의 저서를 발표한 바 있다.

그 밖에 방송·산업체 강의, 평가 등의 활동과 동시 월스트리트저널에 의해 21세기 아시아 차세대 리더에 선임된 바 있는 정보전략가임과 동시 경영컨설턴트이다.

Contents

Contents

Contents

Contents

I

치킨전문점의 진화와 발전 트렌드

1. 치킨 브랜드의 맛의 변화와 발전

한국에서 프라이드치킨은 한국전쟁이 끝난 1953년 이후 주둔하고 있던 미군을 통해 최초로 유입되었다. 당시 미군부대에서 근무하던 한국인 근로자들이 처음으로 접했으며, 대중에게도 널리 알려지기 시작했다.

한국의 치킨 시장은 오랜 역사를 자랑한다. 현재는 오븐구이가 대세지만 여전히 인기를 누리는 프라이드지킨과 양념치킨을 무시할 수는 없다. 원래 한국에서 닭요리는 튀김법이 없었다. 1950년대 주한 미군이 닭을 튀겨먹는 모습에서 프라이드치킨이 도입됐으며 그 이후 정작 닭 요리의 중흥은 1960년대 중반 이후부터 시작됐다. 이 당시 튀김요리의 보급으로 단시간에 빨리 자라 고기를 쉽게 얻을 수 있는 '육계'가 보급되면서 닭고기가 대량 생산되기 시작했고, 통닭구이를 중심으로 한 닭요리가 대중화되기 시작했기 때문이다.

1970년대 들어서는 양계기술이 발달해 닭고기 가격이 떨어진 데다 식용유가 보급되면서부터는 튀김통닭이 인기를 얻게 됐다. 이때까지만 해도 시장에서의 요리는 닭을 통째로 튀기는 스타일이 전부였다. 그 후 프라이드치킨의 느끼함에 질릴 무렵 1980년대 양념치킨 전성시대가 펼쳐졌다. 한국식의 매콤달콤한 양념을 묻힌 양념치킨은 한국인은 물론 이 맛을 본 외국인들까지 사로잡기에 충분했다. 1990년대까지 그 인기를 유지했던 양념치킨 대신 새로운 맛을 찾을 때쯤 튀김옷을 두툼하게 입힌 프라이드치킨이 다시 득세하게 된 것이다. 여기에는 한국인이 좋아하는 달콤 짭짜름한 간장치킨이 틈새를 파고들며 프라이드치킨 못지않은 시장을 만들었다. 가장 최근에 혁신적으로 등장한 오븐구이는 웰빙 흐름을 타고 선풍적인 인기를 누리고 있다. 건강이 중요한 화두가 된 시대인 만큼 앞으로도 당분간 그 인기는 계속될 것이다. 최근 유난히 인기를 누리고 있는 닭강정도 '곧 수그러들 것'이라는 초기의 예측과는 달리 아성은 계속 유지되고 있지만 변할 것 같지 않던 치킨도 시대에 따라 많은 변화를 겪어 왔다. 그 변화와 발전 추이를 살펴보면 다음과 같다.

1) 육계 대량보급과 튀김요리 대중화(1961~1980)

최초의 서양식 닭요리 전문점은 1960년 명동에서 개점한 '명동영양센터'인데 당시 식용유가 널리 쓰이지 않았기 때문에 기름에 튀기는 조리방식이 아닌 전기로 굽는 방식이 선호되었고, 소위 말하는 '전기구이통닭'을 중심으로 판매되었다. 그러나 당시 프랜차이즈의 개념이 희박했던 상황이라 오늘날과 같이 체인점의 형태로 운영되지는 않았다. 이후 1962년에는 복합 사료공장이 가동되면서 사료의 생산과 유통이 기하급수적으로 증가했고, 이에 따라 육계의 생산량도 폭발적으로 늘어나면서 서민들도 닭고기를 마음껏 먹을 수 있는 시대가 도래한 것이다.

전체적으로 1961년 명동 〈영양센터〉에서 치킨이 처음 판매된 이래 치킨이 삼계탕처럼 보양식 취급을 받았던 시기에 1970년대 초 육계사업이 비약적으로 발전을 하면서 흔한 고기가 됐다. 여기에 1971년 식용유기 출시되고 대중화되면서 닭을 마음껏 튀겨 먹을 수 있는 환경이 갖춰지면서 말 그대로 프라이드치킨 시대가 열린 것이다. 그 이후 동네 시장마다 가마솥에서 치킨을 튀기는 장면들을 쉽게 보게 되고, 1977년에 최초의 치킨 프랜차이즈 〈림스치킨〉이 등장하기에 이른 것이다. 1977년 개업한 〈림스치킨〉이 국내 최초로 개설한 프랜차이즈 가맹점의 역사적 서약을 개시한 것이다.

가마솥에 생닭을 즉석에서 튀겨주는 옛날통닭은 염지를 하지 않은 채 구워내는 전기구이 통닭으로 이어졌고 그 후 명동에서 유명세를 탄 〈영양센터〉가 바로 그 노하우를 이어받아 오늘날의 치킨 공화국을 만든 원조가 된 것이다.

2) 치킨의 맛을 위해 옷을 입히다. (1981-2000)

1981년도에는 개그맨 최양락이 광고모델을 했던 양념치킨이 시장에 첫 모습을 드러내면서 폭발적인 인기를 구가했다.

치킨 프랜차이즈 가맹점이 폭발적으로 늘어나기 시작했고 배달을 이점으로 아파트 단지의 상가에 입점하였으며, 1980년대 잠시 주춤했던 경제적 불황을 타개하기 위해 치킨전문점들은 생맥주를 함께 판매하기 시작하면서 대중화에 성공한 것이다. 또한 1980년대부터 시작된 각종 스포츠, 예를 들어 한국 프로야구와 같은 프로 리그의 관중들은 배달과 휴대가 간편한 치킨과 맥주 없이는 관람을 못할 정도로 대중에 친숙한 먹거리로 변화하였다. 기존의 얇은 튀김옷에서 두껍고 짭짤한 KFC의 튀김옷으로 조리법이 변화했다. 1980년대 후반에는 '처갓집', '이서방', '페리카나'가 치킨 프랜차이즈 시장에서 최강자로 떠올랐고, 이후 기업형 치킨 프랜차이즈 브랜드인 '교촌치킨'이 등장했다. 그 후 1984년 〈KFC〉가 국내에 도입되면서 치킨 프랜차이즈 산업이 본격적으로 산업으로 성장하기 시작하였다. 뒤이어 매콤한 양념통닭이 선을 보이기 시작하는데 바로 현재까지도 굳건히 프랜차이즈 사업을 펴고 있는 〈페리카나〉와, 〈멕시카나〉〈처갓집 양념통닭〉 등이 그 주인공이다.

1990년대 중반에는 '프라이드치킨을 동네에서 배달시켜 먹는다' 는 발상으로 시장을 석권한 〈BBQ〉가 IMF 시기와 맞아 떨어지면서 폭발적인 성장을 이뤘다. 즉 프라이드 반, 양념 반 메뉴가 소비자들의 인기를 끌던 중 1996년에 〈BBQ〉라는 브랜드가 생겨나면서 대한민국 치킨 프랜차이즈는 가히 폭발적인 성장을 하게 된다. 그 이후 바비큐숯불치킨, 오븐치킨, 화덕치킨 등 다양한 방향으로 전개되었다. 또 경상도에서 간장치킨을 들고 혜성같이 나타난 〈교촌치킨〉은 그야말로 새로운 혁명을 불러왔다. 뒤이어 〈호식이두마리치킨〉이나 〈티바두마리치킨〉과 같은 두 마리 치킨이 인기를 끌면서, 한 마리 가격에 두 마리를 즐길 수 있다는 매력이 어필돼 많은 소비자들에게 매력으로 다가왔으며 지금도 꾸준히 인기를 불러 모으고 있다. 즉, 1990년대 말의 외환위기에 따라 다수의 실직자들이 생겼고, 이들은 비교적 손쉬워 보이는 치킨전문점 창업에 몰리면서 치킨전문점 창업열풍이 불었다.

3) 치킨의 이종교배 열풍과 착한 기름열전 (2001~2010년)

2000년대 들어서면서 염지가 등장하기 시작하여, 고기를 양념수에 재는 염지 공정을 거친 프라이드치킨은 기존 전기구이 통닭과는 달리 각 브랜드마다 독특한 방식의 조리에 맛을 내 브랜드 간의 확연한 차별화를 가져왔다. 특히 2002년 월드컵 특수를 기점으로 치킨전문점 창업열풍이 또 다시 불어 종전의 1만개 정도 되었던 치킨전문점이 25,000개로 증가했다.

2000년대 후반기 들어 치킨전문점 프랜차이즈 시장은 트랜스지방산의 이슈로 인해 치킨 브랜드들 간의 올리브 유, 해바라기씨 유, 채종유, 포도씨, 카놀라 유 등의 식용유 전쟁에 들어서게 되며, 서로 건강에 유해하지 않은 몸에 좋은 기름을 사용하고 있음을 강조하기 시작했다. 이로 인해 업계는 향후 프라이드나 굽는 형식의 치킨에 올라가는 차별화된 토핑형 소스가 시장 점유율에 영향을 미쳐 이제 치킨 시장도 고객들이 프라이드 양념만 찾는 것이 아니라 신제품에도 관심을 가지기 시작한 것이다. 즉 토핑형 소스의 시도가 소셜커머스 등의 마케팅과 만나면서 신제품 치킨의 트렌드를 만들어 낸 것이다.

4) 옛날통닭으로 귀환한 치킨의 궤적 (2011~2018)

1997년부터 현재까지 치킨은 국내 외식 메뉴 1위의 자리를 빼앗긴 적이 없으며, 앞으로도 현 상황이 유지되고 있다. 본래 해외에서 전래된 프라이드치킨이지만, 한국에서의 현지화를 거치면서 새로운 조리법과 문화를 만들어냈고, 오히려 이것을 해외로 수출하는 단계에까지 이를 것이다.

2011년 이후는 이른바 '세상에 없던' 치킨의 출현으로 화제를 일으키기도 했던 시기라 할 수 있다. 즉, 치킨이 다른 음식과 접목해 기존에 존재하지 않았던 제 5세대 치킨이 강력한 후보로 등장한 것이다. 특히 닭 안심과 정육을 스테이크식으로 만든 치킨도 등장해 눈길을 끄는가 하면, 문어와 치킨을 결합시킨 문이치긴도 고객의 관심을 끌었다.

많은 고객들이 치킨전문점에 가면 프라이드를 선택할 것인지, 양념을 선택할 것인지 메뉴북을 들여다보며 한참을 고민 한다. 그리고는 결국 프라이드 반, 양념 반을 주문한다. 최근 20~30대들에게는 어릴 적 아버지가 노란색 종이봉투에 치킨을 사들고 오는 풍경이 다소 생소하지만, 40대 중반 이후의 중장년층들은 한 번쯤 이런 기억을 갖고 있다. 아버지 월급날이면 온 가족이 아버지 손에 든 봉투를 확인하면서 희비가 엇갈리곤 했다. 학창시절 때는 해외 치킨브랜드인 KFC브랜드를 주로 선호했다. 세상에서 가장 맛있는 치킨이라고 생각했다. 하지만 성인이 되면서 치킨은 웬만하면 술과 함께 동반해야 직성이 풀렸다. 한창 프라이드와 양배추 샐러드에 맛을 느낄 때

즈음 각 브랜드에서 신 메뉴로 나온 마늘치킨이나 오븐치킨 등에 열광하던 때가 있었다. 이어 다양한 양념과 프라이드 치킨을 각 브랜드별로 조금씩 그 맛을 달리하면서 소비자들의 입맛을 길들였다. 워낙 치킨전문점이 많다보니, 소비자들의 입맛도 브랜드별로 식성이 다르게 갈리곤 했다.

치킨은 외식 프랜차이즈 아이템 가운데 가장 보편적이면서도 그 활용도가 매우 다양한 분야 가운데 하나다. 전 세계적으로 닭요리만큼 선호하는 식재료도 없을 것이기 때문이다. 웬만한 치킨 메뉴는 다 맛을 보았을 즈음 소비자들은 다시 옛 맛을 그리워하게 됐다. 너무 다양한 맛과 비주얼에 익숙하다 보면 어느 순간 과거 어릴 때 추억의 맛이 떠올려지기 때문이다. 그래서 이제는 다시 옛날통닭을 선호하면서 다시 옛 것으로 회귀하고 있는 것이다.

2. 치킨 전문점의 변화와 소비 트렌드

치킨전문점의 창업을 고려한다면 최근 치킨 시장의 주요 트렌드를 관심 있게 지켜보고 숙지해야 한다. 즉 브랜드화, 매장 대형화(카페형 매장), 그리고 가격인상의 3요소가 시장을 주도하고 있는데 이를 보다 세분화 시켜보면 다음과 같다.

치킨전문점 소비자 트렌드 3요소

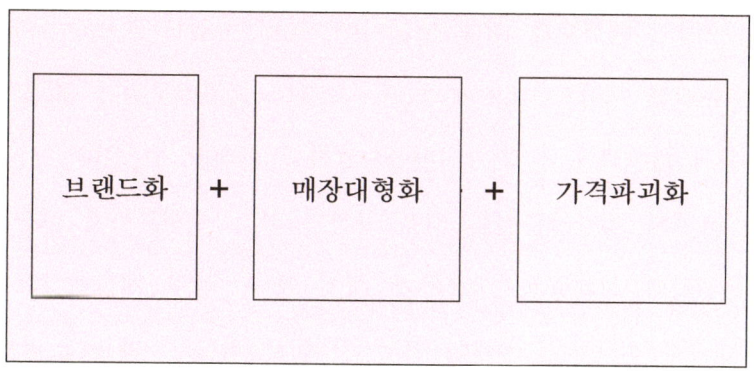

1) 메뉴의 브랜드화

치킨 프랜차이즈는 크게 '브랜드' 와 '비(非)브랜드' 로 구분된다. BBQ, 페리카나, BHC, 교촌, 네네, 굽네, 또래오래, 처갓집양념치킨, 호식이두마리치킨, 맘스터치 등 상위 10개 브랜드 매장이 약 1만개를 차지한다. 그리고 나머지 비브랜드 매장이 약 3만개다. 비브랜드는 창업비용이 저렴하다는 장점이 있지만 인지도가 낮다는 단점을 갖고 있다. 그러나 자본금이 충분하다면 되도록 브랜드 치킨전문점을 창업해야 하는 것이 당연하다. 그 이유는 다음과 같이 요약 될 수 있다. 소비자들은 점점 브랜드가 친숙한 매장에 끌린다. 가격에 큰 차이가 없다면(설사 어느 정도 차이가 있다 해도), 소비자들은 이전에 맛본 경험이 있고 품질을 예상할 수 있는 매장을 선택한다. 이는 소비자의 위험회피 성향 때문이다. 독립 창업보다 프랜차이즈 창업이 유리한 이유도 여기에 있다. 브랜드 치킨전문점은 프랜차이즈 본사에서 개발하는 신제품(신메뉴) 효과를 기대할 수 있다.

비 브랜드 치킨전문점의 경우 규모가 작은 가맹본사가 예산과 인력을 투입해 신제품을 개발하기 쉽지 않다. 설령 개발했다고 해도 소비자에게 홍보하고 마케팅 하는 건 더욱 힘들다. 때문에 비브랜드 치킨전문점은 정형화된 기존 치킨 시장의 흐름에 편승하거나, 다소 독창적이더라도 처음 창업할 때 채택한 콘셉트를 줄곧 유지하는 정도에 그친다. 반면 브랜드 치킨전문점은 가맹본사가 적어도 1년에 1~2회 정도는 신제품을 꾸준하게 내놓는다. 홍보도 유명 아이돌을 모델로 기용해 대대적으로 홍보한다. 덕분에 브랜드에 대한 소비자 인지도가 높은 선에서 유지되고, 신제품이 대박을 터뜨리면 매출이 급상승하기도 한다. 2015년 '뿌링클' 과 '맛초킹' 신메뉴의 성공으로 재미를 본 BHC가 대표적인 예다. 뿌링클 치킨은 양념을 액체가 아닌 가루 형태로 만들어 치킨에 뿌려 먹게 만들었다. 독특한 제형이 인기를 끌면서 주문이 밀려들었다. 간장치킨 맛초킹도 반응이 좋았다. 뿌링클과 맛초킹이 전체 매출의 60%를 차지할 만큼 인기를 끌면서 BHC는 2015년 치킨 브랜드 중 최고의 호황을 누렸다. 2015년 BHC가맹점당 월평균 매출은 전년 대비 41.1% 성장했다. 가맹 신청도 급증해 2015년에만 가맹점이 327개나 증가했을 정도다. 거의 하루에 1개씩 가맹점이 늘어난 셈이다. 가맹점수 기준 순위도 2014년 업계 7위에서 1년 만에 업계 3위로 도약했다.

굽네치킨도 2016년 상반기에 신제품 효과를 톡톡히 봤다. 매운 맛을 맛있게 살린 신제품 '볼케이노'가 인기를 끌면서 전체 주문건수의 50%를 차지하는 기염을 토했다. 치킨업계에선 신제품이 주문건수의 10%만 차지해도 성공했다고 말한다.

BHC와 굽네치킨은 각각 전지현, 엑소를 광고 모델로 기용해 대대적으로 신제품을 알렸다. 또한 치킨 브랜드들은 이민호(교촌치킨), 방탄소년단(BBQ), 유재석(네네치킨), 전지현·진구(BHC), 레드벨벳(또래오래), 여자친구(호식이두마리치킨) 등 톱스타와 아이돌을 내세워 열띤 광고 경쟁을 벌이고 있다. 비브랜드 치킨전문점으로선 상상도 할 수 없는 마케팅이다. 물론 광고비용이 점주 마진이나 소비자 가격에 일부 전가 되지만 그러나 점점 경쟁이 치열해 지는 상황에서 점주도 그 정도 마케팅비용은 같이 부담해야 공동체로서 함께 발전하는 것은 체인경영의 기본이다.

2) 매장의 대형화

2010년까지만 해도 치킨전문점은 배달 전문점이 대부분이었다. 그래서 매장도 8~10평이면 충분했다. 변화의 물꼬를 튼 것은 BBQ였다. 2011년 BBQ프리미엄카페를 선보이며 카페형 매장을 늘려 나갔다. BBQ, BHC, 교촌치킨, 깐부치킨 등 주요 브랜드는 작게는 15평에서 크게는 40평까지 매장 규모를 키워왔다. BHC는 전체 매장의 약 60%, BBQ와 교촌치킨은 30~40% 이상이 20평 이상 카페형 매장이다. 홀 매출과 배달 매출 두 마리 토끼를 동시에 잡으려는 하이브리드 전략이다. 물론 카페형 매장은 그 만큼 점포 보증금과 권리금, 임대료, 인건비 등 초기투자비와 운영비가 더 든다. 그러나 생맥주와 사이드 메뉴 등 부가매출을 올릴 수 있음도 고려했다. 매장 대형화는 치킨전문점만의 트렌드가 아니다. 백화점, 아울렛, 편의점, 중가 커피전문점, 김밥, 떡볶이, 패스트푸드 등 외식·유통업계전반에 걸쳐 나타난 현상이다. 이디야, 스무디킹, 한솥도시락, 미니스톱 등 다양한 업종의 가맹본사들은 그동안 10~13평짜리 가맹점도 출점했지만 이제는 최소 15평 이상만 출점한다. 복합쇼핑몰의 쾌적한 쇼핑환경에 익숙해진 소비자들은 이제 더 이상 테이블이 다닥다닥 붙어 있는 매장에 들어가는 걸 선호하지 않는다. 이는 소자본으로 창업하려는 영세한 점주들에게 매우 불리한 흐름 때문이다. 커피와 주스는 그나마 저가 전략으로 틈새시장이 발견되지만 매장을 넓히지 못할 바에는 차라리 100% 테이크아웃(포장)으로 가격을 낮춰 저가 수요를 공략하기도 한다. 하지만 치킨은 저가 전략을 쓰기도 어려운 업종이다. 치킨전문점도 이제 아무나 할 수 없는 업종이 된 것이다.

3) 가격의 파괴화

박리다매를 위한 저가 전략이 아니라면 어떤 업종이든 객단가가 중요하다. 수요가 일정 수준 유지되는 상태라면 객단가가 높아질수록 점주 수익성도 높아지기 마련이다. 치킨전문점은 그간 1만6000~1만8000원 안팎에서 주요 메뉴 가격이 고정 돼 있었다. 문제는 소비자들이 이 가격을 '비싸다'고 받아들이는 데 있다. 언론도 산지에서 생닭 한 마리가 1000원대인데 치킨의 최종 소비자 가격이 1만원대 후반인 것은 폭리라며 치킨 프랜차이즈를 고발해왔다. 그러나 이는 치킨업계 현실을 몰라도 너무 모르고 하는 소리다. 산지 생닭은 그야말로 '살아 있는 닭'을 말한다. 이걸 요리할 수 있게 도계해서 대형마트에서 볼 수 있는 형태의 '생닭'으로 가공하면 가격이 3000~4000원대로 오른다(닭날개, 닭다리 등 부분육은 이보다 가격대가

1000~1500원 정도 더 높다). 가맹본사는 이 가격에 생닭을 구입해서 1000원 안팎의 마진을 붙여 4000~5000원대에 점주에게 공급한다. 여기에 임대료, 인건비, 양념·식용유 등 식재료비, 포장박스 등 부대비용을 더하면 매출 대비 점주의 순 이익률은 15~25%안팎이다(배달을 하지 않고 홀에서 팔면 마진율이 다소 올라간다). 마진율이 낮은 일부 브랜드는 15% 밑으로도 떨어진다. 일반 외식업종 순이익률이 30% 정도임을 감안하면 전반적으로 치킨전문점의 마진율은 박한 편이다. 결코 폭리를 취하는 구조가 아닌 것이다. 닭을 치킨이 아닌 닭백숙이나 닭볶음탕으로 사먹을 때 가격과 비교가 안 된다. 최소 2만원이 넘고 사이즈에 따라 3만~5만원까지도 간다. 그나마 1만 5000원 안팎인 삼계탕은 저렴한 편이다. 하지만 이런 메뉴들에 대해선 가격이 비싸다고 뭐라 하지 않는다. 닭백숙, 닭볶음탕, 삼계탕 등은 식사나 안주로 먹기 때문이다. 반면 치킨은 식사가 아닌 간식이란 인식이 뿌리박혀 있어 상대적으로 가격 저항이 큰 편이다.

치킨업계가 최근 '치밥 (치킨+밥)', '치도락(치킨+도시락)' 등의 용어를 만들어내며 치킨을 식사대용 음식으로 격상시키려는 노력을 기울이고 있지만 소비자 반응은 아직 미지근하다. 상황이 이렇다 보니 그간 치킨은 2만원이 가격 인상의 마지노선처럼 여겨져 왔다. 그런데 최근 분위기가 조금씩 달라지고 있다. 프라이드치킨 등 매출의 절반을 좌우하는 주요 메뉴는 여전히 1만 7000원을 못 넘기고 있지만 순살치킨 등 부분육과 신메뉴라는 이름으로 가격을 올려 받고 있는 것이다. 이는 점점 새로운 맛을 찾는 소비자가 인기 많은 신메뉴에 지갑 열기를 주저하지 않으면서 신메뉴 가격은 기존 메뉴보다 최소 1000~2000원 높게 형성되고 있는 것이다. 가령 BBQ의 주 메뉴인 황금올리브치킨은 1만6000원이지만 신제품 마라핫 치킨은 1만8900원, 순살마라핫치킨은 2만900원에 판매된다. 배달앱을 통한 주문 증가도 가격 인상을 부채질 하는 요인이다.

3. 치킨전문점의 창업 유형과 소비, 유통구조

1) 창업 유형

치킨 전문점의 경영(창업) 형태는 독점 자영업이나 프랜차이즈 유형이 있으며, 영업 형태는 배달형, 매장형, 혹은 프랜차이즈와 독립형에 따라 수익성이 달라질 수 있다. 평균적으로 치킨전문점의 재료비율은 매출 대비 약 40% 내외이고 인건비는 약 20%, 월세 10%, 기타비용 10%로 수익률은 20% 내외다.

프랜차이즈 시장 유형

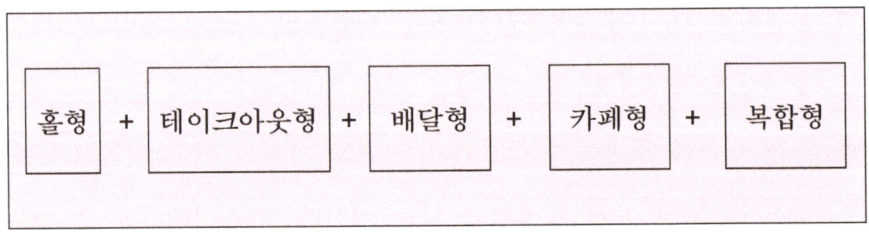

이 중 창업자에게 치킨 창업이 선호되는 이유는 5000만원~1억원 내외 소자본 창업으로서의 가치가 분명하기 때문이다. 즉, 땀을 흘린 만큼 노력하면 돈을 벌 수 있는 업종이다.

2) 소비 구조

국내 치킨 소비자의 특징을 보면 최근 식생활 서구화 및 웰빙 문화의 확산으로 닭고기 소비량이 지속적으로 증가 하고 있는 추세를 보이고 있다. 우리나라의 경우 닭고기 소비형태가 다양할 뿐만 아니라, 1인당 닭고기 소비량이 선진국 수준에 비해 매우 낮은 수준(미국의 29%)으로 수요확대가 선진국 수준에 아직 이르지 못해 계속해서 수요가 지속될 전망이기 때문이다. 우리나라 국민은 1인당 연간 1~12여 마리의 닭을 소비한다. 국계육협회 통계에 따르면 한국인이

1년간 소비하는 치킨은 12.7kg이다. 한국 갤럽의 조사 결과를 보면 만 10~54세 한국인 중 53.4%가 패스트푸드 가운데 '치킨을 가장 좋아 한다' 고 응답할 정도로 치킨 선호도가 높고 이제는 국민건강식이 된 것이다.

2002년 월드컵 이후 국내 치킨전문점 수는 연평균 9.5% 증가해왔으며, 이는 지난 15년 동안 전체 개인사업자 수 증가(연평균 3.0%)에 비해 3배 이상 높은 것이다. 또한 지난 15년간 음식업종의 매출 규모는 2.3배 증가한 반면, 국내 치킨시장은 총 매출액 3300억원 규모에서 10조원 규모로 증가한 것이다. 이제 한국에서의 치킨시장을 포기하면 다른 어떤 아이템도 성공시킬 수 없게 된 것이다. 여기에 기존 프랜차이즈 기업의 신규 치킨 브랜드 론칭까지 이어져 경쟁이 더욱 가속화되고 있다. 이로 인해 정부의 출점 규제가 강화되면서 비규제 아이템인 치킨 브랜드의 론칭이 신규 브랜드들이 속속 등장하는 이유다. 기존의 프랜차이즈 업계는 치킨 브랜드를 통해 성장성을 이어가는 전략을 세우고 신규 브랜드 출시 등을 통한 가맹점 확대에 전력을 기울이고 있는 것이다.

그 밖에 한식 브랜드, 쇠고기 전문 브랜드 등의 타 분야에서 치킨 사업에 뛰어들어 신규 브랜드의 가맹사업이 가속화되면서 기존 치킨 시장을 선도해온 브랜드들과의 경쟁이 더욱 치열해지고 있다.

3) 유통 구조

우리나라 육계는 부화 후 40일 내외에 상품화된다. 따라서 생산량의 출하 여부에 따라 가격 급락이 발생하고 있다. 특히, 조류인플루엔자로 인해 2006년, 2008년 그리고 2016년~2017년 각 시점에 육계가격이 급락하기도 했다. 즉, 조류 인플루엔자로 인해 2017년의 경우 3000만 마리가 넘는 닭이 살처분 됨으로 인해 가격 폭등과 절대 공급량의 부족으로 공급의 어려움과 동시 영업에 심각한 타격을 받기도 하였으며 인플루엔자의 궤멸을 위한 살처분에 따른 공급부족 또한 정기적으로 가격구조의 등락을 나타내는 특징적 구조를 나타내고 있다. 그 밖에 점유율이 큰 계열화 업체가 아닌 중소 유통업자들에 의해 육계가격이 결정되는 가격구조도 변동성 확대의 주요 요인으로 작용한다. 현재 국내 닭고기 유통물량의 약 85%는 중소계열화 업체를 통해 이루어지고 있다. 이들 계열화 업체의 유통물량이 증가하면서 가축거래상과 식육 포장처리업체를 통한 유통물량은 감소추세이며, 도매단계에서는 대리점을 통한 유통비중이 가장 크고, 소매에서는 집단 급식소, 일반음식점, 대형마트 순으로 소비 되고 있다. 여기서 소매단계 중 프랜차이즈 및 일반 치킨전문점에서 수요 되는 닭고기는 연간 약 2억 마리를 상회하는 것으로 추정된다.

4. 치킨전문점의 성장 발전과 수요 증가 원인

1) 성장 발전 추이

치킨은 1인 가구의 증가와 더불어 배달음식 시장 성장 수혜를 입는 대표적인 업종이다. 점포비용(보증금, 권리금)을 포함한 총 창업 비용이 1억원 안팎이면 충분할 만큼 소자본 창업이 가능하고 특별한 기술도 필요치 않아 편의점과 함께 '가장 창업하기 쉬운' 생계형 업종에 속한다. 때문에 치킨전문점은 경쟁이 극심한 포화 업종으로 치부되기도 한다. 2017년 현재 국내 치킨전문점 수는 업계 추산 3만 6000개에서 약 4만개에 달한다. 전 세계 맥도날드 매장이 약 3만5000개 정도임을 감안할 때 가히 그 규모를 짐작할 수 있다. 서울시가 2015년 영세 골목 상권 43개 업종을 분석한 결과 3년 이내 폐업률이 가장 높은 업종이 치킨전문점(38%)인 것으로 나타났다. 1억원 이하 소자본으로 창업하는 소상공인들은 상대적으로 트렌드나 브랜드 경쟁력 등 충분한 시장 분석 없이 쫓기듯 창업 전선에 뛰어드는 경우가 많아 실패 가능성 또한 높은 편이다. 1인 가구·배달음식 시장 성장 수혜 업종으로 배달음식 시장 성장을 이끄는 동력은 두 가지다. 1인 가구 증가와 배달앱 활성화다. 통계청에 따르면 전체 가구

중 1인 가구가 차지하는 비중은 2005년 20%에서 2015년 27%로 높아졌다. 반면 4인 가구는 같은 기간 27%에서 20%로 줄었다. 이제 1인 가구는 우리나라에서 '가장 일반적인 가구 형태'가 된 것이다. 따라서 1인 가구의 속성을 알아야 최근 소비 트렌드를 이해할 수 있다. 1인 가구는 집에서 혼자 음식을 해먹기는 양이 적어 번거롭다. 그렇다고 나가서 사먹자니 식당에서 혼자 먹는 게 내키지 않는다. 그래서 요즘 성장하는 것이 배달음식 시장이다. 집에서 시켜먹으면 간편하니까. 스마트폰이 대중화되면서 배달앱도 활성화되었다.

2) 소비자의 치킨 수요 증가 원인

배달의민족, 요기요, 배달통 3개의 배달앱이 2016년 발표한 〈2016배달 음식점 보고서〉에 따르면, 전국 702개의 배달 음식점 중 80%가 배달앱을 사용한 것으로 나타났다. 치킨 배달 업체는 사용률이 89%에 달한다. 배달앱 가맹점의 연간 배달 매출이 평균 504만원 증가한 반면, 배달앱을 이용하지 않는 음식점의 연간 배달 매출은 평균 1788만원 감소했다. 배달앱의 매출 기여도를 확인할 수 있는 대목이다. 배달의민족은 현재 브랜드 노출 위치에 따라 점주에게 월 5만~8만원의 광고비를 받는다. 요기요는 고정 광고비 월 3만9900원을 받거나 주문 건당 12.5%의 수수료를 뗀다(점주 선택 가능). 이런 비용이 부담스럽다고 배달앱 입점을 안 하기에는 배달앱 애용자가 점점 많아지는 현실을 외면할 수 없다.

치킨업계에 따르면 최근 전체 주문 건수 중 배달앱을 통한 주문 비율이 20% 안팎에 달한다. 결국 점주 입장에선 마케팅을 위해 배달앱에 입점하되, 광고비나 수수료를 보전하기 위해 가맹 본사 측에 가격 인상을 요구할 가능성이 높다. 가맹본사도 가격인상이 필요한 건 마찬가지다. 일부 치킨 프랜차이즈 본사는 고객이 배달앱으로 주문할 때 점주에게 일정 금액을 지원한다. 가맹 본사 입장에서도 이런 지출을 보전하기 위해 가격 인상을 추진하고 있다. 업계 상위 업체가 값을 올리면 다른 업체들도 안심하고 줄줄이 가격을 올린 것이다. 초반에는 소비자의 가격 저항에 따른 주문 감소가 어느 정도 나타날 수 있다. 그러나 브랜드 치킨을 선호하는 소비자들에게 대안으로 선택할만한 치킨전문점은 많지 않다. 여기에 가맹본사가 신제품을 잘 개발하면 가격 인상의 여파는 그리 오래가지 않을 것이다.

배달의민족, 요기요, 배달통 등 3대 배달앱은 거래금액을 기준으로 최근 2조 원 규모로 성장했다. 특히 업계1위인 배달의민족은 2016년 5월 한 달간 주문수가 752만 5000여 건에 달해 역대 최고치를 경신했다. 1년 전인 2015년 5월 대비 52% 증가한 수치다. 모바일

앱 누적 다운로드 2,300만여 건, 월간 순 방문자수 약 300만 명, 전국 등록업소 수는 15만여 개에 달한다. 배달앱에서의 배달대행으로 이제 배달을 편리하고 안전경영에 도움을 주고 있는 것이다. 치킨, 피자, 돈까스, 보쌈, 족발, 한식, 중식, 일식 등 주변 상권의 다양한 먹거리를 한데 모아 보여줘 일단 선택이 용이해진다. 또 업체에 전화를 거는 대신 스마트폰으로 앱만 몇 번 클릭하면 끝이니 주문도 쉽다. 스마트폰에 익숙한 10~30대 젊은 소비자들은 이처럼 점주와 직접 통화하거나 대면하지 않고 용건을 해결하는 비(非)대면 소통을 선호 하는 것이 최근의 트렌드다.

최근 배달음식 시장에서 배달앱을 통한 주문 비율이 약 20%까지 증가했다. 업계에선 이 비율이 향후 50%까지 높아질 것으로 내다본다. 배달음식을 주문할 때 직접 전화를 거는 소비자와 배달앱을 이용하는 소비자가 비슷하게 많아질 것이란 얘기다. 점주로선 배달앱 수수료와 이용 후기 부담이 늘어 괴롭겠지만, 덕분에 주문건수가 늘고 시장이 성장할 것으로 기대한다. 1인 가구가 늘고 배달앱이 활성화될수록 수혜를 보는 건 치킨전문점이다. 대표적인 배달음식이기 때문이다. 실제 배달의민족과 요기요에 따르면, 2016 배달앱을 통한 치킨 주문건수는 각각 48%, 240% 증가한 것으로 나타났다.

치킨전문점 수요증가원인

| 1인가구증가 | + | 배달앱 활성화 | = 치킨 수요 확대 |

3) 치킨의 맛 결정 요인과 선호도

대한민국은 '치킨공화국'이라고 불러도 부족함이 없는 국내 프랜차이즈의 장점은 다양한 메뉴개발과 트렌드에 의해 변화, 발전돼왔지만 여파에 따른 생계형 소자본 창업자들의 니즈와 건강과 주머니 사정을 생각하는 고객 니즈의 소위 '시장통닭'이라는 아이템을 프랜차이즈 시장으로 한 단계 끌어올렸다.

다른 업종이나 치킨 아이템에 비해 비교적 간단한 공정을 거치지만 각 브랜드마다 튀김기와 튀기는 온도, 시간, 염지와 튀김옷, 사이드 메뉴 등에 따라 고객들에게 어필되고 있다.

영원한 한국인의 스테디셀러 치킨은 남녀노소 모두가 좋아하는 간식이자 한 끼 식사다. 따라서 치킨을 좋아하는 고객들만큼 치킨전문 브랜드들도 늘어나 본사 수만 해도 400여 개가 넘는 상황이다. 저마다 '맛있다', '건강하다', '다른 브랜드와 차별성이 있다'고 주장하지만, 소비자는 그것을 확인하기 위해 400여 개가 넘는 치킨 브랜드를 매번 다 바꿔가며 찾아먹을 수도 없는 노릇이다.

고객의 치킨브랜드 선택에 있어 가장 중요한 것 중 하나는 인지도이다. 알려진 아이돌그룹 또는 친근하고 인기 있는 개그맨들이 치킨 광고의 주 모델들이다. 치킨을 가장 많이 선호하는 10~20대 고객들이 선호하는 연예인을 모델로 기용해 브랜드를 알리는 것이다.

덕분에 인기 아이돌그룹에 대한 치킨 브랜드의 관심도 크고, 치킨 광고를 하는 것은 아이돌그룹의 인기의 척도가 되기도 한다. 새로운 아이돌그룹이 등장하면 "치킨 광고하는 게 소원이에요!"를 외치는 것이 이런 맥락이다. 최근에는 팬덤의 지지가 판매고를 높이는 데도 큰 역할을 하기도 한다.

실제로 광고 모델 덕에 홍보 효과를 누리는 경우가 종종 있었는데, 대표적으로 〈굽네치킨〉의 소녀시대다. 소녀시대가 모델로 등장한 달력을 주는 이벤트를 시행했을 때 〈굽네치킨〉 각 가맹점의 전화가 불통이었다는 전설이 전해진다. 또한 〈교촌치킨〉의 모델인 슈퍼주니어의 경우 케이팝을 통해 해외에서도 큰 인기를 누리고 있어 인지도를 높이는데 기여했다.

중국은 물론 동남아시아에 매장을 오픈할 때 슈퍼주니어가 모델로 등장한 포스터가 걸리면서 팬들이 각 지역에서 모여들었다. 몰려든 팬들로 인해 "어떤 치킨인데 그러냐"면서 관심 갖게 된 일반 고객들이 맛을 보고는 단골이 되는 것이다. 하지만 결국은 품질이다. 맛과 서비스가 따라주지 않으면 단순한 호기심 충족으로 끝나고 만다. 모델을 보고 한번쯤 먹을 수는 있겠지만, 충성고객을 확보하기 위해서는 제품의 수준, 그 이상의 정답은 없는 것이다.

II

치킨전문점의 시장, 매출, 상권별 수익률

1. 치킨전문점 시장, 소비, 창업 현황

1) 치킨전문점의 시장 현황

통계청 조사 자료에 따르면 우리나라 전체 치킨전문점 매장 수는 2015년 12월 기준 3만6000여개, 국내 치킨업계의 시장 규모는 연간 10조원으로 추산된다.

전국적으로 프렌차이즈 체인 본사만 400여개, 가맹섬은 3만6000 여개에 달한다. 2012년 1월부터 2015년 5월까지 치킨업종의 시장 동향을 정리한 결과를 보면 나이스지니데이터(주)의 상권분석시스템에 따르면, 국내 치킨 업종의 전국 월평균 시장규모는 2012년 5238억원 이었다. 그만큼 국내 프랜차이즈 열풍으로 치킨산업이 양적으로 성장했음을 보여 주는 것으로 국내 프랜차이즈 사업 열기(가맹점 2.6배 증가)가 확산되면서, 프랜차이즈 치킨전문점은 2002년 9천개 (프랜차이즈 비중 57%)에서 25000개(71%)로 약 3배 증가하였다.

한편 최근 치킨산업의 틈새시장 공략과 소비증가에 발맞추어 3년 간 닭강정 창업이 급증하였다. 닭강정 창업 점포수는 2010년에서 2015년 까지 12배 증가했다. 간단한 메뉴구성으로 소자본 창업이 가능하다는 장점을 배경으로 인기 창업 아이템으로 부각하였다.

그렇다면 왜 치킨일까? 답은 생각보다 간단하다.

치킨 시장이 포화상태라고 하지만 치킨브랜드의 론칭은 여전히 활발하다. 그 이유는 '고객층이 두텁기 때문' 이다. 포화상태인 치킨 전문점에서 레드오션 속에 지속적인 전략을 펼친다면 확실히 확보된 고객층에 대해서 타 브랜드보다 가격 또는 맛에서 우위가 있다면 쉽게 성공할 수 있다는 얘기다.

치킨, 파우더, 소스, 기름 등만 본사에서 유통하게 되면 물류 마진을 얻는 구조가 기업이 일반 외식업보다 치킨 브랜드에 눈을 돌리는 이유다.

2) 치킨전문점의 소비 현황

식품의약안전처가 2009년부터 2015년까지 국내 고기 총 소비를 분석한 결과다. 이 뒤를 바짝 쫓는 것이 바로 닭고기다.

전통적으로 우리나라에서는 돼지고기, 쇠고기 소비가 많았지만 2005년부터 닭고기가 쇠고기 소비를 앞질렀다. 2015년 1인당 소비량은 전년보다 0.3kg 증가한 11.7kg이었다.

연령층이 낮아질수록 닭고기 선호도가 높고, 대표 다이어트 식품으로 닭가슴살이 꼽히는 것으로 볼 때 대표적인 화이트미트라고 할 수 있다. 선호 부위에도 변화가 생기고 있다. 2015년 평균 가구당 닭가슴살과 닭날개 구매량은 전년에 비해 증가했고, 닭다리와 한 마리 구매량은 감소했다. 우리나라는 다른 나라와 달리 '영계'를 선호한다는 특징도 있다. 조리용으로 조리된 영계는 대략 1마리가 1kg를 조금 넘기 때문에, 1인당 연간 12~13마리를 먹는 셈이다. 외국은 충분히 키운 '성계'를 먹는데, 성계는 평균 1.5kg정도 된다. 닭고기 소비가 가장 많은 나라는 아랍에미리트로 국민은 1인당 한 해 40~50마리 닭을 먹는 셈이다.

국내 한 해 닭고기 중 40% 정도가 프랜차이즈 전문점에서 소비되고, 40%는 학교와 군대, 급식, 그리고 마트 판매분이다. 나머지 20%는 부위별로 판매되거나 햄이나 패티 등으로 가공된다. 치킨전문점은 남녀노소 누구나 좋아하는 스테디셀러 아이템이다. 전국의 치킨전문점은 대략 4만 여개로 편의점보다 많고, 시장의 규모는 약 10조원으로 추산된다. 경쟁이 많아 큰 수익은 얻기는 힘들지만 치킨의 수요자가 많다는 점에서 지속적 경영이 가능하다는 점에서 매력적이다.

3) 치킨전문점의 창업 현황

치킨전문점 창업은 음식점 증감률과 유사한 추이를 보이고 있는 반면, 큰 변동성을 보이고 있어 경기에 민감한 종목이 되었다. 2002년 이후 음식점 창업자 중 치킨전문점 창업은 6.7% 비중으로 '한식을 제외한 업종 군'에서 상위권을 점유하였다.

음식점 창업자 중 치킨전문점을 선택한 비중은 대체로 증가세(08년 제외)를 보이고 있다.(02년 5.6% → 11년 7.6%) 특히 치킨전문점창업자중 20대와 50대 비중이 크게 증가했는데 청년층 취업난과 인구 고령화로 20대와 50대의 치킨전문점 창업 비중이 뚜렷한 증가 추세를 보인 것이다. 매년 약 7천4백개의 치킨전문점이 신규 진입하고, 매년 말 영업 중인 치킨전문점 수는 약 2천3백개씩 증가하고 있는 것이 현실이다. 이로 인해 최근 수요성장보다 빠른 속도로 치킨전문점이 증가하면서 실질수요(점포 반경 1㎢ 내 치킨전문점 수 대비 거주인구수) 감소에 따른 경쟁강도 또한 심화중인 것으로 판단된다.

2. 치킨전문점의 매출, 점포, 소득 현황

1) 치킨전문점의 매출 현황

치킨전문점의 경우, 평균적으로 연간 8천1백만원의 매출이 발생한다.(15년 기준) 지난 10년간 치킨전문점 당 연평균 매출은 3천6백만원에서 8천1백만원으로 2.2배 증가하였다. 음식점업 전체의 연평균 매출은 7천6백만원(04년)에서 1천2백5십만원(15년)으로 1.9배 증가한 반면, 동기간 치킨전문점 매출은 2.2배 증가하며 이를 상회하였다. 치킨전문점의 영업이익률도 30.3%로, 매출원가·임차료·인건비·세금 등을 제외하고 개인사업주가 가져가는 순 연소득은 2015년 기준 2천5백만원 수준이다. 음식점 업에 종사하는 개인사업주 연소득은 2천7백만원으로 치킨전문점에 비해 약 2백만원 높은 수준에 불과한 실정이다. 음식점업의 영업이익률(21.8%)이 치킨전문점(30.3%)에 비해 상대적으로 낮은 이유는 평균 종사자수(2.9명)가 치킨전문점(2.1명)보다 더 많아 영업비용 중 인건비(18.6%) 지출 비중이 치킨전문점(8.1%)의 2배를 상회하기 때문이다.

치킨업종의 월별 매출특성을 보면 겨울철 매출이 낮고, 여름으로 갈수록 매출이 높아지다가 떨어지는 현상이 반복됨을 알 수 있다.

다만 겨울철에도 연말 특수가 있어서 12월에도 다소 증가하는 현상을 보인다.

<표 1> 상권별 시장규모 증가율과 매출액

지역	시장규모 증가율 (2012~2014)	증가액 (억원) (2012~2014)
서울특별시	14.0%	8564
경기도	14.0%	7400
인천광역시	14.0%	1497
부산광역시	14.0%	968
대전광역시	14.0%	948
광주광역시	14.0%	589
대구광역시	14.0%	532
충청남도	14.0%	472
경상북도	14.0%	415
강원도	14.0%	371
전라북도	14.0%	340
울산광역시	14.0%	282
전라남도	14.0%	249
충청북도	14.0%	221
제주특별자치도	14.0%	211
경상남도	14.0%	208
세종특별자치시	14.0%	174

서울시에 위치한 치킨전문점들의 월 평균 시장규모는 2012년 2390억원이었던 것이 2013년 2724억원으로 성장했다. 이후 2014년에는 3103억원으로 집계되었으며, 2015년 5월까지의 월 평균 시장규모는 3346억원으로 나타나 전년 동 기간 대비 20.6% 상승했음을 알 수 있다.

2) 치킨전문점의 점포 현황

2016년 7월 통계청에서 조사한 수도권 생활 밀집 업종 인허가 내용을 바탕으로 서울, 인천, 경기도의 지역별 치킨전문점 현황을 보면 2014년 수도권 치킨전문점의 업체 수는 16,698개로 2013년 대비 348개 증가한 수치다.

수도권 활동업체 증감률은 2.1%로 비수도권보다 1.7% 낮으며, 2013년 대비 지역별 활동업체 수는 서울, 인천, 경기 모두 증가하였으며 경기의 증감률이 가장 높은 것으로 나타났다.

금융감독원 전자공시시스템 기준 국내 주요 50개 외식업체 2016년 실적에 따르면 치킨 프랜차이즈 본사 중 전년 대비 매출액이 증가한 곳은 교촌에프엔비(교촌치킨, 2910억 원, 13.03%), 제너시스BBQ(BBQ, 2200억 원, 2.71%), 한국일오삼(처갓집양념치킨, 480억 원, 11.76%), 페리카나(페리카나, 440억 원, 10.37%)등 6개 기업이다.

〈표 2〉 치킨전문점 활동업체 현황

(단위 : 개, %)

	2012	증감	증감률	2013	증감	증감률	2014	증감	증감률
전국	35,388	1,184	3.5	35,810	422	1.2	36,895	1,085	3.0
수도권	16,147	450	2.9	16,350	203	1.3	16,698	348	2.1
서울	5,641	135	2.5	5,665	24	0.4	5,745	80	1.4
인천	1,926	52	2.8	1,969	43	2.2	1,987	18	0.9
경기	8,580	263	3.2	8,716	136	1.6	8,966	250	2.9
비수도권	19,241	734	4.0	19,460	219	1.1	20,197	737	3.8

자료 : 통계청, (2016).

수도권 신생업체수는 1,758개로 2013년 대비 168개 증가하고 수도권 신생률은 10.5%로 비수도권보다 0.4% 낮으며, 2013년 대비 지역별 신생업체수는 서울, 경기는 증가한 반면 인천은 감소하였으며, 인천의 신생률이 10.8%로 가장 높은 것으로 나타났다.

〈표 3〉 치킨전문점 신생업체 현황

(단위 : 개, %)

	2012			2013			2014		
		증감	신생률		증감	신생률		증감	신생률
전 국	3,841	220	10.9	3,207	-634	9.0	3,961	754	10.7
수도권	1,801	27	11.2	1,590	211	9.7	1,758	168	10.5
서울	637	57	11.3	494	-143	8.7	587	93	10.2
인천	202	-55	10.5	219	17	11.1	215	-4	10.8
경기	962	25	11.2	877	-85	10.1	956	79	10.7
비 수도권	2,040	193	10.6	1,617	-423	8.3	2,203	586	10.9

자료 : 통계청, (2016).

소멸업체수는 1,324개로 2013년 대비 86개 감소하였으며, 수도권 소멸률은 7.9%로 비수도권보다 0.7% 높고 2013년 대비 지역별 소멸업체수는 서울, 인천, 경기 모두 감소하였으며, 서울의 소멸률이 8.3%로 가장 높은 것으로 나타났다.

〈표 4〉 치킨전문점 소멸업체 현황

(단위 : 개, %)

	2012			2013			2014		
		증감	소멸률		증감	소멸률		증감	소멸률
전국	2,785	128	7.9	2,876	91	8.0	2,774	-102	7.5
수도권	1,387	36	8.6	1,410	23	8.6	1,324	-86	7.9
서울	470	-32	8.3	507	37	8.9	474	-33	8.3
인천	176	26	9.1	197	21	10.0	161	-36	8.1
경기	741	42	8.6	706	-35	8.1	689	-17	7.7
비수도권	1,398	92	7.3	1,466	68	7.5	1,450	-16	7.2

자료 : 통계청, (2016).

1년 생존율(2013년도 신생업체 생존율)은 96.8%로 비수도권보다 1.3% 높고 서울이 97.8%로 가장 높고 인천이 95.0%로 가장 낮았으며, 5년 생존율(2009년도 신생업체 생존율)은 60.0%로 비수도권보다 3.4% 낮고 서울이 61.9%로 가장 높고 인천이 54.7%로 가장 낮은 것으로 나타났다.

<표 5> 치킨전문점 생존율

(단위 : %)

	1년 생존율	2년 생존율	3년 생존율	4년 생존율	5년 생존율
전 국	96.1	87.1	76.1	67.4	61.6
수도권	96.8	85.7	75.5	64.8	60.0
서울	97.8	84.3	75.0	63.8	61.9
인천	95.0	82.2	73.2	65.2	54.7
경기	96.7	87.3	76.4	65.3	59.8
비수도권	95.5	88.4	76.7	69.9	63.4

자료 : 통계청, (2016).

그리고 생존기간이 10년 이상인 업체는 29.7%에 그쳤으며, 생존기간이 1년 이하인 업체는 19.7%로 비수도권보다 1.1% 높고, 20년 이상인 업체는 7.4%로 비수도권보다 0.4% 낮고 생존기간이 1년 이하인 업체는 인천이 21.3%로 가장 높고, 20년 이상은 서울이 9.3%로 가장 높은 것으로 나타났다.

〈표 6〉 치킨전문점 생존기간 분포

(단위 : %)

		0~1년	2~4년	5~9년	10~14년	15~19년	20년 이상
전국		19.1	24.2	24.9	16.7	7.5	7.6
수도권		19.7	25.2	25.3	15.5	6.8	7.4
	서울	18.6	25.1	24.8	15.7	6.5	9.3
	인천	21.3	25.5	22.9	15.9	7.6	6.9
	경기	20.1	25.3	26.2	15.3	6.7	6.3
비수도권		18.6	23.4	24.6	17.7	8.1	7.8

자료 : 통계청, (2016).

그밖에 밀집도 및 포화도에 있어 상주인구 만명당 업체 수는 6.6개로 비수도권보다 1.2개 적고 경기가 7.3개로 가장 많고 서울이 5.7개로 가장 적었으며, 서울은 중구(8.3개), 인천은 동구(8.0개), 경기는 연천군(13.0개)의 밀집도가 가장 높은 것으로 나타났다. 또한 주간인구 만명당 업체 수는 7.2개로 비수도권보다 1.1개 적었으며 경기가 8.7개로 가장 많고, 서울이 5.5개로 가장 적고, 서울은 도봉구(8.3개), 인천은 옹진군(9.3개), 경기는 연천군(14.1개)의 밀집도가 가장 높은 것으로 나타났다.

면적 1백만㎢당 업체수는 1.4개로 비수도권보다 1.2개 많고 서울이 9.5개로 가장 많고 경기가 0.9개로 가장 적었으며 서울은 양천구(15.0개), 인천은 남구(12.5개), 경기는 부천시(11.4개)의 밀집도가 가장 높은 것으로 나타났다. 경기도 부천시의 포화도는 3점 이상으로 전체면적 밀집도가 상대적으로 높고 대지 1백만㎢당 업체 수는 19.8개로 비수도권보다 10.1개 많았으며 서울이 26.4개로 가장 많고 경기가 17.2개로 가장 적고 서울은 금천구와 관악구(38.3개), 인천은 부평구(34.1개), 경기는 안양시(41.7개)의 밀집도가 가장 높은 것으로 나타났다.

3) 치킨전문점의 소득 현황

프랜차이즈 치킨전문점의 소득은 얼마나 될까? 프랜차이즈 치킨전문점은 본사가 보유하고 있는 영업력과 인지도 영향으로 일반 치킨전문점에 비해 영업소득이 연간 약 700~900만원 더 많은 것으로 조사되었다. 2015년 기준 프랜차이즈 치킨전문점의 영업소득은 2천8백만원으로 2008년 이후 매년 400만원씩 증가 추세를 보이고 있다. 반면, 일반 치킨전문점의 경우, 2015년 영업소득이 1천9백만원으로 2008년 이후 매년 200만원씩 증가하는데 그쳐, 프랜차이즈 치킨전문점과 소득격차가 확대되었다.

2015년 기준 커피전문점 평균 영업소득은 4천2백만원으로 치킨전문점 2천5백만원에 비해 약 1천7백만원 더 많은 것으로 분석되었으나, 소득격차는 좁혀지는 추세이다. 두 그룹간 소득격차 발생의 주된 요인은 영업이익률 및 투자금 차이로 추정된다.

치킨전문점 창업자는 창업 후 평균적으로 약 9백3십만원 정도의 소득하락이 있었으며 치킨전문점 창업 열기가 지속되는 가운데, 2010년에서 2015년 치킨전문점을 창업한 급여 소득자를 분석한 결과, 창업 전 소득이 3천3백만원이었던 반면, 창업 후 영업소득은 2천4백만원에 불과한 것으로 나타났다. 창업 후 소득 하락폭은 일반 치킨전문점 창업자가 1천2백만원으로 프랜차이즈 치킨전문점 창업자 8백만원에 비해 약 4백만원 더 큰 것으로 나타났다. 두 그룹간 소득격차는 창업 전 400만원에서 창업 후 800만원으로 확대된다. 특히 40대와 50대의 소득하락에 있어 치킨전문점 창업 당시 40대였던 급여 소득자의 경우, 연소득이 창업 전 3천7백만원에서 창업 후 2천4백만원으로 하락하면서, 창업 후 소득 하락폭이 가장 큰 것으로 조사되었다. 연령대별 창업 후 소득은 비슷한 수준으로, 창업전 소득 격차가 하락폭의 주요 결정 요인이다. 50대와 30대 창업자의 경우, 창업 후 소득 하락폭이 1천만원 내외인 것으로 나타났다.

3. 치킨전문점의 지역, 권역, 상권별 영업 현황

1) 치킨전문점의 지역별 영업 현황

전국 시도별 치킨업종 창업에 유명한 지역을 찾을 목적으로 매출 비중 대비 점포비중으로 수요와 공급을 비교분석 결과 '서울〉경기〉세종' 순으로 매출비중이 높았으며, 타 지역은 매출비중에 비해 점포비중이 낮은 것으로 나타났다. 이러한 결과에 기초해 치킨업종의 창업이 유리한 지역은 여전히 서울과 경기지역으로 볼 수 있으며, 세종시도 유리한 지역으로 이해할 수 있다.

여기서 매출비중이 높다는 의미는 지역의 점포당 평균매출이 높다는 의미로 해석하면 된다. 서울·경기·인천에서 치킨업종 유망지역 찾기에서도 전국시도에서 치킨업종의 창업이 유리한 곳으로 나타난 서울, 경기와 인천지역에서 2015년 매출비중과 점포비중을 기준으로 공급에 비하여 수요가 많은 상권을 1위부터 10위까지 추출한 결과는 다음과 같다.

〈표 7〉 서울, 경기지역 점포 매출 비중

순위	서울지역	매출비중	점포비중	수요·공급
1	서울특별시 강남구 역삼1동	2.21%	1.08%	1.13%
2	서울특별시 중구 소공동	1.25%	0.15%	1.10%
3	서울특별시 영등포구 여의도동	1.45%	0.66%	0.79%
4	서울특별시 서초구 서초 2동	1.07%	0.31%	0.76%
5	서울특별시 종로구 종로 1,2,3,4가 동	1.28%	0.54%	0.74%
6	서울특별시 금천구 가산동	1.33%	0.65%	0.69%
7	서울특별시 강남구 대치 2동	0.89%	0.39%	0.50%
8	서울특별시 중구 명동	0.76%	0.27%	0.50%
9	서울특별시 마포구 서교동	1.21%	0.78%	0.43%
10	서울특별시 강남구 신사동	0.67%	0.26%	0.43%

순위	경기지역	매출비중	점포비중	수요·공급
1	경기도 화성시 동탄 3동	2.02%	0.75%	1.26%
2	경기도 수원시 매탄 3동	1.38%	0.35%	1.02%
3	경기도 성남시 정자 1동	1.08%	0.38%	0.70%
4	경기도 수원시 행궁동	0.93%	0.26%	0.67%
5	경기도 수원시 태장동	0.92%	0.32%	0.60%
6	경기도 성남시 서현 1동	0.86%	0.27%	0.59%
7	경기도 고양시 장항 2동	0.93%	0.40%	0.54%
8	경기도 용인시 동백동	0.94%	0.47%	0.48%
9	경기도 부천시 중1동	0.91%	0.48%	0.43%
10	경기도 광명시 칠산 2동	0.70%	0.29%	0.41%

순위	인천지역	매출비중	점포비중	수요·공급
1	인천광역시 중구 신포동	3.23%	0.55%	2.68%
2	인천광역시 중구 동인천동	2.64%	0.36%	2.28%
3	인천광역시 연수구 송도 1동	2.75%	1.05%	1.71%
4	인천광역시 서구 청리 2동	3.21%	1.82%	1.39%
5	인천광역시 연수구 송도2동	1.78%	0.58%	1.21%
6	인천광역시 부평구 삼산 2동	2.39%	1.20%	1.19%
7	인천광역시 남동구 구월 1동	2.85%	1.76%	1.09%
8	인천광역시 부평구 부평 5동	2.21%	1.21%	1.00%
9	인천광역시 남동구 논현 2동	2.92%	1.94%	0.97%
10	인천광역시 연수구 송도 3동	2.94%	2.13%	0.81%

분석 결과 서울시의 경우 '역삼1동〉소공동〉 여의도동'의 순으로 유명한 지역으로 나타났고, 경기도는 '동탄 3동〉매탄3동〉정자1동'의 순이다. 이어서 인천시는 '신포동〉동인천동〉송도1동'의 순으로 공급에 비해 수요가 많은 곳으로 나타났다. 또한, 충북·충남·대전·세종시에서 치킨업종 유망지역을 보면 다음과 같다.

〈표 8〉 충청도 지역 점포 매출 비중

순위	충남지역	매출비중	점포비중	수요·공급
1	충청남도 아산시 당정면	10.65%	1.44%	9.21%
2	충청남도 천안시 부성2동	6.78%	2.44%	4.34%
3	충청남도 아산시 배방읍	6.67%	3.20%	3.47%
4	충청남도 천안시 백석동	2.72%	1.12%	1.60%
5	충청남도 천안시 부성1동	2.95%	1.57%	1.41%
6	충청남도 천안시 신방동	3.59%	2.23%	1.36%
7	충청남도 천안시 불당동	1.88%	0.67%	1.22%
8	충청남도 천안시 성정2동	2.60%	1.68%	0.92%
9	충청남도 당진시 당진1동	2.42%	1.67%	0.75%
10	충청남도 서산시 동문1동	1.63%	1.04%	0.59%

순위	대전 지역	매출비중	점포비중	수요·공급
1	대전광역시 서구 둔산2동	6.84%	2.75%	%
2	대전광역시 유성구 노은2동	5.03%	2.94%	%
3	대전광역시 서구 둔산1동	2.47%	0.88%	%
4	대전광역시 유성구 관평동	3.15%	1.63%	%
5	대전광역시 유성구 원신흥동	2.84%	1.69%	%
6	대전광역시 유성구 온천1동	4.26%	3.25%	%
7	대전광역시 중구 대흥동	2.25%	1.41%	%

순위	충북 지역	매출비중	점포비중	수요·공급
1	충청북도 청주시 북대 1동	4.59%	2.63%	1.96%
2	충청북도 청주시 오장읍	4.97%	3.17%	1.79%
3	충청북도 충주시 칠금, 금릉동	2.98%	1.77%	1.21%
4	충청북도 청주시 용암1동	4.10%	3.05%	1.05%
5	충청북도 충주시 연수동	3.72%	2.85%	0.87%
6	충청북도 청주시 오송읍	1.72%	0.92%	0.80%
7	충청북노 청주시 성화,개신,숙림농	2.92%	2.20%	0.72%
8	충청북도 청주시 오근장동	1.21%	0.56%	0.65%
9	충청북도 청주시 분평동	1.85%	1.26%	0.59%
10	충청북도 충주시 문화동	1.08%	0.56%	0.52%

순위	세종 지역	매출비중	점포비중	수요·공급
1	세종특별자치시 도담동	33.63%	14.00%	21.63%
2	세종특별자치시 한솔동	16.54%	8.73%	7.81%
3	세종특별자치시 연기면	7.39%	6.55%	0.85%
4	세종특별자치시 전동민	1.13%	0.91%	0.22%

동일한 방법으로 충북지역에서 치킨업종의 창업이 유명한 지역으로 분석된 곳은 '복대1동〉오창읍〉칠급·금릉동〉용암1동' 순으로 나타났다. 충남지역은 '탕정면〉부성2동〉배방읍〉백석동' 순으로 분석되었으며, 대전지역은 '둔산2동〉노은2동〉둔산1동〉관평동' 순이다. 세종지역은 '도담동〉한솔동〉연기면〉전동면' 순으로 창업이 유명한 지역으로 제시됐다. 그리고 경북·대구·울산에서 치킨업종 유망지역 찾기의 경우에서도 경북지역에서 치킨업종의 창업이 유명한 상권은 '인동동〉서부1동〉석적읍〉진미동' 순으로 나타났다. 이어서 대구지역은 '성내2동〉동천동〉두산동〉고산1동' 순이며, 울산지역은 '삼산동〉무거동〉수암동〉신전2동' 순으로 창업이 유명한 지역으로 분석됐다.

<표 9〉 경상도 지역 점포 매출 비중

순위	경상북도 지역	매출비중	점포비중	수요·공급
1	경상북도 구미시 인동동	8.06%	2.48%	5.58%
2	경상북도 경산시 서부1동	3.50%	1.68%	1.82%
3	경상북도 칠곡군 석적읍	2.95%	1.51%	1.43%
4	경상북도 구미시 진미동	2.77%	1.41%	1.36%
5	경상북도 구미시 양포동	3.35%	2.18%	1.17%

6	경상북도 포항시 중앙동	2.19%	1.13%	1.07%
7	경상북도 경산시 하양읍	2.00%	1.22%	0.79%
8	경상북도 경주시 성건동	2.21%	1.56%	0.66%
9	경상북도 경산시 서부2동	1.20%	0.62%	0.58%
10	경상북도 포항시 오천읍	2.59%	2.06%	0.54%

순위	대구광역시 지역	매출비중	점포비중	수요·공급
1	대구광역시 중구 성내2동	3.13%	0.69%	2.43%
2	대구광역시 북구 동천동	3.38%	1.70%	1.67%
3	대구광역시 수성구 두산동	2.20%	0.67%	1.53%
4	대구광역시 수성구 고산1동	2.58%	1.12%	1.46%
5	대구광역시 수성구 수성4가동	2.21%	0.76%	1.45%
6	대구광역시 북구 고성동	1.47%	0.47%	1.00%
7	대구광역시 달서구 두류3동	1.64%	0.64%	1.00%
8	대구광역시 중구 성내1동	1.29%	0.40%	0.89%
9	대구광역시 달서구 본리동	1.29%	0.69%	0.59%
10	대구광역시 달서구 월성1동	1.62%	1.06%	0.56%

순위	울산광역시 지역	매출비중	점포비중	수요·공급
1	울산광역시 남구 삼산동	11.02%	6.12%	4.09%
2	울산광역시 남구 무거동	9.51%	5.76%	3.75%
3	울산광역시 나무 수암동	2.68%	1.08%	1.60%
4	울산광역시 남구 신정2동	3.61%	2.14%	147%
5	울산광역시 북구 효문동	3.10%	2.29%	0.81%
6	울산광역시 북구 능소3동	3.26%	2.48%	0.78%
7	울산광역시 능소 1동	4.12%	3.35%	0.77%
8	울산광역시 중구 태화동	%3.76	3.04%	0.72%
9	울산광역시 중구 중앙동	1.81%	1.11%	0.70%
10	울산광역시 중구 선암동	1.67%	1.16%	0.51%

순위	경상남도 지역	매출비중	점포비중	수요·공급
1	경상남도 창원시 상남동	2.75%	1.06%	1.68%
2	경상남도 거제시 장평동	3.11%	1.45%	1.66%
3	경상남도 창원시 웅동2동	2.58%	1.42%	1.16%
4	경상남도 김해시 장유3동	2.02%	1.30%	0.72%
5	경상남도 통영시 광도면	1.89%	1.20%	0.69%
6	경상남도 창원시 가음정동	1.45%	0.81%	0.64%
7	경상남도 창원시 석동	1.13%	0.49%	0.64%
8	경상남도 창원시 용지동	1.58%	0.96%	0.61%
9	경상남도 양산시 양주동	2.07%	1.48%	0.60%
10	경상남도 양산시 물금읍	2.14%	1.57%	%0.57

순위	부산광역시 지역	매출비중	점포비중	수요·공급
1	부산광역시 부산진구 부전2동	4.95%	1.42%	3.53%
2	부산광역시 중구 부평동	2.39%	0.79%	1.60%
3	부산광역시 동래구 명륜동	2.30%	0.72%	1.58%
4	부산광역시 강서구 명지동	2.73%	1.28%	1.46%
5	부산광역시 해운대구 우2동	1.63%	0.49%	1.14%
6	부산광역시 남구 대연3동	3.16%	2.04%	1.11%
7	부산광역시 수영구 민락동	1.62%	0.60%	1.02%
8	부산광역시 해운대구 우1동	2.40%	1.38%	1.02%
9	부산광역시 북구 화명3동	1.94%	1.02%	0.93%
10	부산광역시 동래구 수민동	1.59%	0.78%	0.82%

경남·부산에서 치킨업종 유망지역 찾기에서도 치킨업종의 매출비중과 점포비중을 기초로 수요와 공급을 추정한 후, 창업 유명지역을 분석할 결과 경남지역은 '상남동〉장평동〉웅동2동〉장유3동' 순으로 분석되었다.

2) 치킨전문점의 권역별 영업 현황

지금까지 국내 치킨업종을 중심으로 전국의 매출동향 및 시도별 매출현황을 살펴보았다. 이어서 매출비중과 점포비중을 기초로 수요와 공급을 추정한 후 권역별 유망상권을 순위별로 제시하였다.

3) 치킨전문점의 상권별 영업 현황

한편 상권별 영업 현황과 소득에 있어서도 상권별 치킨전문점 영업 현황을 보면 치킨시장은 업체 수 기준 49%, 매출액기준 74%가 수도권에 집중되어 있다. 상권별 시장규모로는 대구·부산·경북 지역은 수도권 다음으로 치킨산업이 성숙한 지역으로 멕시카나, 교촌 등 주요 프랜차이즈 업체들이 이 지역에서 출발하여 전국으로 사업을 확장하고 있다. 시도별로는 지난 10년간 치킨전문점 수가 가장 많이 증가한 지역은 경남(4.0배), 부산(3.7배), 대구(3.7배), 경북(3.7배)으로 이들 지역에서 경쟁강도가 심화된 것으로 파악했다.

4. 치킨전문점의 성장률, 휴·폐업, 생존기간 현황

1) 치킨전문점의 경쟁강도와 성장률 현황

치킨전문점 창업 증가로 경쟁강도는 심화된 반면 업체당 매출액 증가율은 소폭 둔화되었다. 2001년 이후 지난 16년간 평균적으로 매년 2300개의 치킨전문점이 증가하면서, 국내 치킨시장의 경쟁강도는 최근까지 영업 중인 업체 수를 기준으로 2.3배 증가하였다. 즉 치킨 전문점 수가 2002년 1.6만개에서 2016년 3.6만개로 연평균 9.5%(2.3배) 증가한 반면 동기간 인구수는 연평균 0.6%(1.1배) 증가에 그쳤다. 2003년 이후 업체 수 증가율이 전반적인 둔화 양상을 보이는 가운데 2009년 이후부터는 급격히 둔화되는 모습을 보이고 있다. 이는 경쟁강도 심화에 따른 치킨산업 내 구조조정이 서서히 진행되고 있는 것으로 볼 수 있다. 2002년에서 2008년까지의 연평균 증가율은 12.1%인 반면, 2009년에서 2015년의 연평균 증가율은 3.0%에 불과하다. 수요보다 공급의 증가 속도가 더 빠르게 진행되며 경쟁의 강도가 높아졌으나 외식문화의 확산으로 매출액이 10년 전에 비해 연평균 13.6% 증가하여, 2009년 이후 15% 이상의 성장률을 나타내고 있다. 이와 같이 치킨수요가 지속되며, 국내치킨시장은 10조원 규모로 성장하였다.

전체적으로 외식산업 성장으로 치킨전문점을 운영 중인 개인사업체가 매년 2300개씩 증가하고 있다. 현재 영업 중인 치킨전문점은 약 36000개로, 개인사업자의 1.8%, 음식점의 7.0% 비중이다. 간식 및 배달문화 성장으로, 2002년 이후 치킨전문점 수는 연평균 9.5% 증가하였고, 지난 15년간 전체 개인사업자 수는 연평균 3.0% 증가하였으며, 음식점 수도 가계의 외식비 증가와 더불어 3.0% 증가하였다.

2) 치킨전문점의 휴·폐업 현황

국내 치킨전문점의 휴·폐업에 있어 매년 5천여 개의 치킨전문점이 휴·폐업을 하고 있는 것으로 나타났다. 지난 15년간 매년 말 영업 중인 치킨전문점 중 약 19%가 휴·폐업 등으로 영업을 중단하였으며, 치킨전문점의 퇴출비중은 2009년 이후 증가 추세를 보여 2015년에는 21%에 달한다. 치킨전문점의 평균생존 기간은 2.7년으로 전체 개인사업자 3.4년 보다 열위이다.

음식점 업종별로는 한정식(4.6년), 일식(3.6년), 양식(3.2년) 등의 생존기간이 상대적으로 치킨전문점 보다 길었으며, 커피전문점(2.3년), 휴게음식점(2.3년) 등의 생존기간이 더 짧은 것으로 조사되었다.

치킨전문점 창업자중 절반가량이 창업 3년 이내에 휴·폐업 등으로 퇴출된 것으로 나타나는데(누적 휴·폐업률), 2001년 이후 창업한 치킨전문점의 휴·폐업률은 평균 79.5%로 특히 일반치킨전문점에 비해 프랜차이즈 치킨전문점의 휴·폐업률이 낮다 지난 10년간 휴·폐업한 치킨전문점 중 프랜차이즈의 휴·폐업률은 76.2%인 반면 일반 치킨전문점의 휴·폐업률은 83.6%로 안정성 측면에서 프랜차이즈 치킨전문점이 더 양호하다. 치킨전문점 창업 후 3년 이내 휴·폐업률(누적)도 프랜차이즈점의 경우 45.7%로 일반 치킨전문점(55.6%)에 비해 상대적으로 양호한 것으로 조사되었다. 두 그룹 간 휴·폐업률 격차는 창업 후 3년까지 확대된 이후 일정 간격 유지하고 있다. 점주의 연령에 따른 차이에서도 50대에 창업한 치킨전문점의 휴·폐업이 증가 추세에 있는데 지난 10년간 휴·폐업한 치킨전문점 업주들의 창업당시 연령을 볼 때, 50대의 휴·폐업 비중이 2006년 이후 증가 추세이다. 2002년 당시 치킨전문점 휴·폐업자 중 11%에 불과했던 50대 비중이, 2015년에는 21%로 증가하면서, 50대 창업자의 휴·폐업이 증가하고 있는 것으로 분서되었다.

3) 치킨전문점의 권역별 생존기간 현황

창업 후 3년 이내 휴·폐업률이 양호한 지역은 경남, 경북, 부산, 대구이다. 서울특별시 치킨전문점 구별 현황에 있어서도 서울시 각 구별 치킨전문점 수가 많은 지역은 송파, 노원, 강남, 관악, 강동 순이다.

III

치킨 프랜차이즈 브랜드별
영업 및 마케팅 전략

1. 치킨전문점 브랜드별 매출현황

1) 치킨 브랜드별 가맹 현황

지난 10년간 전체 출원건수 3,157건 중 개인출원이 2,270건(72%), 법인출원이 887건(28%)으로 나타났고, 2016년의 경우 개인출원인 421건으로 전년대비 26% 증가한데 비해 법인은 94건으로 20%정도 감소했다. 그 이유는 치킨 프랜차이즈 시장규모는 크게 확대되었으나, 총 300여 개가 넘는 치킨 프랜차이즈 사업자 중 상위 5개의 메이저 치킨사업자의 시장점유율이 50%를 상회한다.

〈표 10〉 국내 치킨전문점과 종사자 수

연도	치킨전문점수	치킨전문점 종사자수
2006	22,968	46,560
2007	23,622	48,585
2008	24,906	52,113
2009	26,156	56,197
2010	27,782	59,496
2011	29,095	63,164
2012	31,139	67,868
2013	34,250	75,620
2014	38,569	87,235

자료 : 한국소비자원, (2016).

2015년 말 기준 통계청 자료를 바탕으로 전국의 치킨 전문점 수는 3만8천여개로 파악되고 있으며 매년 치킨 전문점의 수와 종사인원이 각각 늘어나고 있음을 알 수 있다.

<표 11> 국내 치킨 프랜차이즈 인지도

순위	브랜드	인지율
1위	BBQ	20.0%
2위	교촌치킨	14.3%
3위	굽네치킨	10.9%
4위	네네치킨	9.1%
5위	페리카나	7.9%
6위	둘둘치킨	6.1%
7위	KFC	2.6%
8위	또래오래	2.3%
9위	멕시칸치킨	2.1%
10위	보드람치킨	2.1%
11위	처갓집양념치킨	1.8%
12위	BHC	1.7%
13위	홀랄라치킨	1.4%
14위	멕시카나치킨	1.3%
15위	치킨매니아	1.1%
16위	부어치킨	1.1%
17위	오븐에빠진닭	1.0%

자료 : 한국소비자원, (2016).

2015년 기준으로 국내 치킨 프랜차이즈 브랜드 사업자가 존재하며 브랜드의 인지율 순위는 위의 표와 같다. 치킨 업종은 프랜차이즈 시장에서 가장 경쟁이 치열하며 BBQ가 리딩 브랜드로 확고한 입지를 잡고 있는 것으로 나타났는데, 20.0%의 인지율을 바탕으로 2위인 교촌치킨과는 5.7% 포인트의 큰 격차를 보인다.

〈표 12〉 치킨 프랜차이즈 업체 실적 현황

회사명	브랜드명	매출액(천원)				매장수(개)			
		2014	2015	2016	2017 (상반기)	2014	2015	2016	2017 (상반기)
㈜제너시스비비큐	BBQ	215,859,733	191,281,577	219,753,548	-	1,344(28)	1,402(21)	약 1300	-
교촌에프앤비(주)	교촌치킨	227,869,730	257,568,343	291,134,570	-	965	1006	1017	1029
㈜지앤푸드	굽네치킨	88,955,776	98,403,070	146,963,838	-	877	888	949	987
㈜비에이치씨	bhc	108,768,009	184,013,750	232,600,000	-	873	1199	-	-
㈜혜인식품	네네치킨	59,162,563	61,044,530	56,759,104	-	1128	1201	1193	1200

자료: 월간식당, (2017.8).

〈표 13〉 광역단체별 치킨 프랜차이즈 전문점 통계

광역단체	치킨전문점 수	치킨전문점당 상권 면적	치킨전문점당 상권 인구
서울	4,388	0.14 km²	2,366 명
인천	1,437	0.72 km²	1,949 명
대전	1,025	0.53 km²	1,479 명
광주	837	0.60 km²	1,748 명
대구	1,641	0.54 km²	1,528 명
부산	2,178	0.35 km²	1,630 명
울산	819	1.29 km²	1,386 명
세종	43	-	-
경기	6,465	1.57 km²	1,846 명
강원	1,251	13.42 km²	1,228 명
충북	1,074	6.90 km²	1,455 명
전북	1,003	8.04 km²	1,868 명
전남	949	12.93 km²	2,017 명
경북	2,010	9.47 km²	1,343 명
경남	2,313	4.55 km²	1,431 명
제주	338	5.47 km²	1,705 명
전국	**29,095**	**3.55 km²**	**1,744 명**

자료 : 한국소비자원, (2016).

2011년 말 기준으로 점포 1개당 상대하는 상권의 인구는 1744명이다. 2011년 말 기준 각 광역단체별 치킨 전문점의 숫자, 상권 면적 및 반경, 치킨 전문점 당 상권인구 등을 알아보면 위의 표와 같다.

치킨 전문점의 전국 점포 간 평균 반경은 1047m인데, 대략 반경 1km당 1개의 치킨 전문점이 있다고 할 수 있다. 또한 위의 통계 자료에서는 '치킨을 여러 안주 중 하나로 제공하는' 호프집은 포함되지 않았다. 반대로 치킨 전문점 수가 적은 지역은 전라북도 진안군으로서 전문점 수가 1개에 불과했다. 그다음은 전라남도 신안군으로서 전문점 수가 6개, 전라북도 순창군은 7개, 전라북도 장수군은 8개로 조사되었다.

2) 치킨 브랜드별 규모와 영업 전략

치킨 브랜드별 규모를 알아보면 2015년 기준 공정거래위원회에 등록된 치킨 프랜차이즈만 280여개이며 등록되지 않은 브랜드까지 합치면 최대 400여개 정도로 추정하고 있다.

프라이드 치킨은 KFC와 BBQ가 시장을 선도하며 활발하게 점포를 늘려가고 있다. 그러나 국내 자생 브랜드들이 나름대로 틈새시장을 파고들며 활발한 영업활동을 전개하고 있듯이, 최근 몇 년간 치킨업계는 외형적인 성장을 지속하고 있으며, 업체별 신규매장 역시 기존 브랜드에서 이탈하여 신규 브랜드로 갈아타는 형태가 대부분이었다. 2009년을 기점으로 성장세로 발돋움하려던 치킨업계는 전년대비 닭고기 가격이 44%나 급등함으로 인하여 전반적으로 원가부담이 커짐에 따라 불가피하게 소비자 판매가격을 인상하는 조치를 취하게 되면서 이는 곧 가격인상의 후폭풍을 맞으면서 평균 10~20% 정도 매출이 감소되어 더욱 더 어려움을 겪게 되었다.

최근 경기침체가 계속되면서 치킨업계는 복합형 매장으로 전환하는 추세가 두드러지면서 배달전문매장들은 매장규모를 늘려 홀 판매를 병행하기 시작하였다. 홀 판매 전문매장 역시 배달판매를 시작하였으며 이로 인해 수익 모델을 다변화시키는 변화가 일어나게 되었다. 더욱이 신규 치킨 브랜드들이 치열한 경쟁에서 생존하기 위해 저마다의 방법을 모색하고 있다.

농림축산식품부와 한국농수산식품유통공사의 "2014 국내 외식트렌드 조사보고서"에 따르면 주문배달음식 중 치킨의 비율은 약 30%로 가장 높았다. 또 주로 이용하는 음식점 비중도 치킨은 39.0%(2012)에서 53.2%(2014)로 증가했다. 메뉴적인 측면에서는 외식업계 인기 식재료인 치즈를 활용한 메뉴가 치킨업계를 점령했다. 네네치킨의 '스노윙치킨'이 먼저 출시되어 인기를 끌었고, 이어 맥시카나치킨의 '눈꽃치즈치킨'과 BHC의 '뿌링클' 등이 연이어 출시되어 화제를 모았다.

특히 '허니' 바람이 치킨시장에도 물들었다. 교촌치킨의 '허니시리즈’는 허니열풍의 수혜자가 됐다. 허니시리즈 ‘허니콤보’의 20 14년 판매량은 전년대비 약 200% 증가했다. BBQ치킨은 치킨의 고급화를 표방하고 프랑스요리의 느낌을 가미한 ‘빠리치킨’을 선보여 관심을 끌었다. 이어 ‘뉴욕속안심텐더’와 ‘이스탄불치킨’ 등 다양한 신메뉴도 이목을 끌었다. BHC치킨은 에피타이저와 메인 디시 및 디저트로 이어지는 코스요리를 표방한 ‘별에서 온 코치’가 독특한 이름과 제공방식으로 인기를 끌었다.

소득증가 및 건강관심 고조에 따른 웰빙화의 추구로 치킨조리방식 또한 웰빙화를 추구하고 있다. 즉 기름기를 제거한 바비큐, 화덕, 오븐 등 굽는 조리방식을 도입한 것이다. 그리고 치킨재료의 웰빙화도 진행되고 있는데 기존의 식용유를 올리브유, 카놀라유 등으로 대체되고 있는 것이 바로 그것이다. 또한 메뉴 개발을 통한 다양화 및 퓨전화와 함께 메뉴의 다양화 측면에서 흑임자·마늘·파 등 건강 식재료로 독특한 맛을 내는 신제품을 개발하고 있으며 메뉴의 퓨전화에서는 파스타, 김치, 쌈 등의 요리와 치킨을 접목시킨 신제품을 개발하여 차별화된 맛과 이색적인 퓨전메뉴로 경쟁력을 강화 해나가고 있다. 그밖에 카페형 인테리어 추구로 복합화 고급화 분위기에 민감한 젊은층 흡수를 위해 위생적이며 고급스러운 카페형 인테리어를 도입하고, 1~2인 가구를 공략한 소량·포장 판매를 확대해 가고 있다. 특히 대형업체들의 해외진출추세도 가파르게 증가하고 있는데 국내 치킨 시장의 경쟁심화에 따라 신 성장 동력 확보를 위해 해외진출도 시도하고 있다. 이는 국내에서 축적된 노하우와 경쟁력을 바탕으로 대형 치킨전문점들의 해외진출에 착수하였는데 국내 매장 수 1위인 제너시스(BBQ)는 미국과 중국 등 세계 30여 개국에 진출하여 350여 점포를 개설·하여 운영 중인 점에서 입증된다. 또한 교촌치킨은 중국과 미국 등에 점포를 개설하였으며, 멕시카나치킨도 미국과 중국에 개설하는 등 해외진출 업체가 증가하고 있다. 경쟁과다 방지를 위한 정부의 가맹점 규제가 가시화되면서 해외진출 가속화는 계속 이어지고 있다. 즉 2012년 7월 공정거래위원회는 기존 프랜차이즈 점포를 기준으로 반경 800미터이내에 신규 점포 개설을 금지하는 모범거래기준을 발표한 이래 제너시스(BBQ)등 상위 브랜드들이 적극적인 해외진출 전략과 현지화 된 메뉴 개발로 중국, 미국, 동남아에 이어 남미 지역 진출을 도모하는 등 선도적인 입지를 구축하고 있다. 전체적으로 치킨브랜드는 트렌드의 변화 속에서 지속적으로 성장 발전하는 시장으로 변함없이 그 징표를 보여주었다. 이와 같은 발전은 초보 창업자 입장에서는 소자본으로 창업이 가능한데다 특별한 노하우 없이도 본사의 경영 시스템을 활용하여 성공가능성을 높일 수 있는 장점을 갖고 있기 때문이다. 특히 틈새시장을 잘 공략하면 성장 가능성은 높아 신규업체의 시장진입이 높은 편으로 그 성공 가능성을 실현해 주었기 때문이다. 따라서 현재 400여 개의 브랜드가 경쟁하면서 대립이 심화되는 현상 속에 매장소득이 하락하고 도태되는 경우도 극히 일부 발생하고 있다. 창업시장에서는 신뢰도가 높은 브랜드와 본사를 선택하는 것이 창업자에게 중요함을 지적한다. 무엇보다 본사와 대표의 마인드를 살펴야 하며, 감언이설은 잠깐이지만 기업을 오래도록 유지시키는 것은 대표의 경영철학이기 때문이다.

3) 치킨 브랜드별 본사의 매출 현황 및 수익

우리나라의 치킨 시장에서의 브랜드별 매출 현황을 보면 공정거래위원회의 프랜차이즈 브랜드별 치킨시장의 매출규모에 있어 꾸준한 성장세를 보인다. 이는 2010년도의 핵심경영전략이었던 웰빙에 대한 소비자 니즈의 확산으로 인하여 구이치킨 브랜드들이 두각을 나타내면서 건강지향적인 다양한 신메뉴 출시와 더불어 이미지를 개선한데 기인한 것으로 판단된다. 그러나 주목해야 할 사항은 국제 곡물가 및 원부자재의 가격상승으로 인한 영향이 향후에도 지속될 것으로 예측됨에 따라 치킨업계의 실질적인 수익구조가 전년보다 더 악화될 가능성이 있으며, 메뉴의 패턴변화가 급속하게 일어날 것으로 예측

됨으로서 이에 대한 철저한 분석과 더불어 대응전략을 수립하는 것
이 중요해졌기 때문이다.

<표 14> 브랜드별 매출 현황

(단위 : 억원)

브랜드명	회사명	매출액(억원)			매출증감률(%)			점포 수(개)		
		2012	2013	2014	2011 / 2012	2012 / 2013	2013 / 2014	2013	2014	2015
BBQ	제너시스	-	1752	-	-	-	-	500	-	1800
교촌치킨	교촌치킨	1425	1741	2230	25	22.1	28	950	985	985
네네치킨	㈜혜인식품	307	414	-	-	4.2	-	1039	-	-
또래오래치킨	㈜농협목우촌	438	446	-	-	1.8	1.8	806	-	-
굽네치킨	㈜맛있는생각	808	803	890	-0.1	-0.6	7.4	870	890	890
맥시카나	멕시카나	420	414	443	17.5	12.6	7	741	705	705
BHC	㈜비에치치씨	810	828	-	-	1.9	-	806	-	1000

자료 : 공정거래위원회, (2015).

치킨프랜차이즈업계는 치킨 프리미엄화에 성공하여, 다양한 신메뉴 출시와 카페형 매장 출점 등으로 치킨시장의 질적 성장을 이끌었다. 점포수는 소폭 상승하였지만 단위매장당 매출이 크게 증가해 매출상승을 견인했으며, 카페형 또는 레스토랑 형태를 표방하는 중대형매장으로의 전환도 확산되었다. 포화상태인 치킨프랜차이즈업계는 브랜드별 내실 다지기 경영정책을 통해 매장수는 소폭 감소했으나 가맹점당 평균 매출액은 증가하여, 외식업의 전반적인 고전속에서도 선전하였다. 또한 브랜드 경쟁력을 확보하고 건강을 중시하는 신메뉴 개발을 통한 고객 증대를 계획하고 있다. 치킨업계는 대형화와 가맹사업 확대, 기존의 배달전문점 이미지에서 벗어나 치킨과 맥주를 함께 즐길 수 있는 카페형 매장 개설이 지속적으로 확대될 전망이다.

BBQ는 새로운 사업모델 BBQ 프리미엄카페에 주력하여 50여 개의 가맹점을 출점했다. 또한 빠른 확장보다 내실 위주의 가맹사업으로 멀티카페라는 치킨업계의 새로운 패러다임을 정착시켰으며, 중국시장에 공격적인 투자를 통해 직영점을 개설하고 있다. BHC는 제너시스 BBQ그룹의 계열사였다가 외국계 사모펀드인 TGR펀드가 2013년에 인수한 이후 20%이상 고성장을 이어가면서 프랜차이즈업계의 주목을 받고 있다.

가맹점 수 증가도 같은 수준에 머물러 있다. 교촌치킨은 24년간 마늘 간장 이라는 차별화된 맛으로 국내에 980여 개 매장을 운영하고 있다. 또한 2007년 5월 미국을 시작으로 중국 상하이, 태국, 인도네시아, 필리핀, 말레이시아 등에 진출했다. 최근 일본 레드플래닛푸드사와 합작사를 설립해 일본, 홍콩, 마카오, 싱가포르, 대만 진출도 앞두고 있다. 치킨 업계의 또 다른 브랜드인 돈치킨은 오븐구이 치킨 특유의 강점과 카페형 매장과 같은 새로운 시도, 드라마 PPL 홍보 등의 전략을 더하면서 창업자들의 눈길을 끌고 있다. 2007년 시작한 브랜드로서 현재 전국에 320여 개 이상의 매장을 운영하고 있으며, 지속적으로 카페형 모델을 확장하기 위해 각 지역별 랜드마크가 되는 대표 매장을 중심으로 점주가 원할 경우 카페형 전환을 적극 지원하고 있다.

점포 리모델링 비용 중 상당 부분을 가맹본사가 지원해준다. 돈치킨은 경북 김천에 HACCP 인증 공장을 보유하고 있으며 하루 20만 수의 계육을 안전하고 위생적으로 생산, 전국 10개 물류 망으로 재료를 가맹점에 공급하고 있으며, 중국 내 사업을 위해 현재 중국 CK공장을 설립 운영 중이다. 또한 돈치킨은 중국 전역에 글로벌 점포를 개설하고 있으며, 동남아시아 지역의 마스터프랜차이즈 진출도 모색하고 있다. 이처럼 수십 년간 외식·배달업계의 대표주자였던 '피자' 와 '치킨' 이 반대 행보를 걷고 있어 눈길을 끌고 있다.

4) 치킨 프랜차이즈 본사의 성장 추이와 경쟁력

최근 치킨 프랜차이즈들은 빠른 속도로 성장하고 있다. 높은 브랜드 파워를 기반으로 연 매출 2000억원을 넘는 회사들이 등장하고 있는 것이다. 교촌치킨과 BBQ에 이어 2016년 BHC와 맘스터치가 새로운 2000억원대 브랜드의 주인공이 되었다. 이는 치킨시장이 계속 성장하면서 육가공업체들도 치킨프랜차이즈 사업을 공격적으로 확대하고 있기 때문이다.

2016년 12월 7일 치킨업계에 따르면 BHC는 10월 말 기준으로 2016년 누적매출 2000억원을 돌파했다. BHC는 2016년 매출이 2400억원에 이른 것이다. 지난 2015년 1840억원에 비해 30.4% 증가한 것이다. 2016년 매출 증가에 기여한 제품은 간장맛 치킨 맛초킹, 달콤한 맛 치킨 뿌링클 등이다.

두 치킨의 2016년 1~10월 판매량은 전년 동기 대비 40% 증가 한 것으로 신메뉴가 스테디셀러로 자리 잡으면서 매출이 크게 늘었다. 치킨버거 등 햄버거류를 중심으로 팔던 맘스터치도 치킨 사업 부문이 급성장했다. 지난 2016년 7월 후레이크 갈릭·핫치킨 등 치킨 메뉴를 새롭게 내놓았다. 맘스터치의 2016년 3분기 매출은 519억원이었다. 맘스터치를 운영하는 해마로푸드 서비스는 가맹점 수가 1000

개까지 늘어나면서 2016년 매출이 2000억원을 돌파한 것이다.

사조그룹이 운영하는 치킨 프랜차이즈 굿앤닭은 2016년 10월 부어치킨을 인수하며 몸집을 불렸다. 20개에 불과했던 매장 수가 350개로 급증했다. 맛초킹·후레이크 갈릭 등 新메뉴 인기에 시장 판커져 하림 등 납품社도 공격 영업 굿앤닭·디디치킨·락꼬꼬 마케팅 강화하고 점포를 늘려가고 있다.

295개 수준인 점포수도 2017년 까지 400개로 늘릴 계획으로 영업 중이다. 마니커 계열사인 성화식품이 운영하는 락꼬꼬는 지난 2016년 6월 광주전남대점을 열며 가맹사업을 시작했다. 전체 매장 수는 아직 10개에 불과하지만 2017년 상반기까지 100개로 늘린다는 계획이다. 이들은 치킨 시장이 계속 확대될 것으로 보고 있다. 국내 1인당 연간 닭고기 소비량은 지난해 12.6kg으로 돼지고기 소비량(22.5kg)의 절반 수준이다. 다른 외식업종에 비해 가맹점주가 운영하기 쉽다는 점도 치킨전문점이 빠르게 늘어나는 요인으로 꼽힌다. "본사로부터 닭, 치킨무 등을 다 제공받기 때문에 운영관리가 쉽고 인건비가 적게 든다"고 설명했다. 하지만 그만큼 경쟁은 치열하다. 중소형 프랜차이즈를 포함해 전국에 3만6천개가 넘는 치킨집이 있는 것으로 업계는 추산하고 있는데, 공정거래위원회에 정보공개서를 등록한 2016년 기준 치킨브랜드 수만 해도 380개가 넘었다.

2. 치킨 브랜드별 마케팅 전략

1) 멕시카나의 저가정책, BBQ의 고가정책

조선비즈가 2015년 공정거래위원회에 정보공개서를 제출한 치킨 프랜차이즈 7곳을 분석한 결과 가장 저렴하게 창업할 수 있는 치킨 집은 멕시카나 치킨인 것으로 나타났다. 가장 비싼 곳은 BBQ이다. ㈜제너시스가 운영하고있는 BBQ는 매달 판촉비 매출액의 5% 이상 을 내야하고, 리뉴얼은 4년에 한 번씩 하도록 돼있으며 포스 사용료 는 월 1만9800원씩 별도로 받고, 임대료 또한 별도다. 카페형 매장 으로 규모도 크고 인테리어에 신경을 써서 경쟁사보다 총 창업비용 이 많이 나오기 때문이다.

2) 치킨 브랜드 '3강구도' 재편

BBQ와 교촌치킨이 장악하고 있던 치킨프랜차이즈 업계가 창립 4 년차 신예인 BHC치킨의 가세로 3강 구도로 재편되고 있다. BBQ에 서 2013년 7월 분리돼 독자경영을 시작한 BHC는 2015년 5월 가맹 점 1000개를 돌파하는 등 급성장을 하고 있다. 특히 배우 전지현을 광고모델로 내세우면서 브랜드 인지도도 빠르게 상승하고 있다. 2013년 827억원의 매출을 올린 BHC는 2014년 31.6% 많은 1088억원의 매출을 기록하였고, 2015년에는 2000억원의 매출을 달성했다. 가맹점수도 크게 늘었다. 2013년 780개였던 BHC 가맹점은 지난 2014년 868개, 2015년 5월 1000개로 증가했다. BBQ의 가맹점은 1800여개, 교촌치킨은 980여개다.

BHC는 치킨이 맛있고 잘 팔린다는 소문이 돌면서 가맹점을 하고 싶어하는 점주들의 문의가 계속 이어지고 있다. BHC의 매장당 월평균 매출은 2013년 7월 1800만원에서 2015년 2400만원으로 33.3% 올랐다. BHC가 이처럼 경기불황에도 급성장을 할 수 있었던 것은 지속적인 투자 덕분이다. BHC는 2013년 8월 물류시스템을 개선하는데 2억7000만원을 투자했으며, 2015년 7월 영남물류센터도 새로 문을 열었다. 또 가맹점과의 실시간 소통을 위한 온라인 시스템을 구축하고 가맹점의 광고 선전비는 전액 본사가 부담하고 있다. 핵심 분야인 제품 개발에도 신경 쓰고 있다. BHC는 최근 2억원을 들여 서울 송파구 잠실 본사에 있는 기업부설연구소를 확장하고 교육센터를 재개장했다. '뿌링클', '별에서 온 코스치킨' 같은 신제품 역시 이러한 투자가 있었기에 개발될 수 있었다. 지난 2014년 10월 한우전문점인 '창고43'을 인수하여 BHC는 종합외식기업으로 성장하겠다는 계획을 내세우기도 했다.

3) 치킨 브랜드 가맹점 수익률과 마케팅 전략

국내 주요 치킨 프랜차이즈 가운데 창업비용에 비해 가맹점 평균 매출이 가장 높은 곳은 BHC, 가장 낮은 곳은 둘둘치킨으로 나타났다. BHC의 가맹점 평균 매출은 창업비용의 4배를 넘긴 반면, 둘둘치킨은 0.9배로 첫해 매출이 창업비용에도 못 미쳤다. 기업 경영성과 평가 사이트인 CEO스코어가 공정거래위원회의 가맹사업거래 현황을 분석한 결과, 국내 주요 치킨 프렌차이즈 7개 브랜드의 가맹점 평균 매출은 1억5천670만원으로 집계됐다. 이는 평균 창업비용 7천179만원의 2.18배 규모다. 창업비용은 '가맹점사업자의 부담금'을 의미하는 것으로 가맹비, 교육비, 보증금 등을 합친 금액이며, 매출은 직영점을 제외한 순수 가맹점 매출만 집계했다. 또 투자효율성을 나타내는 지표로서 창업비용 대비 매출액 규모를 보면 7개사 중 창업비용에 비해 가맹점 평균 매출이 가장 높은 곳은 BHC로 창업비용의 420%에 달했다. BHC의 가맹점 평균 매출은 지난 2013년 기준 1억6천 812만원으로 창업비용 4천만원을 크게 웃돌았다. BHC의 경우 매출은 7개사 평균보다 1천 141만원 적었지만, 창업비용은 평균 (7천179만원)에 비해 2분의 1수준에 불과해 투자 대비 수익성이 가장 높았다. BHC는 "인테리어 비용과 제품 원가를 낮추고 매출 프라임

타임이 방과 후와 저녁 두 번이 주효했던 것으로 평가 받고 있다.

반면 지엔푸드의 경우 운영하는 굽네치킨이 419%로 2위를 차지했는데 굽네치킨은 가맹점당 4천828만원을 투자해 평균 2억227만원의 매출을 올렸다. 뒤를 이어 혜인식품 네네치킨이 396%, 농협목우촌 또래오래가 346%를 각각 기록했다. 페리카나의 경우 매출은 9천298만원으로 7개사 평균을 밑돌았지만, 투자비용이 3천만원으로 가장 낮았다.

〈표 15〉 치킨프랜차이즈 브랜드별 가맹점과 수익성

그룹	브랜드	가맹점수	평균매출액 (단위: 백만원)	비용	매출액/비용
(주)비에이치씨	BHC	1042	168,123	40,005	420%
(주)지엔푸드	굽네치킨	863	202,271	48,280	419%
(주)혜인식품	네네치킨	1203	20,648	50,727	396%
농협목우촌	또래오래	840	12,308	34,770	346%
(주)페리카나	페리카나	1262	92,981	30,000	310%
(주)제너시스 바비큐	BBQ	1801	253,000	233,009	109%
(주)일동인터내쇼날	둘둘치킨	302	59,602	65,800	91%
평균		980	156,705	71,799	218%

자료 : 공정위 가맹사업거래 단위 : 천원 / 기준 : 2013년.

3. 치킨 프랜차이즈 브랜드별 영업 전략과 성공 사례

우리나라에서의 치킨 인기는 뜨겁다. '치느님', '치렐루야' 등 신조어들만 봐도 그 열기를 가늠할 수 있다. 통계에 따르면 우리나라 국민이 하루에 먹는 치킨이 52만 마리라고 하며 이런 인기를 힘입어 치킨 창업을 하고자 하는 예비창업자가 늘고 있는 것도 당연하다. 높은 수요에 매혹적일 수밖에 없는 것이 현실이다. 이에 치킨 창업에 관심이 있는 예비창업자들이 만드시 참고해야할 동송업계의 성공 창업사례를 참고할 필요가 있다.

1) 고가 브랜드 전략

프리미엄 오븐구이치킨 전문점을 운영하고 있는 돈치킨의 경우 공격적인 매장 마케팅으로 매출을 높여 호응을 받고 있다. 담당 슈퍼바이저가 돈치킨 용현 2점 사례를 다른 매장에 알려줄 정도로 돈치킨은 본사내에서도 유명하다. 이곳점주는 오는 손님 받고, 치킨을 내어주는 것이 전부인 단순한 매장 운영을 지양하고 '고객에게 어떻게 하면 조금 더 색다르게 다가갈 수 있을까' 를 고민하고 또 고민했다. 매장 외부에 위치한 자판기에도 LED화면을 자체 주문해 매장 앞 정류장에서 대기하는 행인들도 볼 수 있도록 고려했다. 버스를 기다리는 행인이 무의식중에 돈치킨 용현2점을 홍보하는 LED보기를 기대한 것이다. 고객을 기다리기보다는 먼저 다가가고, 어떻게든 매장 홍보와 연관지은 점주의 노력으로 이루어진 매출인 것이다.

2) 중가 브랜드 전략

프리미엄 미들비어 전문점을 운영하고 있는 바보스 수원대점의 경우 사람 관리에 특히 신경을 써 성공한 사례다. 사람 간에 관계가 제일 중요하다는 이곳 점주는 매장을 운영하고, 방문하는 것도 결국 사람이라며 자신의 성공포인트를 사람 관리로 꼽았다. 즉 일하는 아르바이트생이 배고플 시간이 되면, 손수 요리를 만들어 허기를 달래주고 아르바이트생 입장에서는 더할 나위 없이 좋은 사장님이다. 점주는 "내 직원이 즐겁게 일할 수 있게, 최고의 능력을 낼 수 있도록 환경을 만들어주는 것이 나의 또 다른 임무"임을 명심하고, 직원에게 펼치는 후한 인심을 생활화 해오고 있다. 이 같은 사람관리는 여기서 그치지 않는다. 본사 직원들에게도 맛있는 요리를 무상으로 제공하며, 담당 직원들은 점주의 특별 서비스에 더욱 의욕적으로 업무 처리를 도와주고, 해야 할 서비스 이상으로 제공해주기도 한다.

특별히 무엇인가 바라고 해주는 음식 서비스는 아니지만, 서로가 Win-Win 하는 전략인 셈이다. 이러한 철칙으로 본사와 13년 간 그 인연을 이어가고 있다.

3) 저가 브랜드 전략

오븐구이치킨 전문점을 운영하고 있는 땡큐맘치킨cafe 신이문역점의 경우 '기초 공사'를 중요시 하여 월 평균 매출 3천만원을 유지하고 있다. 중국인 관광객들을 위한 중국어 메뉴판을 준비하고 SNS 등을 통해 홍보를 하여 더 많은 관광객들이 찾아왔다.

사소한 한 부분들이 얼마나 큰 결과를 낳는지 알 수 있다. 또한 이곳 점주는 모든 메뉴를 조리할 때 레시피를 철저히 지킨다. 본인만의 노하우를 담아 맛을 더하는 매장들도 많지만 이곳 점주는 그러지 않았다. 철저히 기본대로 한다.

4. 치킨 브랜드별 영양성분과 중량 평가

치킨은 맥주와 치킨을 함께 먹는다는 '치맥'이라는 신조어를 만들어 낼 정도로 대중적 인기가 높은 식품이다. 특히, 최근에는 '프랜차이즈 치킨' 브랜드와 매장이 증가하면서 대표적인 배달음식으로 자리 잡았지만, 브랜드별 제품 정보가 부족하고 과다 영양 섭취에 대한 우려도 지속적으로 제기되고 있는 품목 중의 하나다.

1) 영양성분 함량기준

〈표 16〉 치킨 섭취량에 따른 영양성분 함량

구분	프라이드치킨		매운맛양념치킨		구운치킨		두마리치킨	
	100 g	한 마리	100 g	한 마리	100 g	한 마리	100 g	두 마리
나트륨 (mg)	257~471 (344)	1,588~ 3,146 (2,290)	318~552 (453)	1,851~ 5,630 (3,989)	406/478	1,795/ 2,395	292/416	3,174/ 6,644
포화지방 (g)	3.1~6.5 (4.3)	22.1~ 41.3 (28.3)	2.5~4.7 (3.4)	19.2~ 43.7 (29.1)	2.7/3.4	13.5/ 15.0	2.9/3.2	34.8/ 46.0
당류 (g)	0.1~1.0 (0.4)	0.6~6.7 (2.6)	3.8~12.1 (7.3)	24.2~ 95.5 (64.7)	0.9/5.3	4.0/26.6	0.1/12.6	1.1/ 201.0

주) 나트륨과 포화지방의 하루 영양성분기준치는 각각 2,000mg, 15g이고, 당류의 WHO 하루 섭취권장량은 50g.

치킨 섭취시 샐러드나 채소를 함께 섭취하는 경우가 많은데 이는 토마토, 당근, 양파 등의 채소에는 나트륨 배출 기능이 있는 칼륨이 많이 함유되어 있고, 치킨과 함께 먹으면 상대적으로 포만감이 빨리 느끼게 되어 치킨의 먹는 양을 조절하는데 도움이 되기 때문이다.

<표 17> 닭고기 부위별 100g 당 영양성분 비교

부위종류 영양성분	날개	넓적다리	다리	가슴살
열량(kcal)	218	188	126	102
단백질(g)	17.5	17.0	18.2	23.1
지방(g)	15.2	12.3	4.3	0.4

주) 국가표준식품성분표(농촌진흥청, 2016)

구운치킨과 튀긴치킨의 섭취에 있어 열량과 지방을 덜 섭취하기 위해서는 구운치킨을 선택하는 것이 좋고, 튀긴치킨을 선택했다면 껍질을 제거하고 살코기만 먹는 것이 열량섭취를 줄이는 방법이다.

■ 열량(100 g) : 구운치킨 245 kcal, 매운맛양념치킨 308 kcal,
　　　　　　　　프라이드치킨 336 kcal

특히 맥주나 탄산음료 등과 함께 치킨을 먹으면 열량이 높아지는데 이는 단백질이 많은 치킨과 맥주를 함께 먹으면 혈중 요산 수치가 높아질 수 있기 때문이다.

- 열량 : 맥주 500cc 당 185kcal

  탄산음료 한 캔(250ml) 당 110 kcal
- 당류 : 탄산음료 한 캔(250ml) 당 약 20g

---

2) 브랜드별 주력상품

한국 소비자원에서 2016년 6월 국내 가맹점수 현황 및 소비자 설문조사 결과를 반영하여 소비자가 많이 선택하는 상위 브랜드를 선정, 기본 제품인 프라이드 또는 구운 치킨과 소비자 선호도가 높은 매운맛양념 치킨(양념 가미 제품)을 포함한 각 브랜드별 2개 제품 선정하여 나타낸 소비자의 양념 가미 제품 선호도에 대한 내용을 보면 다음과 같다.

⟨표 18⟩ 브랜드별 주력 판매상품

브랜드	제품	
	프라이드 구운치킨	매운맛양념치킨
교촌치킨	교촌후라이드	교촌레드오리지날
굽네치킨	굽네오리지널	굽네볼케이노
네네치킨	후라이드마일드	쇼킹핫양념치킨
또래오래	오곡후라이드치킨	리얼핫양념치킨
맘스터치	맘스후라이드치킨	매운양념치킨
멕시카나	후라이드치킨	땡초치킨
비비큐(BBQ)	황금올리브치킨	레드핫갈릭스
비에이치씨(BHC)	해바라기후라이드치킨	매운맛양념치킨
처갓집양념치킨	후라이드치킨	매운불양념치킨
페리카나	후라이드치킨	매운양념치킨
호식이두마리치킨	후라이드치킨	매운양념소스치킨

자료 : 한국소비자원, (2016).

2016년 6월 한국소비자원에서 소비자 1,000여명을 대상으로 치킨의 관심사항에 대해 설문조사를 실시한 결과를 보면 다음과 같다.

⟨그림 2⟩ 프랜차이즈 치킨에 대한 관심도

(n=1,000)

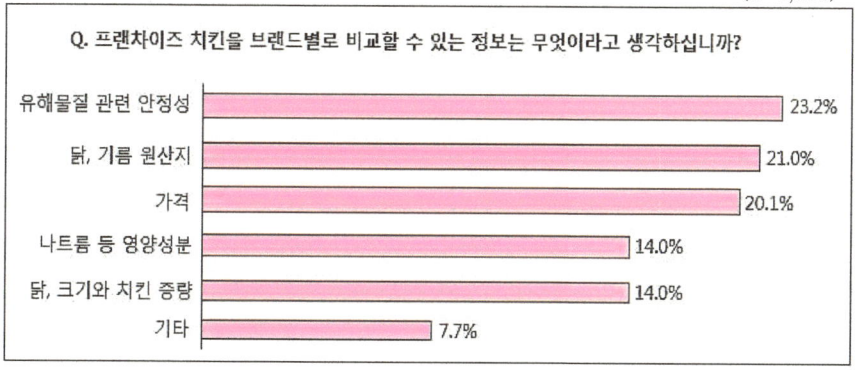

자료 : 한국소비자원(2016).

한국소비자원의 1372 소비자 상담센터 상담사례 중 치킨의 품질과 관련해 접수된 항목 중, 치킨 관련 품질불만 상담사례를 보면 중량 미달이 71%(20건), 맛에 대한 불만이 29%(8건)으로 나타났다(프랜차이즈 치킨에 대한 주요 상담사례 (2015.1~12, 총 28건)).

〈표 19〉 시험 대상 제품

구분	시험·평가 항목	시험·평가 방법	적용 기준
중량 및 크기	중량	브랜드별 비교	-
	원료육 크기		축산물 등급판정 세부기준(제2014-4호)
맛성분	캡사이신류	브랜드별 비교	KS H 2157(고춧가루) KS H 2120(고추장)
영양성분	나트륨	하루 섭취량을 제한하는 영양성분 및 주요 영양성분 함량 비교를 통해 품질 평가	식품의 기준 및 규격 (제2016-43호) 및 식품등의 표시기준 (제2016-31호)
	당류		
	포화지방, 트랜스지방		
	열량		
	탄수화물		
	단백질		
	지방		
유지 관리	산가	치킨 제품 시험을 통한 유지 관리 정도 평가	식품의 기준 및 규격 (제2016-43호)
	과산화물가		
안전성	벤조피렌	식품의 기준 및 규격 검증	식품의 기준 및 규격 (제2016-43호)
표시확인	원산지	표시된 원산지 확인	농수산물의 원산지 표시에 관한 법률(제14207호)
	영양성분	표시 여부 확인 및 정확성 평가	식품등의 표시기준 (제2016-31호)

자료 : 한국소비자원(2016).

3) 주요성분 및 맛 평가

치킨은 하루 섭취량을 제한하는 영양성분 함량이 타 품목에 비해 높은 편이다. 치킨은 염지, 튀김, 양념 등의 조리방법으로 인해 나트륨, 당류 등 하루 섭취량을 제한하는 영양성분의 함량별 과다 섭취가 우려되는 품목으로 이를 보건당국의 섭취 함량 기준에 의해 통제하고 있다. 특히 양념치킨은 프라이드 및 구운 제품에 양념을 첨가하는 방식으로 조리하기 때문에 양념소스에 함유된 나트륨, 당류 등으로 인해 하루 섭취량을 제한하는 영양성분의 함량이 증가하는 특성을 보이고 있다. 즉, 매운맛 양념치킨은 반 마리만 먹어도 나트륨, 포화지방 등이 하루 영양성분 기준을 충족시킬 정도로 높아 이에 대한 통제가 많아지고 있다.

한국소비자원에서 2016년 평가한 것을 보면 매운맛 양념치킨 한 마리의 나트륨 함량은 평균 3,989mg으로 하루 영양성분 기준치(2,000mg)의 2배 가까이 되었으며, 최대 3.3배까지 나타난 것도 있다. 나트륨은 과다섭취 할 경우 고혈압, 심장질환 등 만성질환의 원인으로 알려져 있고, 포화지방은 상온에서 고체 형태로 과다섭취 시 고혈압, 관상동맥질환 등 성인병 발생 위험이 높아짐에 따라 정부에서는 2017년까지 나트륨 섭취량을 20% 저감화하는 정책을 추진하고 있다. 또한 당류를 과다 섭취할 경우 비만, 당뇨병 등의 발생 가능성이 높아지는 것으로 알려져 있음에 따라 정부에서는 2020년까지 가공식품을 중심으로 당류 저감화 정책을 추진하고 있다.

(1) 영양성분 정보 제공

치킨은 영양성분 정보가 표시되어 있지 않는 경우가 많아 소비자가 정확한 영양정보를 알기 어려운 실정이며, 특히 즉석조리식품인 치킨은 영양성분 표시 의무대상이 아니기 때문에 조사대상 브랜드 중 7개 업체가 영양성분 정보를 제공하지 않고 있는 것으로 나타났고, 4개 업체는 영양성분 정보를 홈페이지 등에서 제공하고 있는데, 시험결과를 비교 해보면 교촌치킨은 비교적 정확한 정보를 제공하고 있지만 일부 업체는 일부 제품만 표시하고 있거나 표시값과 측정값의 차이가 커 개선이 필요한 것으로 나타났다.

(2) 매운맛

고객은 치킨의 영양성분을 확인을 통해 과다 섭취되는 영양성분을 고려해 치킨의 먹는 양 조절이 필요하다.

또한, 소비자 설문조사 결과, 치킨을 간식 또는 야식으로 먹는 다는 응답이 58.4 %, 한 번에 반 마리 이상 먹는 다는 응답이 68.9 %

를 차지하여 대다수의 고객이 반 마리 이상을 섭취하고 있는 것으로
나타났다.

<그림 3> 치킨 섭취 실태 설문조사 결과

(n=1,000)

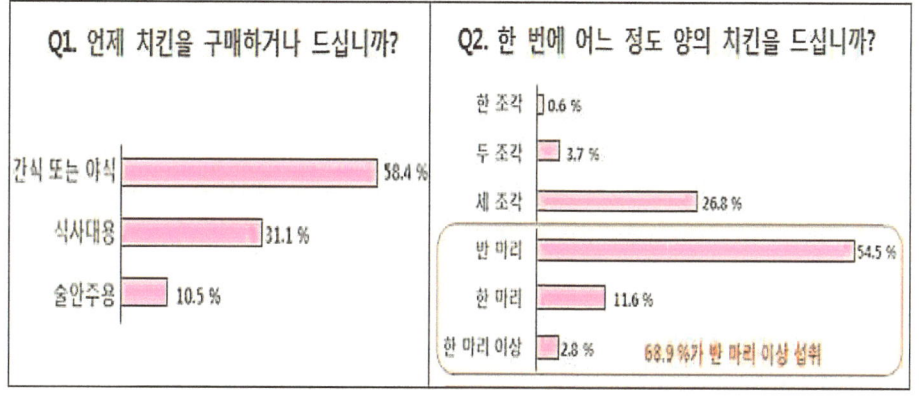

자료 : 한국소비자원, (2016).

특히 매운맛 성분인 캡사이신류 함량은 가식부 100g 당 제품별
최대 3.6배까지 차이가 나는 것으로 나타났다.
캡사이신류 함량이 가장 높은 또래오래의 리얼핫양념치킨은 100g 당
29mg이었고, 가장 낮은 호식이두마리치킨의 매운양념소스치킨은
0.8mg이었다.

〈그림 4〉 매운맛 시험결과

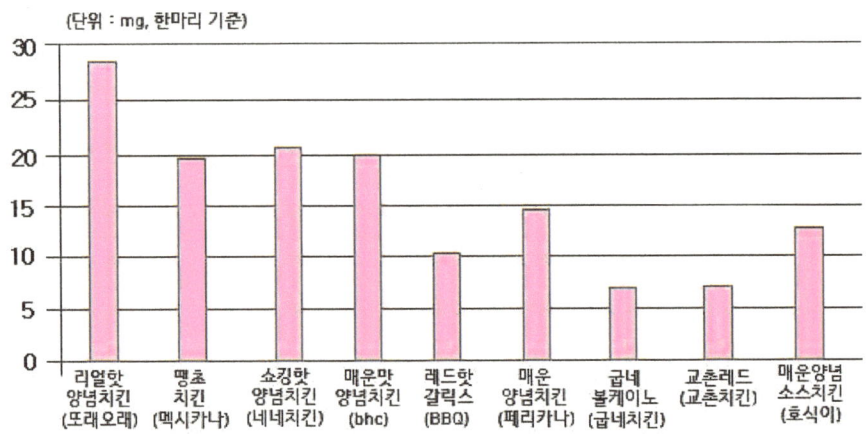

(단위 : mg, 한마리 기준)

자료 : 한국소비자원, (2016).

(3) 중량 및 크기

중량 및 크기에 있어서도 두 마리치킨, 양념치킨, 프라이드치킨, 구운치킨 순으로 중량이 많았다. 즉, 뼈를 제거한 치킨의 가식부 양은 튀김옷이 없는 굽네치킨이 가장 적었고 두 마리를 한 세트로 제공하는 호식이두마리치킨 제품이 가장 많았다.

치킨 한 마리의 가식부 중량은 프라이드치킨 및 매운맛양념치킨 모두 BHC 해바라기 후라이드치킨 721g, 매운맛양념치킨 1,111g가 가장 많았다. 그리고 치킨 종류별 중량은 매운맛양념치킨이 평균 872 g, 프라이드치킨은 평균 664 g이었고, 굽네오리지널은 442g으로 가장 적었으며, 두 마리를 한 세트로 제공하는 호식이두마리치킨의 매운양념소스치킨은 1,597g으로 가장 많았는데, 양념치킨은 프라이드 제품에 양념을 첨가하는 방식으로 조리하기 때문에 추가된 양념만큼 중량이 증가하는 제품이기 때문이다.

예외적으로 교촌치킨과 비비큐(BBQ)의 양념치킨은 프라이드 제품과 튀김옷의 종류와 양을 다르게 제조하는 등의 차이가 있어 양념치킨의 중량이 더 적은 것으로 나타났다. 유사한 원료 닭을 사용해도 제조방법 등에 따라 완제품 중량에서 차이가 나는데, 호식이두마리치킨(9호)을 제외한 나머지 전 업체가 10호닭(951g~1,050g)을 사용하는 것으로 나타났다.

이는 같은 호수의 닭을 사용하더라도 호수별 닭의 중량범위나 첨가 재료의 양 차이 등 제조방법에 따라 최종 중량은 달라질 수 있기 때문이다.

〈표 20〉 중량 및 크기

(단위 : g)

제품(브랜드)	총중량	가식부중량	원료닭	제품(브랜드)	총중량	가식부중량	원료닭
프라이드치킨				매운맛양념치킨			
해바라기후라이드치킨 (비에이치씨, BHC)	876	721	10호	매운맛양념치킨 (비에치씨, BHC)	1,260	1,111	10호
오곡후라이드치킨	864	715	10호	매운양념치킨	1,199	1,020	10호

(또래오래)				(맘스터치)			
후라이드치킨 (멕시카나)	858	692	10호	쇼킹핫양념치킨 (네네치킨)	1,195	994	10호
교촌후라이드 (교촌치킨)	832	674	10호	리얼핫양념치킨 (또래오래)	1,122	977	10호
황금올리브치킨 (비비큐, BBQ)	829	668	10호	매운양념치킨 (페리카나)	1,087	895	10~1 1호
맘스후라이드치킨 (맘스터치)	819	661	10호	매운불양념치킨 (처갓집양념치킨)	1,026	853	10호
후라이드마일드 (네네치킨)	794	636	10호	땡초치킨 (멕시카나)	931	779	10호
후라이드치킨 (페리카나)	771	618	10~1 1호	레드핫갈릭스 (비비큐, BBQ)	763	638	10호
후라이드치킨 (처갓집양념치킨)	751	588	10호	교촌레드오리지날 (교촌치킨)	725	582	10호
프라이드치킨 평균	**822**	**664**	**-**	**매운맛양념치킨 평균**	**1,034**	**872**	**-**

구운치킨				구운매운맛양념치킨			
굽네오리지널 (굽네치킨)	643	442	10호	굽네볼케이노 (굽네치킨)	698	501	10호

두 마리 프라이드치킨				두 마리 매운맛양념치킨			
후라이드치킨[2] (호식이두마리치킨)	1,397	1,087	9호	매운양념소스치킨[2] (호식이두마리치킨)	1,993	1,597	9호

전체 평균 : 총중량 974 g / 가식부 중량 793 g

주) 가식부 중량은 조사대상 치킨 시료에 한함.

(4) 튀김유 관리 및 안전성

산가는 전 제품에서 0.7~1.8 로 나타나 기준에 적합한 판정을 받았다. 여기서 산가는 유지(油脂)가 장기간 사용 · 저장될 경우 생성되는 유리지방산 함량을 측정하는 지표로서 유지의 품질과 내력을 나타낸다. 식품접객업소의 조리식품 산가 기준은 3.0 이하이어야 한다 (식품의 기준 및 규격 제2016-43호).

또한 과산화물가는 전 제품에서 6~15 로 나타나 문제가 없는 수준이었으며, 과산화물가는 유지의 산패를 일으키는 자동산화의 초기 단계를 평가할 수 있는 지표로서 유지의 품질을 나타냈다. 식품접객업소의 조리식품에 대한 기준은 없으나 유사한 가공식품의 기준을 준용하면 문제가 없는 수준인 것으로 판단된다.

가공식품 중 튀김식품의 과산화물가는 60이하여야 한다(식품의 기준 및 규격 제2016-43호). 벤조피렌도 전 제품에서 검출되지 않았다. 벤조피렌은 단백질, 지방 등이 고온에서 불완전 연소되어 생성되는 내분비 장애물질로 국제암연구소(IARC)에서는 1군으로 확인된 인체 발암물질로 분류되고 있으며, 식품접객업소의 조리식품에 대한 기준은 없으나 유사한 가공식품의 기준을 준용하면 문제가 없는 것으로 나타났다. 가공식품 중 식용유지의 벤조피렌은 2.0ug/kg 이하이어야 한다(식품의 기준 및 규격 제2016-43호). 이를 바탕으로 산가, 과산화물가, 벤조피렌 시험결과에 따라 조사대상 제품의 튀김유 관리 상태는 양호한 것으로 판단된다.

⟨표 21⟩ 프랜차이즈 치킨 브랜드별 평가 결과표

구분	브랜드	제품	가격(원)	중량[1] 전체(g)	가식부(g)	나트륨(mg)	당류(g)	열량(kcal)	탄수화물(g)	단백질(g)	지방(g)	포화지방(g)	트랜스지방(g)	캡사이신류(mg)	산가	과산화물가	벤조피렌(ug/kg)
후라이드치킨	교촌치킨	교촌후라이드	15,000	832	674	340	0.2	366	9	25	26	3.3	0.02	-	1.0	9	불검출
	네네치킨	후라이드마일드	15,000	794	636	380	0.2	331	10	25	21	6.5	0.02	-	0.9	8	불검출
	또래오래	오곡후라이드치킨	15,000	864	715	387	0.2	344	14	23	22	4.2	0.02	-	0.8	7	불검출
	맘스터치	맘스후라이드치킨	15,000	819	661	363	0.3	310	11	26	18	4.3	0.02	-	1.3	10	불검출
	멕시카나	후라이드치킨	15,000	858	692	294	0.4	344	9	26	23	3.2	0.02	-	1.0	8	불검출
	비비큐(BBQ)	황금올리브치킨	16,000	829	668	471	0.2	312	11	21	20	4.8	0.04	-	1.6	12	불검출
	비에이치씨(BHC)	해바라기후라이드치킨	15,000	876	721	317	0.8	347	14	21	23	3.1	0.04	-	0.7	6	불검출
	처갓집양념치킨	후라이드치킨	15,000	751	588	286	0.2	344	9	25	23	4.9	0.02	-	1.0	8	불검출
	페리카나	후라이드치킨	15,000	771	618	257	0.1	328	8	25	22	4.5	0.02	-	1.0	8	불검출
	평균		15,111	822	664	344	0.4	336	11	24	22	4.3	0.02	-	1.0	9	-
매운맛양념치킨	교촌치킨	교촌레드오리지날	16,000	725	582	318	4.8	358	6	31	23	3.3	0.03	1.1	1.3	11	불검출
	네네치킨	쇼킹핫양념치킨	17,000	1,195	994	439	9.2	287	23	14	16	4.4	0.02	2.1	0.9	8	불검출
	또래오래	리얼핫양념치킨	18,000	1,122	977	467	7.0	300	23	17	16	2.9	0.02	2.9	1.2	11	불검출
	맘스터치	매운양념치킨	17,000	1,199	1,020	552	7.5	293	22	17	15	3.3	0.02	2.0	1.4	13	불검출
	멕시카나	땡초치킨	17,000	931	779	496	12.1	283	19	15	15	3.2	0.02	2.5	1.0	8	불검출
	비비큐(BBQ)	레드핫갈릭스	19,900	763	638	542	3.8	329	14	22	21	4.7	0.04	1.7	1.8	15	불검출
	비에이치씨(BHC)	매운맛양념치킨	17,000	1,260	1,111	481	5.6	323	24	15	19	2.7	0.04	1.8	1.5	12	불검출
	처갓집양념치킨	매운불양념치킨	17,000	1,026	853	393	11.2	300	19	19	16	3.4	0.02	2.0	1.4	11	불검출
	페리카나	매운양념치킨	17,000	1,087	895	388	4.7	300	21	18	16	3.2	0.02	1.6	0.8	6	불검출
	평균		17,322	1,034	872	453	7.3	308	19	19	17	3.4	0.03	2.0	1.3	11	-
구운치킨	굽네치킨	굽네오리지널	15,000	643	442	406	0.9	245	4	31	12	3.4	0.03	-	1.1	10	불검출
	굽네치킨	굽네볼케이노	17,000	698	501	478	5.3	219	6	27	9	2.7	0.02	1.2	1.1	9	불검출
두마리치킨	호식이두마리치킨	후라이드치킨	18,000	1,397	1,087	292	0.1	308	13	23	18	3.2	0.02	-	1.0	9	불검출
	호식이두마리치킨	매운양념소스치킨	20,000	1,993	1,597	416	12.6	309	24	17	16	2.9	0.03	0.8	1.3	11	불검출
전체 평균			16,450	974	793	398	4.0	313	14	22	19	3.7	0.03	1.8	1.1	10	-

<표 22> 프랜차이즈 치킨 브랜드별 주력제품 구매가이드

브랜드		교촌치킨	굽네치킨	네네치킨	또래오래	맘스터치	멕시카나
제품명		교촌 후라이드	굽네 오리지널	후라이드 마일드	오곡후라이 드치킨	맘스후라이 드치킨	후라이드 치킨
가격(원)		15,000	15,000	15,000	15,000	15,000	15,000
중량	전체(g)	832	643	794	864	819	858
	가식부(g)	674	442	636	715	661	692
주요 영양 성분 (한 마리)	열량(kcal)	2,467	1,083	2,105	2,460	2,049	2,380
	나트륨(mg)	2,292	1,795	2,417	2,767	2,399	2,034
	당류(g)	1.3	4.0	1.3	1.4	2.0	2.8
	포화지방(g)	22.2	15.0	41.3	30.0	28.4	22.1
제품명		교촌레드 오리지날	굽네 볼케이노	쇼킹핫 양념치킨	리얼핫 양념치킨	매운 양념치킨	땡초치킨
가격(원)		16,000	17,000	17,000	18,000	17,000	17,000
중량	전체(g)	725	698	1,195	1,122	1,199	931
	가식부(g)	582	501	994	977	1,020	779
주요 영양 성분 및 맛성분 (한 마리)	열량(kcal)	2,084	1,097	2,853	2,931	2,989	2,205
	나트륨(mg)	1,851	2,395	4,364	4,563	5,630	3,864
	당류(g)	27.9	26.6	91.4	68.4	76.5	94.3
	포화지방(g)	19.2	13.5	43.7	28.3	33.7	19.5
	캡사이신류(mg)	6.4	6.0	20.9	28.3	20.4	19.5

브랜드	비비큐(BBQ)	비에이치씨 (BHC)	처갓집 양념치킨	페리카나	호식이두마리 치킨
제품명	황금 올리브치킨	해바라기후라 이드치킨	후라이드치킨	후라이드치킨	후라이드치킨
가격(원)	16,000	15,000	15,000	15,000	18,000
중량 전 체(g)	829	876	751	771	1,397
중량 가식부(g)	668	721	588	618	1,087
주요 영양 성분 (한 마리) 열량(kcal)	2,084	2,502	2,023	2,027	3,348
나트륨(mg)	3,146	2,286	1,682	1,588	3,174
당 류(g)	6.7	5.8	1.2	0.6	1.1
포화지방(g)	32.1	22.4	28.8	27.8	34.8
제품명	레드핫갈릭스	매운맛 양념치킨	매운불 양념치킨	매운양념치킨	매운양념소스 치킨
가격(원)	19,900	17,000	17,000	17,000	20,000
중량 전 체(g)	763	1,260	1,026	1,087	1,993
중량 가식부(g)	638	1,111	853	895	1,597
주요 영양 성분 및 맛성분 (한 마리) 열량(kcal)	2,099	3,589	2,559	2,685	4,935
나트륨(mg)	3,458	5,344	3,352	3,473	6,644
당 류(g)	24.2	62.2	95.5	42.1	201.0
포화지방(g)	30.0	30.0	29.0	28.6	46.0
캡사이신 류(mg)	10.8	20.0	17.1	14.3	12.8

IV

치킨 브랜드 우수 성공전략

1. 상위 우수 브랜드(가맹점 1000개 이상)

1) BBQ

(1) 브랜드 및 상품특징

회 사 명 : BBQ

대 표 자 : 윤경주

전   화 : 080-383-9000

주   소 : 서울특별시 송파구 중대로 64(문정동) 제너시스빌딩

홈페이지 : https://www.BBQ.co.kr/

회사설립일 : 1995년

① 상품특징 및 장점

기존 식용유보다 4~7배 비싼 올리브유를 사용하며 카페형 홀을 운영한다.

② 브랜드 컨셉

건강을 생각한 올리브유 사용으로 웰빙의 효과와 국내산 생닭 100%를 사용하여 좋은 질의 닭고기를 사용한다.

(2) 가맹조건 및 계약 내용

점포수	가맹조건
1800개	가맹비: 10000만원 보증금: 5000만원 교육비: 2800만원 인테리어: 18500만원 기타: 주방기기,기물/집기,POS,오토바이

(3) 차별화 전략 및 경쟁력

① 시스템 경쟁력

주점포개발팀과 성공점포 개발 위원회를 통한 최고의 입지선정과, 국내 최고의 프랜차이즈 교육기관 치킨대학 보유, 체계적인 창업지원 시스템을 통하여 예비창업자들에게 점포조사부터 교육, 운영 방법까지 지원한다.

② 상권, 입지 및 출점전략 경쟁력

담당 지역별 브랜드 가맹점 개발과 특수 입지분석 개발, 경쟁사 관련 동향조사 및 부동산 시장조사를 실시한다.

③ 메뉴 경쟁력

세계 5대 식품인 건강에 좋은 올리브유로 고객의 건강까지 생각한 착한 치킨으로 고객의 입맛을 사로잡고 있다.

(4) 브랜드 특징 및 영업전략(추천 및 선택포인트)

BBQ 치킨의 닭고기는 꼭 신선한 국내산 10호 닭만을 사용한다. 이유인즉 10호 닭고기에는 육즙도 많고, 부드러우면서도 쫄깃한 것이 맛이 가장 좋다. 800g 이하로 내려가게 되면 살도 없는 허약한 닭고기가 많으며, 1100g가 넘어가면 기름기가 많고 느끼하며, 퍽퍽한 질감을 낸다. 또한 올리브 열매를 압착하면 버진올리브와 포마세라는 오일이 생성된다. 이 중 버진올리브는 다시 엑스트라버진과 버진, 오디너리버진으로 나뉘는데 이중엑스트리비진 올리브오일은 씨를 뺀 최상품 올리브를 압착하여 얻은 첫 번째 오일이며 맛과 향에서 최고다. 산도가 1%이하이기 때문에 신맛이 거의 없으며 녹색이 도는 금색으로 맛이 깊고 풍부하다.

엑스트라 버진 올리브 오일로 튀긴 치킨을 먹어본 고객들은 ① 느끼하다 ② 고소한 맛이 없다 ③ 옛날 BBQ가 더 맛있다는 문제점에 대한 해결책으로, BBQ는 다양한 대안을 찾던 가운데 개발팀은 20여 가지 성분을 혼합해 고소한 맛을 내는 천연양념 마리네이드와 파우더 및 배터믹스를 개발하는데 성공했다. 이 양념을 도계단계에서 닭의 속살 깊숙이 주입하고, 가맹점에서 치킨을 튀기기 전에 다시 한번 바르자 이전보다 더 고소한 맛과 향이 살아났다. 아울러 BBQ의 매출 신장은 CF 모델 효과도 한 몫 했다. "수지와 이종석의 콜라보레이션으로 인해 젊은층을 대상으로 높은 관심을 끌어 눈에 띄는 매출 신장을 기록하였다. 지난 2015년 3월 31일부터 진행 중인 'BBQ 패밀리 리노베이션' 과정을 통해 전 패밀리를 순차적으로 치킨대학에 초청해 매출 2배 신장을 위한 다양한 교육 프로그램을 운영해오고 있다. '가맹점이 살아야 본사가 산다.' 본사에서 가맹점을 살리기 위해 적극 나서야 하는 이유이다. 이에 따라 슈퍼바이저들은 주 2회 이상 매장을 방문하여 정해진 매뉴얼에 따라 QCS(Quality Clean System) 체크부터 들어간다. 체크리스트에 따라 매장의 청결여부, 청소상태, 주방의 위생상태, 직원 등 용모, 냉장 및 냉동고 관리상태, 고객응대요령 등 전반적인 사항을 꼼꼼히 살펴본다. 그리고 치킨을 튀기는 유조에 온도계를 넣어 적정 온도인 165℃가 유지되고 있는지 확인한다. 그 외에도 매장의 판촉계획과 본사의 경영전략을 다시 한 번 주입시켜 동반자 관계를 유지시킨다. 즉, 본사가 가지고 있는 맛과 건강에 대한 철학이 가맹점에서 구체적으로 실현되고 있는지 확인하고 또 파악한다.BBQ는 사명에서부터 최고의 품질을 지향하겠다는 의지를 내세우고 있다.

1995년 런칭한 BBQ는 기존과는 다른 색다른 맛과 차별화된 고객 서비스를 통해 시장의 센세이션을 일으키며, 단기간에 1000호점을 돌파하는 놀라운 성공을 거두었다. 또한 이러한 성장은 최근의 네네치킨, 굽네치킨 등으로 대변되는 신종 브랜드의 출현에도 불구하고, 업계 최강자로서의 위치를 굳건히 지키고 있다. 또한 소자본 자영업자를 타깃으로한 공격적인 시장 확대 전략으로, 국내 최다의 가맹점을 소유하고 있다. 국내 최대 최고 프랜차이즈 그룹인 제너시스 BBQ(회장 윤홍근)가 미국 내 92개의 NFL, MLB, NBA, NCAA 스타디움에 국내 최초로 입점하는 쾌거를 달성했다. BBQ는 세계 최고 푸드 서비스 그룹인 Compass 그룹의 Levy와 업무제휴를 통해 Levy가 운영권을 가지고 있는 디르 스타디움 진출을 획징지었다. 뿐만 아니라 미국 인구의 1/3이 열광하고, 전세계 10억 인구가 시청하는 스포츠 축제 NFL 스폰서십을 획득했다. 국내를 넘어 글로벌 브랜드로 성장해갈 수 있는 토대를 마련한 것이다. 이에 최근 제너시스BBQ 그룹의 윤홍근 회장은 Levy의 Frank(Francesco Abbinanti)총괄 부사장, Charles Walker 헤드쉐프 등이 참석한 가운데 양해각서를 체결하고 미국 사업계획을 발표했다. 이번 MOU는 맥도날드, 코카콜라 등 세계적인 브랜드와 어깨를 나란히 하는 일로 한국 프랜차이즈의 해외 진출 역사의 새로운 장을 열게 된 것이다.

미국 NFL, NBA 등의 경기가 열리는 스타디움에는 맥도날드, 코카콜라와 같은 세계 일류 브랜드만 현재 스폰서십 체결 해 입점하고 있다. BBQ는 Levy가 보유한 스포츠 스타디움 92개, 캠퍼스 125개

등의 일반 스탠드 매장 및 kiosk 매장에 BBQ를 입점시키고, Levy 社가 운영하는 레스토랑에도 VAP 제품을 독점 공급하고 있다. BBQ는 매장 운영에 따른 수익 중 판매수수료 약 20~30%를 Levy에 지불하게 된다. 윤홍근 회장은 "2006년 프랜차이즈의 본고장인 미국 시장에 진출해 안정적으로 안착한 BBQ가 이번 Levy와의 MOU를 통해 프리미엄 스포츠 사업 및 엔터테인먼트와 결합된 종합 외식사업 분야에 진출한다"며 "이번 계약은 BBQ 해외 진출의 새 시대를 연 것은 물론이고 한국 프랜차이즈 브랜드의 위상을 높이는 계기가 되었다.

〈표 23〉 BBQ 창업 금액

(단위 : 천 원)

내용	내역	금액
가맹비	브랜드 사용, 경영지도 및 관리	10,000
보증금	계약 종료시 환불	5,000
교육비	조리방법/점포경영 기법(9일)	2,800
인테리어	평당 금액	18,500
주방집기/의탁자	주방 설비 및 비품 일체/의탁자	8,000
기물/집기	기물, 메뉴판 등	1,500
POS, 오토바이	POS, 프린터, 오토바이 2대	5,500
계		51,300

2) 교촌치킨

(1) 브랜드 및 상품특징

회 사 명　：교촌치킨

대 표 자　：권원강

전　　화　：　031-317-3500

주　　소　：18150 경기도 오산시 동부대로 436번길 55-18

홈페이지　：http://www.kyochon.com/main/

회사설립일　：1991년

① 상품 특징 및 장점

한국 독자적 치맥의 맛을 선도, 간장 소스에 화학 조미료 사용을 하지 않는다.

② 브랜드 컨셉

'치킨은 패스트푸드가 아니라 요리다' 라는 슬로건으로 치킨의 고급화를 이뤄냈으며, (주)하림과의 공동마케팅을 통한 최상의 재료를 사용한다.

(2) 가맹조건 및 계약 내용

점포수	가맹조건
966개	가맹비: 660만원 교육비: 365만원 인테리어: 점포형태마다 다름 기타: 주방기기,주방집기,의탁자,POS

(3) 차별화 전략 및 경쟁력

① 시스템 경쟁력

치킨의 3대화(전문화, 차별화, 고급화)를 구현하여 포장배달시 종이백 사용 등 맛뿐만이 아닌 브랜드 자체의 고급화를 창조하였다.

② 상권, 입지 및 출점전략 경쟁력

가맹점 정기교육과 상권분석, 가맹점 판촉활동 지원, 운영관리 지원 등 체계적으로 관리를 해주고 있다.

③ 메뉴 경쟁력

부분육을 최초로 치킨메뉴에 도입하여 부위별 선호도에 따른 메뉴선택을 하게끔 하여 메뉴경쟁력을 높였다.

(4) 브랜드 특징 및 영업전략(추천 및 선택포인트)

교촌치킨의 성장은 누구도 예상하지 못했다. 교촌치킨은 현재 국내 프랜차이즈 시장에서 돌풍의 주역이 되었다. 경북 칠곡군 가산면 천평리에 본사를 둔 (주)K&G시스템은 교촌치킨이라는 토종 브랜드로 누구도 예상치 못한 성과를 일궈냈다. 1991년 3월 경북 구미에 교촌치킨 1호점을 개설할 때만해도 세계굴지의 브랜드들이 즐비한 치킨시장에서 과연 '얼마나 버틸까' 라는 냉소적인 시각이 지배적이었다.

교촌 F&B(주)는 1991년 '교촌통닭' 이라는 이름으로 10평 남짓한 작은 기게에서 출발했디. 이후 독특힌 아이디이와 시비스를 내세워 2015년 국내외 총 966개 가맹점, 연매출 1000억원이 넘는 대한민국 대표 치킨 프랜차이즈로 성장했다. 교촌치킨은 또 국내 최초 치킨의 부위별 판매와 전용 무 용기쇼핑백 사용, 꿀을 넣은 허니 시리즈 메뉴 출시 등 다양한 아이디어로 시장공략을 선도해나가고 있다. 음식 천국이라 불리는 중국에서도 중국인들이 가장 좋아하는 식재료는 돼지고기다. 한해 5억마리에 육박하는 돼지 수요를 감당하느라 환경 파괴 우려까지 나올 지경이다. 그런 중국인들의 입맛이 말 한마디로 바뀌고 있을 정도다. 해외진출을 본격화한 지 2017년 들어 5년째를 맞는 교촌치킨이 글로벌 시장에서 성공적으로 안착해가고 있는 비결은 한국적인 맛과 현지화 된 메뉴에서 해답을 찾을 수 있다. 교촌치킨은 지난 2015년 해외사업 경험이 많은 전문경영인을 사장으로 영입했는데, 미국에서의 실패를 되풀이하지 않겠다는 의지로 해석 됐다. 1991년부터 지금까지 꾸준한 인기를 얻은 〈교촌치킨〉은 현재 전국 966개의 가맹점에서 하루 74만개의 제품을 생산하고 있다. 고객이 행복한 곳, 점주가 행복한 곳, 이웃이 행복한 곳을 목표로 하는 〈교촌치킨〉은 건강한 먹거리로 '교촌 경영가족의' 를 실천하면서 No.1 브랜드로써 브랜드 가치를 실천해 나가고 있다.

1991년 경북 구미의 〈교촌치킨〉 1호점을 시작으로 설립된 교촌에프앤비는, 고유의 혁신적인 소스와 국내 최초 부분육 개념의 도입으로 시작부터 화제가 되었던 동시에 26년간 꾸준하게 한국인들에게 가장 사랑받는 치킨 브랜드로 자리 잡았다. 현재 국내에는 966여개의 매장이 운영 중이며, 이미 해외로 사업영역을 확대해 미국, 태국, 중국, 인도네시아, 말레이시아 등에서 매장을 운영하며 글로벌 브랜드로 발돋움했다.

교촌에프앤비는 창립 이후 '정도경영', '나눔경영', '고객중심경영' 등 3대 선언을 모토로 이를 실천하기 위해 꾸준히 노력해왔다. 창립 초기부터 정도경영을 실천한 교촌에프앤비에는 정직함이 기본적으로 배어있다. 협력사와는 공정한 거래를 하고, 타 기업과는 정정당당한 경쟁을 펼치며, 가맹점주에게는 상권 보호를 통해 안정적인 매출을 올릴 수 있도록 하고 있다. 또 건강하고 좋은 재료만을 사용해 제품을 만들고, '아이디어 공작소'의 상시 운영으로 고객 아이디어를 반영하는 등 '고객중심경영'을 펼치고 있다. 또 지역사회 장학금 후원 및 각종 기부, 봉사활동을 꾸준히 진행함으로써 '나눔경영'을 적극적으로 실천하고 있다. 교촌에프앤비는 사회공헌활동 이외에도 내부적으로 구성원, 즉 직원들에게 다양한 혜택과 기회를 제공하며, 변화와 혁신을 만들고 있다. 특히 직원 교육에 아낌없는 투자를 하고 있고, '글로벌 문화 탐방'이라는 이름하에 뉴욕 맨해튼, 중국 상하이 등에 전 직원이 다녀오기도 했다. 뿐만 아니라 개인 해외여행 시에도 일정금액을 지원하고 있다. 최근에는 직원들을 위한 선택적 복지제도를 도입해 운영하고 있으며, 직원들의 건강을 위해 체력 단련장을 마련하고, 아침·점심·저녁 세끼를 제공하고 있으며, 다이어트 및 금연 캠페인을 통한 포상도 실시하고 있다. 또 매월 셋째 주 목요일은 사내 동호회의 날로 지정했으며, 그밖에도 전체 산행, 분기별 단합대회 등을 진행하고 있다. 원거리 거주 직원들에게는 임대 아파트를 제공해 마음 놓고 직장생활에 매진할 수 있도록 독려하고 있다.

교촌에프앤비는 기업문화의 구축은 기업성장의 근본적인 원동력이라고 생각한다. 직원들에게 기업문화가 자연스럽게 스며들게 하기 위해서 경영자는 끊임없이 그 방향을 알려주고, 직원들이 이에 공감

할 수 있도록 여건을 조성해줌과 동시에 아낌없는 지원을 해주는 것
이 중요함을 역설한다.

<표 24> 교촌치킨 창업비용

(단위 : 만 원)

내용	내역	금액
가맹비	브랜드 사용, 경영지도 및 관리	6,600
보증금	계약 종료시 환불	3,410
교육비	조리방법/점포경영 기법(9일)	2,800
인테리어	평당 금액	8000
주방집기/의탁자	주방 설비 및 비품 일체/의탁자	4000
기물/집기	기물, 메뉴판 등	4,400
계		29,210

3) 굽네치킨

(1) 브랜드 및 상품특징

회 사 명   : 굽네치킨

대 표 자 : 홍경호

전   화 : 02-2648-2005

팩   스 : 02-2648-9458

주   소 : 서울특별시 양천구 공항대로 644 지앤빌딩

홈페이지 : http://www.goobne.co.kr

회사설립일 : 2005년 3월

① 상품 특징 및 장점

주6일 배송 시스템을 통해 신선함을 유지, 원료관리부터 도계, 가공, 양념까지 철저하게 품질을 관리한다.

② 브랜드 컨셉

창업자들에게 5無(가맹비,보증금,로열티,교육비,인테리어마진) 전액 혜택을 제공하며, 고급화전략을 통한 고수익모델을 창출한다.

(2) 가맹조건 및 계약 내용

점포수	가맹조건
950개	가맹비, 보증금, 교육비, 로열티: 없음 인테리어: 1800만원 주방장비 및 기구: 3100만원 배달 장비: 500만원 오픈 판촉물, 전단: 200만원

(3) 차별화 전략 및 경쟁력

① 시스템 경쟁력

본사는 안정적인 생산기반을 통한 브랜드가치를 창출하며, 가맹점은 고객의 신뢰와 만족을 통한 안정적인 수익을 창출해낸다.

② 출점전략 경쟁력

건강을 고려한 오븐구이로 웰빙 시너지효과를 내며, 매사용하는 모든 치킨은 100% 국내산 닭을 사용한다.

③ 메뉴 경쟁력

오븐에 구운 촉촉한 육즙이 살아있는 굽네만의 꾸준한 신개념 메뉴의 개발로 꾸준한 매출 상승을 기록하고 있다.

(4) 브랜드 특징 및 영업전략(추천 및 선택포인트)

오븐구이 치킨의 변함없는 신화를 자처해온 (주)지앤푸드 〈굽네치킨〉은 고객들에게 바른 먹거리를 제공하고자 안정적인 생산 기반을 통해 브랜드 가치를 창출해내는 본사와 고객의 신뢰, 만족을 바탕으로 안정적인 수익을 창출하는 가맹점을 지향한다. 여기에 건강한 먹거리를 원하는 고객이 모두 상생하여 '더불어 사는사회'를 실현해 나가고 있다. 2016년 가맹점 수 950여개점을 '역지사지(易地思之)'의 정신으로 가맹점주를 위한 시스템을 구축해 나가고 있다. 굽네치킨은 5無(가맹비, 교육비, 보증금, 로열티, 인테리어 마진) 정책을 추진 중인데 이를 보면 첫째, 교육비 無로 굽네치킨의 가맹점 성공이 올바른 교육에서 시작되며, 이는 곧 가맹본부와 가맹점의 상생을 위한 투자라고 여기기 때문에 굽네치킨은 교육비를 받고 있지 않다.

둘째, 가맹비 無로 굽네치킨은 창업 시 초기 개설 비용에 대해 가맹점주의 부담을 최소화하고 매장이 빠른 시일 내 안정화 될 수 있도록 가맹비를 받고 있지 않다.

셋째, 보증금 無로 굽네치킨은 가맹점주가 상품을 먼저 배송 빋고 영업 후에 비용을 결제하도록 후불 시스템을 운영해 운영자금의 부담을 덜어주고 있다.

넷째, 로열티 無로 굽네치킨은 가맹점과 상생하고 역지사지의 사훈을 실천하고자 로열티를 받지 않는다.

다섯째, 인테리어 마진 無로굽네치킨은 가맹점 개점 시 필요한 장비의 구매 및 인테리어 시공을 본사를 거쳐 유통하지 않는다. 이는 본사에서 제시하는 시방서를 토대로 가맹점주가 직접 비교 견적 후 원하는 업체에서 구매 및 시공을 진행해 가맹본부는 인테리어로 어떠한 마진도 남기지 않는다는 철칙을 가지고 점주들과의 성장 동반자로 위와 같은 5가지 정책을 점주들과의 약속을 지키기 위해 꾸준히 실천해 오고 있다. 5無정책, 투명한 인테리어시공, 오픈 지원 프로그램 등을 통해 프랜차이즈 업계에서 가맹 본사와 가맹점주 관계에 있어 상생문화를 선도하고 있는 것이다.

〈굽네치킨〉은 가맹점 사장에게 오픈 초기 비용을 줄여 최대한 빨리 정상적인 운영에 적응할 수 있게 배려하고 있다. 가맹점 인테리어 시공의 경우도 본사는 도면 제작과 감리만을 지원한다. 따라서 가맹점주는 원하는 인테리어 업자를 통해 시공할 수 있기 때문에 투자비를 줄일 수 있다. 이와 같은 시스템으로 인해 가맹점 사장들의 비용부담이 적고 매장운영에 대한 만족도가 높다. 가맹점주와의 상생을 위한 노력으로 〈굽네치킨〉은 100% 국내산 냉장육만을 원료육으로 자체 수급하고 있어 치킨 공급이 안정화 되어 있다. 안전한 먹거리 제공이라는 회사의 이념에 맞추어 지난 2009년 8월에 하루 6만수의 원료육을 가공할 수 있는 가공장을 전북 정읍에 설립해 자체 가공 및 수급하고 있다. 또한 주5일 배송으로 365일 신선한 원료육을 공급하고 있다. 김포, 용인, 유성, 정읍, 구미, 마산 등 총 6개 지역에 물류센터를 보유해 전국 유통망을 확보하고 있어 고객들에게 항상 신선한 제품을 공급 할 수 있는 경쟁력을 확보하고 있다.

〈굽네치킨〉은 본사 3일 교육 시스템을 재정비해 신규 및 양도양수 가맹점주들의 교육을 실시하고 있다. 첫째날의 경우 프랜차이즈 시스템, 브랜드 이해 등 이론 교육을 실시하고, 둘째날에는 본사 교육장에서 전 메뉴를 직접 조리하는 시간으로 구성 돼있다. 셋째날에는 성공 사례가맹점들의 강의를 들으며 올바른 매장 운영에 관한 정보를 나눈다. 또 A.M.(Area Manager)이 관리하기전 F.M.(First Manager)을 둬 한 담당자가 4~5개의 매장만을 담당할 수 있도록 투입해 디테일하게 매장을 관리한다. F.M.이 약 2개월간 집중관리를 해준 뒤 A.M.이 이어 꾸준히 매장을 관리하도록 지원 시스템 차원에서 제도적으로 운영하고 있다.

주요상품 전략으로 굽네치킨 '볼케이노'의 누적매출이 11개월만에 1100억원을 넘었을 정도로 인기다. 굽네치킨의 '굽네 볼케이노'가 출시 11개월만에 누적 매출 1100억원을 돌파했는데 이는 월평균 100억원의 매출을 올린 것으로, 11개월동안 판매한 굽네 볼케이노 박스를 쌓아 올리면 백두산의 140배 높이에 달한다. 치킨업계에서 신메뉴가 출시된 지 1년 안에 1100억원을 돌파한 것은 매우 이례적인 일이다.

지난 2015년 12월 출시된 굽네 볼케이노는 치킨 업계에서 식품업계 전체로 '매운맛' 바람을 일으키며 시장을 선점했다. 굽네 볼케이노는 한국인이 좋아하는 고추장 베이스의 특제 소스를 발라 감칠맛 나는 매운맛을 구현했다. 입소문을 타고 폭발적인 인기를 얻어 출시 3개월 만에 일부 가맹점에서 품귀 현상이 일어났을 정도다. 이

제품은 치킨업계뿐만 아니라 식품업계 전체에서 매운맛 트렌드를 이끌었다. 굽네치킨의 대표는 "굽네 볼케이노가 출시 된지 1년이 되지 않았음에도 1100억 돌파라는 유의미한 성과를 이뤄낼 수 있었던 것은 제품력과 마케팅 전략이 있었기 때문"임을 강조하고 "앞으로도 굽네치킨은 제2의 굽네 볼케이노를 출시해 다양한 마케팅 활동으로 외식업계 트렌드를 이끌어 나갈 것"을 강조한다.

2016년 10주년을 맞은 〈굽네치킨〉은 국내 시장에서의 눈부신 성공을 바탕으로 점차 해외진출을 확장시키고 있다. 〈굽네치킨〉은 국내 시장 업계의 포화를 감지한 상황에서 국내 프랜차이즈 운영 노하우를 바탕으로 해외 진출 계획을 세우고 새로운 시장을 향해 도전한다는 방침을 세워두고 있다. 따라서 탄탄한 준비와 함께 여러 부가적인 준비 여건을 갖춘 후 본격적으로 해외 진출을 시작하게 됐다. 지난 2014년 11월에 홍콩 침사추이에 매장을 오픈해 3개월 만에 매출 3억 5000만원을 달성해 성공 가능성을 확신했다. 해외진출시 첫 번째 국가서 성공해야 나머지 진출 국가에서도 성공할 수 있다는 것을 염두에 뒀던 〈굽네치킨〉은 홍콩 침사추이 점의 꾸준한 성장으로 성공을 거둔 후 사업 기반을 다져 중국 시장에 성공적으로 진출할 수 있는 교두보를 확보했다는 평가를 받고 있다. 또한 중국 판위점, 매린점, 홍콩 몽콕점, 중국 주해점을 순차적으로 오픈해 현지인들의 각별한 사랑을 받고 있다. 국내외에서 성공을 거두고 있는 〈굽네치킨〉은 본사의 성장과 더불어 파트너사의 성공을 항상 염두에 두고 있다. 국내에서 상생을 견지했던 것과 마찬가지로 해외 파트너들과의 업무에 있어서도 동반 성장할 수 있는 비전을 나누고 있는 것이다.

〈표 25〉 굽네치킨 창업비용

(단위 : 만 원)

구분	내용	49.58㎡ (15평기준)
가맹비	브랜드사용권,매뉴얼제공,상권보호,기술, 지속적인 상품개발 및 노하우 제공	無
교육비 (5일)	운영,서비스,메뉴교육,물류교육 포스교육 및 매장 실습비	無
인테리어	인테리어[시방서기준]	1800
간판	전면간판, 진넬LED형, 선팅포함 (4m 기준)	3100
주방 기자재	냉장고, 냉동고, 그릴작업대, 싱크대 등	
주방 식기류	대접시, 앞접시, 포크, 물컵, 주방기물일체(파스타집기별도)	
오픈 준비물	전단지, 메뉴판, 유니폼, 앞치마, 명함, 테이블 비치 용품 등	200
계		5100

2. 중견 우수 브랜드(가맹점 300~700개)

1) 호식이 두 마리 치킨

(1) 브랜드 및 상품특징

회 사 명 : 호식이두마리치킨
대 표 자 : 이명재 (2017~)
전 화 : 02-563-9922
팩 스 : 02-549-0099
주 소 : 서울특별시 강남구 학동로 337 HOSIGI타워
홈페이지 : http://www.9922.co.kr
회사설립일 : 1999년 업계최초 '두마리치킨' 체인사업본부 설립

① 상품 특징 및 장점

주6일 배송 시스템을 통해 신선함을 유지하며 원료관리부터 도계, 가공, 양념까지 철저하게 품질을 관리한다.

② 브랜드 컨셉

창업자들에게 5無(가맹비, 보증금, 로열티, 교육비, 인테리어마진)

전액 혜택과, 고급화전략을 통한 고수익모델을 창출한다.

(2) 가맹조건 및 계약내용

점포수	가맹조건
1000개	가맹비: 440만원 교육비: 165만원 인테리어: 점주 선택사항 기타: 간판 등 기타 사인류

(3) 차별화 전략 및 경쟁력

① 시스템 경쟁력

가맹감독팀의 전문적인 자료 준비를 통한 체계적인 가맹교육과 꾸준한 신메뉴 개발과 스타마케팅을 통한 홍보 마케팅을 진행한다.

② 출점전략 경쟁력

창조적인 가격파괴 마케팅으로 고객만족을 창출하며 국내 최다 친인척, 지인 가맹점을 보유하고 있다. 또한 공권력 있는 매체를 통한 대대적인 광고지원을 한다.

③ 메뉴 경쟁력

호식이두마리치킨의 대표적 맛인 간장치킨을 필두로 꾸준한 신메뉴 개발과 적극적인 홍보 마케팅을 통하여 경쟁력을 높이고 있다.

(4) 브랜드 특징 및 영업전략(추천 및 선택포인트)

치킨 프랜차이즈에 혁신 바람을 일으킨 '호식이두마리치킨'은 진취적인 기백과 용맹이 전해지는 투박하지만 반질반질한 외양의 호랑이는 최 전회장의 역동성을 눈으로 확인할 수 있는, 호식이두마리치킨 혁신의 마스코트이다.

보통 가맹점이 100개만 돼도 중견 프랜차이즈 브랜드로서 인정받을 수 있지만, 〈호식이두마리치킨〉은 무려 1000호점이라는 숫자를 달성했다. 치킨 브랜드들이 치열한 생존경쟁을 벌이고 있는 가운데 호식이두마리치킨은 지난 2015년 10월 가맹점 800호점을 돌파한 데 이어 2016년에는 1000호점을 돌파해 약진이 두드러졌다. 호식이두마리치킨은 최근 서울시 강남구 논현동에 있는 지하 2층, 지상 18층 건물도 마련했다. 이를 서울본사 사옥으로 활용하고 있는데 이는 서울 및 수도권 가맹점 관리, 경영기획, 브랜드 혁신 등 주요 업무를 이곳에서 담당하고 있다. 특히 1000호점 달성과 해외진출을 위한 핵심적인 업무를 수행하고 있다. 업계에서는 호식이두마리치킨의 서울 입성이 '본격적인 수도권 공략을 위한 컨트롤타워'라는 점에서 예의주시하고 있다. 즉 최 전회장이 주장하는 호랑이를 잡으려면 호랑이 굴로 들어가야 한다는 말처럼 수도권의 공략 강화를 위해 서울 강남에 신사옥을 마련한 것에 대한 자부심이 대단하다. 1000호점 달성과 함께 해외 흑자진출 성공을 목표로 해외 가맹사업에도 힘을 쏟고 있다. 최 전회장은 불굴의 승부사 근성으로 회사를 일궈냈다. 한번 마음먹은 목표는 끝까지 해내고 말겠다는 의지가 지금의 '치킨신화'를 만들었다. 창업 당시만 해도 한 마리 가격으로 두 마리를 판다는 것은 외식업계에서는 불가능한 일로 여겨졌다. 주변인들이 하나같이 실패를 점쳤지만 그는 뜻을 굽히지 않았고 미침내 성공을 거머쥐었다. 창업 이래 지금까지 11년간 줄곧 국내 육계업체의 대표주자인 ㈜하림의 닭만을 사용했다. 협력업체와의 의리는 가맹점, 소비자와의 의리로 이어져왔다.

〈호식이두마리치킨〉은 1999년, 한 마리 가격에 두 마리 치킨을 제공 하는 가격파괴 마케팅을 기반으로 등장했다. '치킨 한 마리 값으로 두 마리를 제공하면 어떨까?' 란 생각으로 시작된 마케팅은 사실 현실에서는 불가능한 시도였다. 하지만 모든 부자재를 최고급으로 엄선하되, 대량 구매로 최저 가격을 유지한다면 충분히 승산이 있다고 생각했다. 〈호식이두마리치킨〉의 최호식 전회장은 고객들에게 '싼 값에 파는 치킨이 다 그렇지 뭐' 라는 말을 듣기 싫어 최고급 재료만을 고집했다. 이는 국내 최대의 닭고기 전문업체인 (주)하림과 공동마케팅을 통해 100%국내산 닭만을 공급하고, 국내산 최고급인 채종유를 사용해 가성비 높은 치킨을 만든 것이다.

튀김가루와 무는 물론 땅콩과 깨소금에도 고급 식자재를 엄선했고, 양념소스의 고춧가루까지 국내산만을 사용, 엄격한 품질 1등을 추구했다. 또한 지난 2003년 사료가격 폭등에 따른 육계 가격의 높은 가격으로 어려움을 겪었을 때 본사는 (주)하림으로부터 공급 받은 육계 가격 2700원을, 각 가맹점에는 원가보다 저렴한 2500원에 공급했다. 프랜차이즈 본사에서 마진을 포기하고 적자로 가맹점에 공급하는 것은 쉽지 않은 선택이다. 하지만 적자 운영을 하면서도 가맹점주의 마진을 지켜주기 위해 '상생경영'을 시도했다.

결과적으로 가맹점주들은 브랜드에 대한 확신과 신뢰를 느끼면서 가까운 친인척, 지인 등에 창업을 권유, 전체 1000여개의 가맹점 중 지인, 친인척 가맹점의 수가 340여개에 이른다.

더불어 〈호식이두마리치킨〉은 꾸준한 성장을 이어가, 지난 2016년 8월 18일 창업 18여년 만에 1000호점을 오픈하는 쾌거를 이뤘다. 경쟁심화와 경기 불황의 이중고 속에서도 상생경영을 앞세워 달성한 성과다.

〈표 26〉 호식이두마리치킨 창업비용

(단위 : 만 원)

구분	내용	49.58㎡ (15평기준)
가맹비	브랜드사용권,매뉴얼제공,상권보호,기술, 지속적인 상품개발 및 노하우 제공	275
교육비	운영,서비스,메뉴교육,물류교육 포스교육 및 매장 실습비	50
인테 리어	인테리어[시방서기준] 개인시공시 감리비 평당 20%	1430
간판	전면간판, 진넬LED형, 선팅포함 (4m 기준)	
주방기자 재	냉장고, 냉동고, 그릴작업대, 싱크대 등	
오븐기	메인오븐기1대,보조오븐기1대 (카드할부,캐피탈분납알선)	
주방식기 류	대접시, 앞접시, 포크, 물컵, 주방기물일체(파스타집기별도)	
오픈준비 물	전단지, 메뉴판, 유니폼, 앞치마, 명함, 테이블 비치 용품 등	
디스플레 이	액자, 벽면 소품, DP선반 소품 등	
계		1755

2) 티바 두 마리 치킨

(1) 브랜드 및 상품특징

회 사 명   : 티바두마리치킨

대 표 자 ： 유상부
전　　화 ： 02-561-3037
팩　　스 ： 02-561-3038
주　　소 ： 서울시 강남구 역삼로 121, 207호(역삼동, 유성빌딩)
홈페이지 ： http://www.tiba.co.kr
회사설립일 ： 2004년

① 상품 특징 및 장점

폐점률 ZERO를 목표로 6개월 성공창업 회생 프로젝트를 실시하며, 업계 최저 창업비용으로 창업 부담을 최소화한다.

② 브랜드 컨셉

대한민국 명품 두 마리 치킨 슬로건을 가지고 있으며 경쟁력 있는 다양한 메뉴를 구성한다.

(2) 가맹조건 및 계약내용

점포수	가맹조건
300개	가맹비, 보증금, 교육비, 로열티: 없음 인테리어: 1800만원 주방장비 및 기구: 3100만원 배달 장비: 500만원 오픈 판촉물, 전단: 200만원

(3) 차별화 전략 및 경쟁력요소

① 시스템 경쟁력

13년의 노하우가 담긴 염지법과 주문즉시 조리하는 시스템, 브랜드자체에서 개발한 차별화된 특제소스를 사용한다.

② 출점전략 경쟁력

모든 메뉴에 33~35일 사이의 닭을 사용하여 가장 연하고 부드러운 육질의 닭고기 사용하며 가맹비, 보증금, 로열티 없는 3無정책을 실행한다.

③ 메뉴 경쟁력

타 브랜드와는 다른 경쟁력 있는 다양한 메뉴의 구성을 위해 계속하여 신메뉴 개발에 힘쓰고 있다.

(4) 브랜드 특징 및 영업전략(추천 및 선택포인트)

흔히들 레드오션이라고 말하지만 매년 국내 치킨 소비량은 신기록을 경신하고 있다. 미국, 일본 등 주변 국가와 비교하면 아직 1인당 닭 소비량은 한국이 더 적은만큼 지속적인 성장가능성도 충분하다. 시대가 변해도 호불호 없는 전 국민의 먹거리로서 아직 요식업 창업 1순위가 '치킨'이다. 티바두마리치킨은 가맹비, 로열티, 보증금 없는 3無정책을 고수하고 있다. 치킨, 그 중에서도 두 마리 치킨은 저렴한 가격과 푸짐한 양으로 승부하는 서민 간식 이미지인 만큼 창업 비용 역시 서민 맞춤형 창업을 표방한다.

티바두마리치킨은 3無정책은 물론 점포 맞춤형 SNS마케팅, 인기 배달앱 1개월 무상지원, 오픈 사은품 지원, 창업자금 대출지원 등 소자본 치킨전문점 창업을 준비하는 예비 창업자를 위해 전사적인 노력을 다 하고 있다. 또한, 가맹점 매출 향상을 위해 '싼 게 비지 떡' 이라는 일반 고객들의 인식을 바꾸기 위해 최선을 다하고 있다. 또한 한 마리 치킨 값으로 두 마리를 맛볼 수 있다는 점을 볼 때 과연 품질이 괜찮을까에 대한 의문을 깨끗이 씻어줬다. 저가인 것은 분명하지만 순살 까지 브라질 등 수입산 닭이 아닌 국내산 닭고기를 사용하여 품질을 올리고 2015년 한 해 인기를 끌었던 치즈파우더 치킨 '치즈스노우퀸' 등 다양한 신 메뉴를 출시하여 양념 한 마리, 프라이드 한 마리라는 두 마리 치킨의 공식을 파괴한 것이다. 그리 고 티바두마리치킨은 치킨 프랜차이즈의 필수라 여겨지는 여자 아이 돌 모델까지 활용하여 고객만족도를 높이고 있다. 티바두마리치킨 전속모델은 인기 걸 그룹 EXID로 현재 TVCF 방영과 한정 고객 사 은품 제작 등을 통해 일반 고객은 물론 가맹점 사장들의 전폭적인 지지를 얻고 있다. 가격거품을 제거한 소자본 치킨창업의 대표주자 로서 전국 300여개의 매장을 성공적으로 안착시켰다.

〈티바두마리치킨〉의 유상부 대표는 스스로의 인생을 개척해 나가야겠다는 의지가 강했다. 스무 살 때 고향을 떠나 서울로 상경해 정말 안 해본 일 없이 다 해봤고 그 덕분에 일찍 사업에 눈을 뜬지 1년여 만에 연매출 20억원이 넘는 화장품 업체를 운영하며 흔히 말하는 성공한 청년 사업가로 불리기도 했다.

유 대표는 당시의 실패로 어려운 시간을 보냈고 앞이 보이지 않았지만 마음을 다잡으니 죽으란 법은 없는지 이전 사업을 통해 알고 지내던 치킨 가공업체 대표와 연락이 닿았던 것이다. 한달음에 찾아가 3개월 동안 무임금으로 일을 배우게 되었고 이번이 마지막이라는 마음으로 치킨프랜차이즈 사업을 시작하게 되었는데, 그것이 바로 2001년에 탄생시킨 〈티바두마리치킨〉이었다.

아울러 사업초기부터 가맹점주들과의 간담회나 체육대회 등을 통해 "꾸준한 만남을 이어갔고 이는 운영 노하우 공유는 물론 본사에 대한 불만사항을 줄여나갈 수 있는 원동력이 되었다. 프랜차이즈 본사와 가맹점 간에는 신뢰와 믿음이 바탕이 되어야 한다고 생각하는 〈티바두마리치킨〉의 전 직원은 '가맹점이 살아야 체인본부가 살 수 있다'는 문구를 붙여두고 매일 아침 마음을 다잡고 있다. 〈티바두마리치킨〉은 수도권 시장 공략 1년 만에 서울, 경기지역을 통틀어 140호점을 오픈, 전년대비 200%의 수익률을 기록하면서 그야말로 치킨시장의 '원 플러스 원 마케팅' 센세이션을 불러 일으켰다. 기존의 두 마리 치킨이 갖고 있던 소비자들의 심리를 간파해 전 계육의 100% 국산화를 선언하고 낮은 브랜드 인지도를 끌어올리기 위해 스타 마케팅을 실시했다. 그리고 대외적인 각고의 노력 끝에 고객들에게 '합리적인 가격으로 즐길 수 있는 고품질 두 마리치킨' 이라는 브랜드 포지션을 구축했다.

〈티바두마리치킨〉은 소자본 창업을 기치로 내걸고 가맹비, 보증금, 로열티없는 3무정책을 시작해 투자금을 절약하고 있다. 또한, 치킨 자체가 상당히 대중적이긴 하나 불황인 시기에 두 마리 치킨이라는 매력적인 창업 아이템으로 지속적인 성장을 하고 있는 점 등은 고무적인 현상이다. 더불어 두 마리 치킨 하면 떠오르는 일반적인 인식. 즉, 프라이드+양념통닭의 단편적인 메뉴구성에서 벗어나 치즈가루를 입힌 '치즈스노우퀸', '황금감자' 등 고객의 입맛을 잡을 수 있는 다양한 메뉴를 속속 출시해 가격뿐만 아니라 〈티바두마리치킨〉만의 특별함을 주고자 노력하고 있다. 여기에 본사의 과감한 마케팅 전략이 돋보인다. 대세 걸 그룹 EXID를 전속모델로 선정해 각종 한정판 판촉물을 제공하고, TV CF를 송출해 브랜드 인지도 올리기에 주력하고 있다.

이곳 대표는 "치킨이라는 상품은 가격 경쟁력이 소비자들의 선택에 중요한 요소로 작용하지만 결정적인 선택의 요소라고는 볼 수 없다. 브랜드로서의 다양한 매력을 느낄 때, 소비자들의 이성과 더불어 감성을 자극할 수 있어야만 소비자들의 선택을 받을 수 있다. 〈티바두마리치킨〉이 단기간에 이룬 성과도 이런 소비자 심리를 분석한 마케팅 전략의 성공이라고 볼 수 있다”며 “앞으로도 차별화된 가격 경쟁력을 바탕으로 보다 고품질의 서비스를 제공하기 위한 브랜드 전략을 실시해 나갈 계획임을 강조한다.

〈표 27〉 티바두마리치킨 창업비용

(단위 : 만 원)

구분	세부내용	금액
가맹비	·등록상표 및 상표사용권 부여 ·매장운영 시스템 및 매장 케어시스템 ·상권조사 및 지역영어권보장	無
보증금	·본사에서 공급하는 부자재에 대한 예치금 ·계약이행에 관련된 이행보증금	無
로열티	·상표사용료 ·슈퍼바이저 방문/운영지원 관리시스템 적용 ·매출분석 및 상권별 노하우 제공	無

	· 브랜드 홍보(드라마PPL광고, TV/ CF 및 라디오 송출, 정기적인 이벤트 지원 등) · 신메뉴 출시교육 및 레시피 관련 디자인 제품 지원	
인테리어 기기 및 집기비용	· 점포실측 후 설계도면	250
	· 메인간판 및 주변간판 디자인 시안 · 바닥, 천정, 벽면조명, 전기, 주방타일, 목공 등 기타 인테리어 공사 *평당100~200만원(리모델링의 경우 협의) *본사 지정업체의 시공도 가능하며 본사 의뢰 시 보다 매끄럽게 진행됨 · 튀김기(2대)/디지털정계기(1대)/대형4단 냉장고(1대)/김치냉장고(!대) · 간테기(1대)/파절단기(1대)/순간온수기외 주방집기비품50여종일체	970
홍보물 & 오픈지원	· 의탁자 4인기준/유니폼, 앞치마, 젓가락 등 · 홍보용 풍선장식 지원, 배너 및 현수막, 주류냉장고 · 오픈 바이처 매장 오픈지원 · 블로그 오픈 매장 홍보	430
계		1650

3) 또봉이 통닭

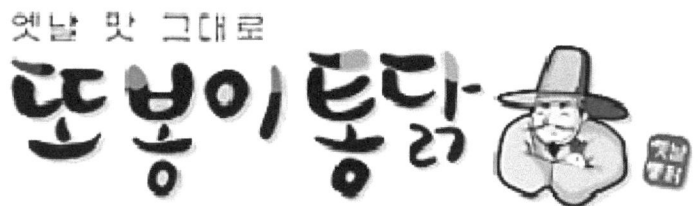

(1) 브랜드 및 상품 특징

회 사 명   : (주)또봉이F&S
대 표 자   : 최종성
전   화   :   031-898-0704
주   소   : 경기도 용인시 기흥구 보정동 1195-3 미래시티BD7층
홈페이지   : http://ttobongee.com/
회사설립일   : 2011년

① 상품 특징 및 장점

유통과정의 거품을 과감하게 생략, 최대한의 마진폭 제공하며 단순 배달 매장이 아닌 테이크아웃과 홀 운영을 동시에 운영한다.

② 브랜드 컨셉

'옛날 맛 그대로의 추억을 튀겨드립니다' 라는 감성 캐치 프레이드와 가격의 차별화.

(2) 가맹조건 및 계약 내용

점포수	가맹조건
570개	가맹비: 한시적 면제 교육비: 250만원 인테리어: 평당 90~130만원 기타: 간판 및 싸인, 주방집기, 기자재 ,계약이행 보증금,물품

(3) 차별화 전략 및 경쟁력

① 시스템 경쟁력

100% 국내산 생닭을 사용함과 차별화된 염지와 텀블링, 매일매일 새로운 기름으로 튀겨낸다.

② 상권·입지 및 출점전략 경쟁력

자체공장 직배송 시스템을 도입하여 유통과정의 거품을 빼고 합리적 가격을 창출하며, 창업비용 최저 950만원으로 최소자본금으로 가맹점을 시작할 수 있다.

③ 메뉴 경쟁력

옛 향수를 일으키는 옛날통닭, 식어도 맛있는 또봉이 통닭의 치킨은 어른들에게는 옛 추억의 향수를 어린이들에게는 정통 통닭을 선사하며 메뉴의 차별성을 두고 있다.

(4) 브랜드 특징 및 영업전략(추천 및 선택포인트)

(주)또봉이 F&B는 2003년 초 창업컨설팅 분야로 사업을 시작, 2008년부터 프랜차이즈 사업에 뛰어들어 지금에 이르고 있다. 치킨시장은 포화상태라 할 만큼 레드오션이지만 옛날통닭의 틈새시장을 예견하고 〈또봉이 통닭〉 브랜드를 론칭했다. 메뉴 콘셉트가 정해지자, 거의 1년을 닭 품종 선별부터, 염지 숙성과정, 튀기는 온도 및 초벌, 재벌 튀김의 실험 반복, 또 반복 하며 보냈다. 그리고 속살의 육즙은 살아있으면서 초벌과 재벌 튀김과정을 통해 기름이 쏙 빠진, 껍질까지 고소한 약간 매콤한 맛의 〈또봉이 통닭〉을 탄생시켰다. 여기에 '옛날 맛 그대로의 추억을 튀겨드립니다' 라는 감성 캐치프레이즈와 함께 아버지가 시장에서 노란 봉투에 담아 사다주던 옛날통닭을 선보이게 됐다. 무엇보다 가격의 차별화를 시도, 유통과정의 단순화와 본사마진의 최소화로 소비자가를 8900원으로 론칭 한 것이 주효했다. 자칫 낮은 가격에 대한 고객 불신이 있을 수 있었지만 신선한 기름과 국내산 냉장 닭, 차별화된 염지와 튀김법에 의해 탄생한 약간 매콤한 또봉이의 맛을 본 고객들의 재방문이 이어졌다.

2012년 3월 12평 매장으로 직영점을 이전, 5월에는 하루 판매량이 100수를 넘어서고, 여름이 되면서 매일 150수 이상 판매되는 대박 매장이 되자 가맹 요청이 쇄도하기 시작했다. 급기야 2012년 말에는 60개 점포, 2013년 말에는 200개 드디어 2014년 말에 400개를 돌파하면서 경남부산, 전북, 전남, 대구, 강원, 대전까지 지사가 문을 열게 됐다. 매월 10개~20개씩의 오픈이 이뤄진 셈이다.

〈또봉이 통닭〉의 대표는 "언제부터인가 국내 치킨 시장을 장악해 버린 서구식 크리스피 방식이 아니라 우리 옛날식의 튀김방식으로 돌아가자 생각했다. 그 때부터 유명하다는 시장통닭은 다 먹어봤는데 뭔가 부드러우면서도 쫄깃한 식감은 아니었다. 염지도 들쑥날쑥했고 어쨌든 찾아 헤매던 차별화된 콘셉트를 잡았고, 브랜드화를 위한 제품의 완성도를 높이는 일이 시작됐다"고 전한다.

〈또봉이 통닭〉은 튀김 라인을 가게 전면으로 빼서 100% 국내산 냉장 닭을 매일 갈아주는 신선한 기름에 튀긴다. 특히 기름에 대한 부정적인 이미지를 없애려고 주력한 결과, 치킨에 대한 중장년층의 수요가 급증하는 등 단골고객이 늘기 시작했다. 회사 홈페이지에 오픈한 점포의 스토리를 꾸준히 올렸고, 400여 개 이상의 자료가 쌓이면서 예비창업자들에게 신뢰는 더욱 커져 갔다. 〈또봉이 통닭〉은 10~15평 사이의 매장이 많고 카페형으로 20평 이상 매장도 증가추세에 있으며, 일평균 약 1만 2000~1만 5000수의 출하를 보이고 있다.

〈또봉이 통닭〉은 점주 물품 주문 시 2일에 한 번씩 주 3회 냉장 배송시스템을 가동하며, 주문 후 5분 안에 포장까지 완료하는 전국

콜센터도 운영 중이다.

〈또봉이 통닭〉은 단순 배달 매장이 아니라 테이크아웃과 홀 운영을 겸한 매장으로서의 570개 점포라는 것을 매우 의미 있는 것으로 분석하고 있다. (주)하림과 파트너십을 체결하고 식용유는 CJ와 공동 개발해 전용유를 사용한다. (주)하림과의 MOU체결은 연중 균일한 가격에 안정적으로 가맹점에 닭을 공급할 수 있다는 것이 무엇보다 큰 경쟁력이다. 최근 옛날통닭이 떠오르면서 동종 아이템의 브랜드들이 속속 생겨나자, 균일한 닭품종을 공급에 비싱이 생기게 됐기 때문이다. 이 외에도 프랜차이즈 진입 장벽을 낮춰 가맹금, 로열티 등의 소멸성 비용을 면제하고 오픈과 관련된 본사의 마진을 대폭 줄이는 등 실비창업으로 오픈할 수 있도록 돕고 있다. 아울러 본부는 물류 증가로 인한 경비 절감의 혜택을 가맹점들에게 돌려주고자 두 차례에 걸쳐 전용유 가격을 인하하는 파격정책을 펴기도 했다. 또 우수가맹점, 진보가맹점, 소개가맹점 등을 매달 선정해 닭 무료 지원, 자녀들 장학금 지원 등을 아끼지 않으며 본부와 가맹점간의 상생을 실천하고 있다.

〈또봉이 통닭〉은 공격적인 점포 전개를 지속적으로 펴나가 다양한 아이템의 브랜드를 개발, 해오고 있다. 아울러 문화지원 사업도 꾸준히 펴나가며, 또봉이 캐릭터를 활용한 스토리를 통해 한국을 대표하는 브랜드로 성장시켜 나가고 있다.

〈또봉이통닭〉은 가맹점이 급격히 늘 정도로 성장하고 있다. 저렴하고 맛있는 옛날통닭이라는 '포지셔닝'이 시류에 잘 맞아떨어진 부분이다. 말이 쉽지 저렴하면서 맛있게 만들려면 당연히 이익을 많이 남길 수가 없다. 이는 합리적인 소비자가를 유지하려고 과감하게 가맹본부의 이익을 포기했기에 가능한 일이었다. 그렇다면 가맹사업이 성숙 단계에 이르면 가맹본부의 이익을 높여가지 않을까. 〈또봉이통닭〉은 대단한 무엇인가가 없는 브랜드로 보일 수 있지만, 어떤 닭을 어떤 기준에 따라 어떤 사람이 튀기는가에 따라 결정될 뿐이며 좋은 닭을 쓰고 좋은 기름을 쓰고, 좋은 사람이 튀기면 좋은 결과가 나오는 시스템이라는 것이다. 옛날에 아버지가 월급날 퇴근길에 사 왔던 그 닭에 담긴 정성이 있으면 된다. 정성이 빠져버리지 않도록 〈또봉이통닭〉은 초심을 이어가겠다고 다짐한다. 또, "가맹본부 입장에서 이문이 박히다보니 가맹점이 70개까지 늘어났을 때도 돈을 벌지 못했다. 남은 자금은 품질과 가격을 유지하기 위해 재투자했다. 이제야 가맹점이 더 늘어난 까닭에 이익을 보고 있다"고 강조한다.

요즘 들어서 상생경영에 대한 관심이 높아지면서 거의 모든 프랜차이즈 기업이 상생경영을 말한다. CJ나 (주)하림 모두 초기의 손실을 무릅쓰고 훗날의 미래를 위해 보내주고 있어 상당한 경쟁력을 확보하고 있다.

또봉이 F&S 주식회사는 사람이 가장 소중한 자산임을 항상 되새기며 운영하는 기업이다. 본사 직원들은 물론, 가족점과도 격의 없이 지내는 분위기이며, 가맹점주들끼리도 인근 점포끼리 식재료가 떨어지면 서로 빌려주기도 할 정도로 돈독한 관계를 맺고 있다. 가맹점주와 본사의 돈독한 관계는 뭐니 뭐니 해도 〈또봉이통닭〉본부의 역할이 크다. (주)하림과 파트너십을 체결해 연중 균일한 가격에 안정적으로 가맹점에 닭을 공급하는 것이 무엇보다 큰 경쟁력이 되기 때문이다. 또 수많은 소자본 창업자들이 어렵게 창업을 하다가도 운영상 어려움에 직면하면, 투자금 회수는커녕 1년 안에 폐업할 수밖에 없는 경우를 무수히 봐왔다. 때문에 최대한 가맹점 운영을 돕고자 투자대비 수익률 면에서 만족을 주고, 가맹점이 가맹점을 소개하는 바이럴 마케팅으로 가맹점 확장에 기여를 해 오는 등 본사와 가맹점과의 관계가 돈독할 수밖에 없다.

무엇보다 각 부서가 연계돼 창업 준비로부터 오픈, 운영, 관리에 이르기까지 일사천리로 진행되는 등 전 직원이 모든 일에 내 일처럼 팔을 걷어붙이고 있기 때문이다.

〈표 28〉 또봉이 통닭 창업비용

(단위 : 만 원)

항 목	내 용	비 용
가맹비 및 로열티	한시적 면제	
인테리어	목공, 도장, 전기조명공사,도배,주방시설	평당 100~200
간판 및 싸인	전면플렉스간판, 썬팅,현수막,메뉴판	100~150
기기, 기자재물품	냉장고, 튀김기,진열대, 주방설비 순간온수기, 주방집기,포스,의탁자	500
교육비 오픈행사비 판촉물품	오픈차량,도우미2명, 판촉물 에어간판,본사교육(17시간)	250
계약이행보증금		100
계		1200+@

3. 틈새 우수 브랜드(가맹점 300개 미만)

1) 땡큐맘치킨

(1) 브랜드 및 상품특징

회 사 명   : (주)이루에프씨
대 표 자   : 이문기
전   화   : 02-486-3392
팩   스   : 02-486-3394
주   소   : 서울시 강동구 성내3동 440-2번지 4층
홈페이지   : www.tkmomck.com
회사설립일 : 2009년 7월

① 상품특징 및 장점

신토불이 식재료 사용과 천연곡물 파우더 개발, 주문과 동시에 조리가 시작되는 라이브쿠킹, 오픈키친 보유.

② 브랜드 컨셉

건강을 고려한 재료와 오븐구이로 웰빙 시너지 효과, 후라이드 치킨과 로스트 치킨을 접목시킨 홈스타일의 웰빙치킨.

(2) 가맹조건 및 계약 내용

점포수	가맹조건
70개	가맹비: 500만원(교육 수료자 50%지원) 교육비: 300만원(교육 수료자 50%지원) 인테리어: 내부(1950), 외부(선택별도) 기타: 간판,주방오븐,식기,디스플레이

(3) 차별화 전략 및 경쟁력

① 시스템 경쟁력

주부창업자 가맹비 30% 할인우대와 창업자금 일부 무이자대출.

② 출점전략 경쟁력

소규모 소자본으로 출점가능하며 주 고객층은 20~40대 가정주부이다.

③ 메뉴 경쟁력

전 매장 금연화로 여성고객 및 가족 고객 확보, 치킨 한 마리 포장 시 2000원 할인으로 고객접근성을 높였으며 밝고 화사한 프로방스풍 인테리어로 가족 외식공간으로 안성맞춤이다.

(4) 브랜드 특징 및 영업전략(추천 및 선택포인트)

땡큐맘 치킨은 엄마의 마음으로 건강한 치킨을 제공한다는 신념을 모토로 "가족을 생각하는 엄마의 마음으로 정성을 다해 만들었습니다." 땡큐맘치킨 홈페이지를 들어가면 가장 먼저 확인할 수 있는 문구다. 100% 국내산 닭에 햅쌀이라는 천연 곡물 파우더를 입힌 땡큐맘치킨은 바삭하고 고소한 맛을 자랑한다. 의성마늘, 고창 황토밭무 등으로 대표되는 신토불이 식재료와 함께 안전한 먹거리 제공에 앞장서는 땡큐맘치킨은 오븐에 구워내는 조리 방식은 기름에 뒤긴 타 치킨 전문점과 비교해 칼로리와 나트륨 함량이 40%가량 낮다는 장점을 가지고 고객을 최우선으로 대하고 있다. 그리고 브랜드인지도 상승을 위한 다양한 홍보 수행을 통해 가맹점과 본사의 상생은 기본적 구조를 갖추는 것부터 시작한다고 여기고 있다. 이를 위해 물류적 지원 단계를 비롯하여 본사의 기반을 다지는 데 주력하고 있다, 특히 장기경기침체와 소비위축에 따라 본격적인 가맹점 지원에 나서고 있는데 이 브랜드 대표는 인지도 상승을 위한 이벤트를 계속해서 쏟아내고 있다. 즉, 우선 히트상품이 나오도록 메뉴개발 투자에 더욱 힘을 쏟으면서 핵심제품이 가장 중요하기 때문에 이를 통해 가맹점과 상생이 되도록 하는데 우선을 두고 있다. 그리고 다음은 마케팅에 힘을 쏟는 것을 두 번째로 치고 있다. 이를 위해 우선 가맹점을 살리기 위해 브랜드인지도 상승이 중요하다고 생각하고 다양한 이벤트를 추진해오고 있다. 특히 SNS를 활용한 마케팅에 집중하기도 하는데 대표적으로 스토리텔링이 그것이다. 고객들이 글, 사연을 보내면 추첨을 통해 상품을 제공하고, 다양한 사연들을 하나로 묶어 스토리화 시키는 것이다. 그 대표적 사례로 땡큐맘치킨은 케이블 예능프로그램 협찬도 진행해오고 있는데 오전 9시대에 라디오 협찬 CM을 송출, 인지도 확장에 힘을 보태고 있다. 또한 땡큐맘 치킨은 주거상권에 입점한 점이 특징 중의 특징이다. 이는 엄마, 가족을 주요 고객으로 하기 때문이다 개설비의 경우 10평대는 평균 4천만원 선이고, 20평대는 평균 7천만원 선을 유지하고 있다.

현재 상위매출 매장의 경우 평균 14평대를 기준으로 월 3천만원 이상의 매출을 기록 중이다. 순이익은 매출의 30%선으로 땡큐맘치킨이 자랑하는 높은 매출에는 위생도 한 몫 한다. 재료, 조리방법, 주방 3박자의 완벽한 위생을 중시하는 땡큐맘치킨은 주방을 오픈해 고객과 공유하고 있어 위생에 대한 자신감을 보여준다. 특히 대청소의 날은 동시다발적인 행사로 수퍼바이저들이 각 가맹점으로 모조리 투입된다. 매장 내외부에서부터 식기 하나까지 빈틈없이 청소하고 소독하며 대청소의 날은 고객들에게 땡큐맘치킨의 안정성과 깨끗함을 알리는 새로운 창구역할을 하고 있는 것이다. 진정한 성공요소는 궁정 마인드라는 신념아래 이곳 대표에게 가장 보람되는 순간은 가맹점주가 성공하는 모습을 지켜볼 때다. 가끔 고객들로 북적이는 가맹점을 방문해 정신없이 치킨을 판매하는 점주들을 볼 때면, 그의 마음은 뿌듯함으로 가득 찬다. 그는 성공하는 사람들은 공통점을 갖고 있다고 주장 한다. 즉, 성공한 가맹점주들은 모두가 긍정 마인드를 가지고 있다는 것이다. 어떤 열악한 상황에서도 부정적인 생각을 하지 않고 오히려 힘든 상황을 기회로 보는 진정한 성공요소는 브랜드, 입지 등을 뛰어넘는 점주의 강한 마인드임을 확신한다.

대표는 스스로를 상상가라 칭한다. 항상 무언가를 상상하고 그것을 현실로 옮겨왔기 때문이다. 땡큐맘치킨도 그가 상상하고 실행에 옮겨 현실로 만들어낸 결과다. 지금 이 순간도 끊임없이 미래를 상상한다는 목표에 대해 다음과 같은 원칙을 강조한다. 가맹점을 몇 개 더 만드느냐는 중요하지 않다. 브랜드의 정체성을 확고히 하고, 소비자들에게 사랑받는 땡큐맘치킨을 만드는 것이 가장 중요함을 역설한다. 또한 가맹점을 위해 땡큐맘치킨 알리기에 힘 쏟는 것을 당연한 권리로 생각한다. 본사 직원뿐만 아니라 가맹점주들까지 모두가 확신을 가질 수 있는 풍토를 통해 그 확신이 더욱 크고 새로운 확신이 되어 열정으로 표출 될 수 있도록 하겠다는 무언의 선약이다. 고객이 안심하고 즐길 수 있는 치킨을 제공하겠다는 대표의 철학이 고스란히 담긴 땡큐맘치킨은 고객들의 입과 마음까지 행복하게 해주기를 바라는 기대에 부응키 위해 오늘도 날개를 펼치고 있다.

본사의 창업지원 혜택과 제도에 있어서도 치킨창업을 고려중이던 가맹점주가 땡큐맘치킨 본사로 창업상담 문의를 했다. 이 점주 는 창업자금 4000만원으로 치킨창업이 가능한지 문의했다. 한달 뒤, 이 점주는 땡큐맘치킨 수원점을 오픈하고 꿈에 그리던 자신만의 점포를 갖게 됐다. 이 점주는 4000만원으로 소자본창업에 성공할 수 있었던 비결은 현명한 점포 선택과 프랜차이즈 본사의 든든한 창업자금지원 이 있었기 때문에 가능했다. 권리금과 높은 월세가 필요한 A급 상권 대신, 무(無)권리에 비교적 저렴한 월세지만 안정적인 매출이 나올만 한 곳을 찾아 점포 비용을 최대한 낮췄기 때문이다.

여전히 부족한 창업비용은 땡큐맘치킨 본사에서 무이자대출과 4.8% 저금리의 신한 프랜차이즈론 대출·엘로마 오븐기 지원 등을 통해 4700만원을 지원 받아 해결했다. 이 점주는 초기자금 4000만 원과 본사에서 지원받은 4700만원을 더해 총 8700만원으로 창업을 준비한 것이다. 점포구입비(보증금)와 인테리어 및 초기설비에 7700 만원을 사용하고 1000만원은 운영 여유자금으로 남겨놓았다. 하지만 단순히 창업자금 때문에 땡큐맘치킨을 선택한 것은 아니라 가장 먼 저 눈에 들어온 땡큐맘치킨의 경쟁력은 화사하고 모던한 치킨카페

인테리어라고 한다. 그는 첫 본사 상담에서 예비창업자가 받을 수 있는 자금 지원 정책을 하나하나 설명해주며 창업이 가능하도록 방향을 제시해 주었다. 그의 입장에선 땡큐맘치킨을 선택하지 않을 이유가 없었던 것이다.

수원점은 4인용 테이블 6개, 37㎡(약 11평)의 소형 매장이지만 월 매출 약 2500만원을 올리며 안정적으로 운영되고 있다. 가끔 나와 도와주는 자녀와 바쁜 저녁 시간대 아르바이트생 1명을 제외하면 주로 점주 혼자서 매장을 운영한다. 인건비 지출이 거의 없고 내장 임대료 역시 저렴해 월 1000만원 이상 높은 수익을 올리고 있다.

땡큐맘치킨은 전 메뉴를 오븐에 조리하기 때문에 프라이드 치킨전문점처럼 기름을 교체해야 하는 번거로움이 없고 본사 물류 시스템이 잘 돼 있어 대부분의 식자재를 물류를 통해 안정적으로 공급받기 때문에 운영이 수월하고, 또한 아파트 단지에 있다 보니 방문포장(Take Out) 고객이 많고, 배달을 하지 않아 혼자 운영해도 전혀 무리가 없음을 강조한다.

⟨표 29⟩ 15평 기준 땡큐맘치킨 창업비용

(단위 : 만 원)

구분	내용	49.58㎡ (15평기준)
가맹비	브랜드사용권,매뉴얼제공,상권보호,기술, 지속적인 상품개발 및 노하우 제공	500(창업교육 수료자50%지원
교육비 (5일)	운영,서비스,메뉴교육,물류교육 포스교육 및 매장 실습비	500(창업교육 수료자51%지원
오픈지원 (3일)	매장지원틈 2명 파견, 아르바이트 교육, 접객 리허설	無
홍보비	시식차진행시2명파견,시식용닭지원 시식차_물량지원(50만원상당)	無
인테 리어	인테리어[시방서기준] 개인시공시 감리비 평당 20%	1950
간판	전면간판, 진넬LED형, 선팅포함 (4m 기준)	450
주방기자 재	냉장고, 냉동고, 그릴작업대, 싱크대 등	700
오븐기	메인오븐기1대,보조오븐기1대 (카드할부,캐피탈분납알선)	1000
주방식기 류	대접시, 앞접시, 포크, 물컵, 주방기물일체(파스타집기별도)	230 (테이블 8개 기준)
오픈준비 물	전단지, 메뉴판, 유니폼, 앞치마, 명함, 테이블 비치 용품 등	100
디스플레 이	액자, 벽면 소품, DP선반 소품 등	100
계		5530

2) 누나홀닭

(1) 브랜드 및 상품특징

회 사 명 : 누나홀닭

대 표 자 : 김태영

전   화 : 02-797-9959

팩   스 : 02-797-9951

주   소 : 서울시 노원구 상계동 1132-59제성빌딩 8층

홈페이지 : www.noonaholdak.co.kr

회사설립일 : 2011년

① 상품 특징 및 장점

4무 1지원 (가맹비, 보증금, 로열티, 교육비 면제)과, 재계약 시 로열티 면제.

② 브랜드 컨셉

홀 판매와 포장판매, 국내 최초 쌈 싸먹는 쌈닭을 출시함.

(2) 가맹조건 및 계약내용

점포수	가맹조건
124개	가맹비, 보증금,로열티,상품보증금: 없음 인테리어: 2200만원 기타: 간판, 의탁자, 주방기기, 용품,POS,오픈용품

(3) 차별화 전략 및 경쟁력 요소

① 시스템 경쟁력

세련되고 트렌디한 감각이 살아있는 감성적인 인테리어와 매년 2
회 이상 신메뉴 출시, 트렌드에 맞는 기존메뉴 업데이트.

② 상권·입지 및 출점전략 경쟁력

모든 가맹점이 오픈초기부터 온,오프라인 마케팅을 적극적으로 주
도하여 운영한다.

③ 메뉴 경쟁력

대한민국 최초로 '쌈싸먹는 닭'인 쌈닭을 개발하여 타 브랜
드와는 다른 차별화된 메뉴로 경쟁력을 높였다.

(4) 브랜드 특징 및 영업전략(추천 및 선택포인트)

누나홀닭은 홀 판매와 포장판매를 주로 하고 있는 치킨전문점으로 고객들에게 꾸준하게 인기몰이를 하며 가맹점 수도 지속적으로 증가하고 있는 프랜차이즈 브랜드다. 누나홀닭은 2014년 젊은 층이 많이 활용하는 SNS상에서 맛집으로 입소문이 퍼지면서 큰 인기를 모으기 시작했다. 또한, 2015년 초 대대적인 리뉴얼을 통해 고객에게 인기가 더욱 상승해 큰 돌풍을 일으킨 브랜드이기도 하다.

누나홀닭은 2013년부터 하락한 국내 경기 상황에 맞게 창업희망자들에게 다양한 혜택을 주는 곳으로도 유명하다. 누나홀닭은 '사람과 사람이 만들어가는 브랜드, 사람냄새 나는 착한 프랜차이즈' 라는 슬로건을 걸고, 예비창업자들에게 '4無 1지원(가맹비, 보증금, 로열티, 교육비 전액면제 혜택 및 재계약시 로열티 면제)혜택' 을 제공한다. 최대 1500만원 상당의 혜택과 함께 '인테리어 다이렉트시스템(창업자와 인테리어업체를 다이렉트로 연결해 주고 본사가 인테리어 전반은 관리에 도움을 주는 시스템)' 을 통해 평당 110만원의 인테리어 공사비용만을 받아 본사 수익을 전혀 보고 있지 않다. 이러한 본사 지원 혜택으로 예비 창업자가 가맹 시 발생하는 초기 자금부담을 줄이게 돼, 조금 더 안정적인 창업이 가능하게 지원하고 있다. 또한, 누나홀닭 가맹점들의 평균 매출은 매년 10~20%이상 신장하는 추세로 본사의 유동적인 운영시스템을 통해 가맹점 운영의 어려움을 최소화 시키고 있는 사실들이 예비창업자들에게 입소문으로 퍼지면서 어려운 시장경기 상황임에도 불구하고 지속적인 성장세를 보이고 있다. 누나홀닭 브랜드를 통해 성공적인 창업을 하기 위해 필요한 것은 본사와 가맹점 모두 상호 공동체라는 생각을 잊지 않고 본사는 가맹점이 항상 고객에게 좋은 서비스와 맛있는 메뉴를 제공할 수 있도록 시장상황과 시대적인 상황에 맞는 다양한 메뉴와 트렌디한 인테리어와 함께 운영시스템도 지속적으로 업그레이드 해나가고 있다. 그리고 가맹점주는 가맹점 운영 시 본사의 운영프로세스와 정책을 잘 따르고 본사의 도움이 되는 다양한 의견들을 제시하면서 브랜드가 잘될 수 있는 기반을 함께 만들어 갈 수 있도록 노력하고 있다.

한 조사통계에 따르면 고객이 치킨전문점 선택 시 가장 중요하게 생각하는 것이 무엇인지를 묻는 질문에 70% 이상의 고객이 '맛'이라고 답변했다. 트렌드를 반영한 색다른 치킨메뉴들이 눈길을 끌고 있는 것을 보아도 이런 사실을 확인할 수 있다. 대표적인 메뉴로는 BHC의 뿌링클, 누나홀닭의 후레쉬쌈닭과 닭들애(愛)나쵸가 있다. 하지만 트렌드를 반영한 메뉴라 할지라도 '맛'이 없다면 결국 고객에게 외면당하고 만다. 특히, 창업을 염두에 두고 있는 예비창업자라면 이러한 고객의 니즈를 명확하게 파악해야만 성공창업을 이룰 수 있다.

단순히 요즘 뜨는 창업아이템이라는 이유만으로 창업을 결정하게 된다면 성공적인 창업결과를 얻지 못할 가능성이 높다.

치맥의 계절이라는 무더운 여름철이 되면서 SNS상에서 맛집으로 유명한 '누나홀닭'에 예비창업자들의 관심이 집중되고 있다. 쌈닭 전문 오븐치킨 브랜드인 누나홀닭이 이처럼 예비창업자들에게 관심이 쏠리는 이유는 고객들에게 '맛집'으로 평가 받기 때문이다. 가장 한국적인 '쌈' 문화를 접목한 다양한 치킨메뉴를 국내 최초로 선보인 이유도 있지만, 무엇보다 모든 메뉴를 먹었을 때 '맛있다'라고 말할 수 있는 유일한 곳이라는 게 고객들의 평가다. 이러한 고객들의 '맛집' 인증을 통해 좋지 못한 경기 상황임에도 불구하고 큰 영향 없이 가맹점 매출은 매년 상승세를 보이며 성공가도를 달리고 있다. 또한, SNS상에 고객들이 커피전문점인줄 알고 들어갔다가 당황했다고 올릴 만큼 현대적인 감각의 인테리어와 편안하고 고급스러운 분위기도 고객들에게 좋은 평가를 받고 있어, 누나홀닭이 성공하고 있는 이유 중 하나로 꼽힌다. 더불어 누나홀닭이 매년 2회 이상 트렌드를 접목시킨 신메뉴를 출시하는 것도 예비창업자들의 관심을 증폭시키고 있다. 2015년 7월 1일 출시한 '닭들애(愛)나쵸'의 고객 반응은 현재 '치킨과 나쵸가 사랑에 빠졌다'라는 콘셉으로 출시한 '닭들애(愛)나쵸'의 고객들의 반응이 좋아 단번에 인기메뉴로 급부상 했을 뿐만 아니라 판매량도 지속적으로 상승 중에 있고 성수기인 여름시즌 기간 대비 가맹점 매출이 상승하고 이로 인해 가맹점 개설 문의 또한 많아지고 있다. 이에 본사에서는 다양한 창업혜택을 통해 성공적인 창업을 할 수 있도록 예비창업자들을 지원해나가고 있다.

과거 치킨은 1차 혹은 2차로 즐기는 메뉴라는 인식이 지배적이었다면 이곳은 1,2차는 물론 3차까지도 가능한 메뉴 구성을 선보이고 있다.

〈누나홀닭〉의 브랜드 네이밍에는 '누구나 좋아하는, 한 번 먹으면 홀딱 반하는 오븐치킨'의 뜻이 담겨있다. 여기에 내 가족이 먹을 수 있는 건강한 치킨, 모든 사람이 좋아하고 행복하길 바라는 의미 또한 내포돼 있다. 이는 누구나 한 번 들으면 기억되는, 유쾌함과 재미를 주는 콘셉트로 소비자와의 친근함을 표현하고 있다. 〈누나홀닭〉의 BI는 '즐거움이 있는 곳'이라는 〈누나홀닭〉 브랜드의 이미지를 강조한다. 전체적으로 유쾌함과 사랑스러움을 담았고, 누, 나, 홀, 닭 글자에 가독성을 강조, 소비자들의 시선을 주목하고자 했다. 또한 입맛을 자극 시키는 맛있는 느낌을 표현하기 위해 생동감이 느껴지는 곡선을 주로 사용했고, 글자 하나하나의 크기와 느낌에 변화를 주었다. 매장 인테리어 디자인은 맛있는 음식을 좋아하는 사람들과 함께 먹는 행복한 시간, 그 시간을 추억으로 담을 수 있는 공간을 기본 콘셉트로 했다. 여기에 '휴머니즘' 과 '아날로그'를 접목시켜 차별화된 '휴멀로그'라는 인테리어 콘셉트를 기획했다. 또한 카페의 편안함과 펍의 자유로움을 결합해 〈누나홀닭〉만의 새로운 인테리어 스타일을 디자인 했다. 메뉴는 질리지 않는 매콤하고 부드러운 맛을 베이스로 신선한 야채와 쌈 재료를 통해 쌈닭이라는 새로운 메뉴를 개발했다. 이는 우리나라의 전통 쌈 문화를 결합한 것으로 〈누나홀닭〉의 대표메뉴는 쌈닭메뉴다. '후레쉬쌈닭'과 '바비큐쌈닭'으로 구성된 메뉴로, 후레쉬쌈닭의 경우 로스트 치킨 순살을 상큼한 야채와 쌈무에 싸먹는 후레쉬한 웰빙쌈이 특징이다. 또한 바비큐쌈닭은 특제소스를 발라 구워낸 순살에 신선한 야채와 날치알을 갯잎에 싸먹는 코리안 스타일의 메뉴다. 이밖에도 '쌈닭화히타', '파닥파닭', '닭들애나쵸' 등 〈누나홀닭〉의 메뉴 네이밍은 유머와 차별성, 독특함을 표현하고 있다.

예비창업자의 눈으로 보는 〈누나홀닭〉은 3가지의 뚜렷한 차별성이 있다. 정직한 회사, 맛있는 치킨, 합리적인 창업비용이 그것이다. 우선 〈누나홀닭〉은 고객의 마음을 끌어들이는데 그치지 않고, 직원과 가맹점주, 그리고 협력업체까지 만족할 수 있도록 노력하는 프랜차이즈 브랜드다. 〈누나홀닭〉은 여러 주체가 함께 어울려서 힘을 합쳐야 프랜차이즈 가맹사업이 성공할 수 있다는 철학을 갖고 있다.

말로만 상생을 추구하는 것이 아니라 실질적으로 만족 할 수 있는 혜택을 주도록 노력한다. 이러한 〈누나홀닭〉의 경영철학은 자연스럽게 거품을 뺀 창업비용으로 설명할 수 있다. 프랜차이즈 가맹점을 창업하면 그저 장사가 잘 된다고 해서 점주가 꼭 수익을 내는 것은 아니다. 겉으로는 매출이 높아 보여도 들어간 비용이 높으면 수익성이 떨어질 수밖에 없다. 유명 치킨 브랜드가 점포당 평균매출이 높아 보이지만 실상은 과도한 창업비용 및 관리비용으로 재주는 가맹점주가 넘고 실익은 가맹본부만 챙기는 경우도 있다.

〈누나홀닭〉은 예비창업자에게 5무(無) 혜택을 도입해 가맹비, 물류보증금, 로열티, 교육비, 재계약비를 없앴다. 창업의 진입장벽을 낮춰 성공 확률을 높이고, 성공하는 가맹점이 많아지면 본사도 함께 성장한다는 생각으로 도입한 제도다. 그래서 예비창업자에게 큰 부담으로 다가오는 인테리어 비용을 최소화하고자 인테리어 업체를 직접 연결해준다. 가맹본부가 중간에서 이익을 가져가지 않기에 평당 110만원이라는 저렴한 비용으로 인테리어를 진행할 수 있다. 가맹본부의 상생 노력으로 〈누나홀닭〉은 안정적인 성장세를 보이고 있다. 현재. 전국 130호점을 돌파했다. 이곳의 가맹 점포가 7개일 때 맛에 반한 젊은 고객이 창업을 목표로 아르바이트를 하며 창업자금을 마련했고 〈누나홀닭〉 60호점을 창업하는 사례도 있었다. 단기적인 유행에 힘입어 급성장한 프랜차이즈 브랜드가 불과 1~2년 만에 쇠락하기도 한다는 점을 고려하면, 화려하지는 않지만 꾸준히 안정적으로 성장하는 브랜드를 선택하는 것이 분명이 유리함을 보여준다.

요즘 〈누나홀닭〉은 후레쉬 쌈닭이라는 키워드로 온라인상에서 화제몰이를 하고 있다. 치킨은 명실상부한 국민 외식 아이템이지만, 다이어트 때문에 '먹어봤자 내가 아는 그맛'이라며 애써 외면하는 젊은 여성들이 많다. 〈누나홀닭〉은 치킨이라는 익숙한 음식을 어떻게 차별화할까 고민하다가 이른바 '쌈닭메뉴'를 내놓게 되었다. 기름을 쫙 뺀 오븐구이 치킨을 각종 채소와 함께 삼무에 싸먹는 국내 최초의 '쌈닭'이다. 또한 〈누나홀닭〉은 신선한 식재료를 공급해야 메뉴의 완성도를 더 높일 수 있다는 생각으로 업계에서 드물게 6일 배송을 하고 있다.

특제소스를 발라 구워낸 순살에 신선한 야채와 날치알을 깻잎에 싸먹는 코리안 스타일의 바비큐 쌈닭이 가장 인기가 많다. 차별화된 성장의 요소가 있기에 안정적인 창업에 딱 들어맞는 브랜드다. 저성장 시대에는, A급 입지가 아니더라도 오래 버틸 수 있는 브랜드, 비성수기에 매출 하락의 골이 깊지 않은 브랜드를 창업하는 것도 안전한 창업전략의 포인트다.

〈표 30〉 누나홀닭 창업비용

(단위 : 만 원)

구분	내용	49.58㎡ (15평기준)
가맹비	브랜드사용권,매뉴얼제공,상권보호,기술, 지속적인 상품개발 및 노하우 제공	無
교육비 (5일)	운영,서비스,메뉴교육,물류교육 포스교육 및 매장 실습비	無
인테 리어	인테리어[시방서기준]	2200
간판	전면간판, 진넬LED형, 선팅포함 (4m 기준)	3260
주방기자 재	냉장고, 냉동고, 그릴작업대, 싱크대 등	
주방식기 류	대접시, 앞접시, 포크, 물컵, 주방기물일체(파스타집기별도)	
오픈준비 물	전단지, 메뉴판, 유니폼, 앞치마, 명함, 테이블 비치 용품 등	120
계		5580

3) 전설의 치킨

최가네푸드(주)

전설의 치킨

(1) 브랜드 및 상품특징

회 사 명　：최가네푸드(주)

대 표 자　：최창우

전　　화　：02-938-9289

팩　　스　：02-938-9286

주　　소　：서울시 노원구 덕릉도 127길 6

홈페이지　：www.choigane.com

회사설립일：1984년

① 상품 특징 및 장점

　떡볶이와 치킨 결합, 소자본 미들비어와 매콤 프라이드치킨 주력
상품이다.

② 브랜드 컨셉

　소비자에게 양질의 저렴한 치킨을 제공하며 (주)하림과의 공동마
케팅을 통한 최상의 재료를 사용한다.

(2) 가맹조건 및 계약내용

점포수	가맹조건
19개	가맹비: 500만원 물류보증금: 200만원 교육비: 100만원 인테리어: 원가시공 기타: 주방집기/의탁자

(3) 차별화 전략 및 경쟁력

① 시스템 경쟁력

실속 있는 가격과 퀄리티 높은 맛, 다양한 메뉴라인 등으로 최근 소비자들이 좋아할만한 요소로 경쟁력을 높이고 있다.

② 상권·입지 및 출점전략 경쟁력

소자본 투자비용, 효율적인 창업 컨설팅을 실시하며 철저한 교육 시스템과 매장운영에 필요한 홍보물 제작시안 제공한다.

③ 메뉴 경쟁력

전설의 치킨을 떠올리면 대표메뉴인 떡볶이와 치킨을 결합한 차별화된 메뉴로 경쟁력을 높이고 있다.

(4) 브랜드 특징 및 영업전략(추천 및 선택포인트)

본사에서는 고객들의 만족도를 높이는 동시에 가맹점주가 매장운영에 더욱 큰 편리함을 느낄 수 있도록 시스템적으로 운영해 나간다.

2010년 롯데마트에 '통큰 치킨' 출시 이후, 해당 품목은 한동안 업계의 '뜨거운 감자'로 부상한 바 있었다. 당시 평균 1만8000원을 호가하던 치킨이 3분의1에 해당되는 가격으로 판매되면서 소비자들은 매우 반기는 눈치인 반면, 경쟁업체들의 생존권 위협 문제가 대두됐기 때문이다. 이는 결국 마트의 판매 중단으로 이어졌고 소비자는 치킨구매에 이전과 같거나 더 높은 가격을 지불하고 있다. '통큰 치킨'은 1주 천하로 끝났지만 소비자들은 프랜차이즈 제품도 보다 저렴한 가격으로 판매가 가능하다는 인식 전환의 계기를 맞았다. 실제로 프랜차이즈 치킨 전문점 중 저렴한 가격에 제품을 판매하고 있는 곳이 바로 '전설의 치킨'이다. 2004년 '최가네 치킨1호점'으로 시작해 2014년 프랜차이즈로 전환, 단순한 치킨전문점을 탈피하고 신개념의 치킨 호프 '전설의 치킨'으로 본격적인 브랜드 사업을 시작했다. 직영 공장을 설립, 24가지 각종 야채와 양념으로 고급 수제 치킨의 명성을 이어가고 있다. 더욱이 100% 국내산 신선육과 고급 전용유를 사용하는 등 치킨의 품질을 철저하게 관리하고 있다. 차별화된 부동산 컨셉 역시 '전설의 치킨'만의 강점이다. 고액의 A급 상권을 고집하는 것이 아닌 주택상권을 주 타깃으로 삼아

총 투자비 3000만원 이내에서도 창업이 가능하게 함으로써 이는 레드오션으로 전락한 치킨 시장의 틈새를 노린 이들만의 전략이다.

〈전설의 치킨〉은 생계형 창업으로 주목받고 있는 치킨 프랜차이즈다. 50호점까지 가맹비와 물류보증금을 받지 않는 이벤트를 진행하고 있으며, 인테리어는 항상 시공원가로 진행한다. 창업비용의 거품이 완전히 빠진 상태이므로 신규창업뿐만 아니라 업종 변경에도 용이하다. 또한 본사에서 직영공장을 운영하면서 가공, 숙성, 배송을 모두 도맡아하기 때문에 9000원~1만원대의 가격을 유지하면서도 점주의 마진율이 높은편이다.

최가네푸드(주)의 최창우 대표는 맛에 대한 자부심이 매우 강하다. 그는 84년도부터 치킨매장을 운영하며 다양한 시도를 했고, 결국 〈전설의 치킨〉만의 유일무이한 맛을 찾아냈다. 24가지의 재료로 염지를 하며, 독특한 향신료를 첨가한 후 이것이 기존의 치킨과 다른 맛을 내는데 결정적인 기여를 했다. 강렬하고 오묘한 향 때문에 소비자의 호불호가 나뉘기도 하지만, 포화상태인 치킨 시장에서 고유한 맛을 내기 위한 원칙이기 때문에 이 염지방식을 고수한다. 〈전설의 치킨〉은 늘 차별화에 대해 고심한다. 타 치킨전문점과 차이가 없다면 소비자가 찾을 이유도 없기 때문이다. '치킨떡볶이'이 역시 차별화를 위한 메뉴다. 1만 2000원이라는 저렴한 가격에 즉석떡볶이

한판과 크리스피 순살치킨이 제공된다. 떡볶이양념에 치킨을 찍어먹기도 하고, 함께 넣어서 먹기도 한다. 양념의 알싸한 맛이 여운을 남겨 술안주로도 인기가 많다. '닭똥집 튀김'도 판매하고 있는데, 여기에 청양고추를 함께 튀겨서 제공한다는 점이 또 차별화의 요소다. 이처럼 〈전설의 치킨〉의 메뉴들은 다소 강한 맛을 내는데, 대부분의 메뉴를 술과 함께 먹을 수 있는 안주로 제공하기 위함이다.

〈전설의 치킨〉은 가맹점의 상황에 실시간으로 대응한다. 매출이 주춤하면 즉각적으로 마케팅을 실시하고, 이벤트를 지원한다. 할인이벤트를 진행하는 경우, 식재료의 원가를 낮춰서 공급해 가맹점주의 이익을 도모한다. 이는 모두 최창우 대표의 상생정신 때문이다. 늘 가맹점주를 배려하고 존중을 강조한다. 예비 가맹점주 대부분이 생계를 위해 사업에 뛰어들기 때문이다. 인테리어나 기자재 비용을 부풀리지 않고 원가로 제공하며, 점주를 돕는 마음으로 사업에 임하는 상생정신을 몸소 실천으로 전한다.

〈전설의 치킨〉은 차별화된 맛과 다양한 메뉴로 치킨 시장을 공략하고 있지만, 조리법이 그다지 어렵지 않다. 본사에서 염지와 숙성, 절단을 모두 처리해서 배송하기 때문에 가맹점주는 매뉴얼에 따라 치킨을 튀기기만 하면 된다. 따라서 가맹점마다 맛을 일관성 있게 유지할 수 있다. 현재 〈전설의치킨〉은 19개 정도의 매장이 있으며,

전신인 〈최가네 치킨〉은 30여 개가 있다. 〈최가네 치킨〉은 모두 〈전설의 치킨〉으로 브랜드명을 사용하고 있다. 그동안 홍보를 하지 않았음에도, 맛에 대한 입소문과 단골들의 반응으로 이만큼 꾸려왔다. 차후에는 200~300개 정도까지만 매장을 확장시킬 예정이다.

한 상권에 한 매장만 들어가게끔 하며, 상권보호를 철저히 하려는 이유에서다. 기존 치킨 프랜차이즈가 500~1000개씩 가맹점을 확장하는 모습과는 사뭇 다르다. 〈전설의치킨〉은 고객이 가맹점주가 되는 경우가 많을 뿐만 아니라 지인의 소개를 통해 가맹점을 개설하는 경우도 많다. 이는 그만큼 본사의 신뢰도가 크다는 것이다.

〈전설의치킨〉은 철저한 가맹점 관리를 기반으로 하고 있다. 늦은 시각에도, 주말에도 가맹점주가 찾으면 언제든 달려가 가맹점주의 가려운 곳은 긁어주고 힘든 부분은 토닥거려준다. 일주일에 한 번은 기본이고 본사의 도움이 많이 필요한 가맹점은 일주일 내내 방문을 하기도 한다. 가맹점을 우선으로 하는 이러한 본사의 관리는 창업자들에게 든든한 방패막이 돼주고 있다.

또한 매출이 하락하는 가맹점 같은 경우엔 가격 다운행사나 무료 증정행사를 통해 매출을 올릴 수 있는 회생프로젝트를 진행하고 있다.

행사 비용을 본사가 지원해 가맹점주가 적은 비용으로 더 큰 매출의 효과를 낼 수 있도록 기여하고 있는 것이다. 내실을 기하지 않고 부피만 늘리는 프랜차이즈 사업이 아닌 탄탄히 내실을 다지며 가맹점과의 돈독한 신뢰를 쌓고 있는 〈전설의치킨〉은 치킨의 전설이 되기 위해 힘차게 도약하고 있다. 최근 외식업 추세를 보면 유동이 많은 역세권, 즉 A급 상권에 입지를 한다고 해서 매출이 잘 나오는 것이 아니다.

〈전설의 치킨〉은 창업 전 오픈 매니저와 함께 월세 부담이 적고 실질적인 매출을 올릴 수 있는 B급, C급을 짐포로 선정해 가맹점수의 안정적인 수익을 돕고 있다. 또한 대중적인 맛과 블랙, 화이트의 모던한 인테리어로 10대부터 청·장년, 그리고 노년까지 다양한 고객층에 두루 인기를 얻고 있다.

아울러 물가변동이나 다른 외부요인으로 인해 물류 단가가 인상되지 않도록 고정단가를 책정해 가맹점주의 안정된 수익률을 보장하고 있다. 뿐만 아니라 계육의 손질부터 염지까지 일일이 점주의 손을 거쳐야 하는 일반 프랜차이즈 치킨전문점과 달리 〈전설의 치킨〉은 본사 공장에서 모든 과정을 원스톱으로 진행하고 있어 가맹점주가 고객 응대 및 판매에 주력할 수 있도록 배려하고 있다.

〈표 31〉전설의 치킨 창업비용

(단위 : 만 원)

내용	내역	금액
가맹비	상호 및 상표사용권/개설지원/운영 노하우 전수	500
물류보증금	본사물품사용 관련 보증금/가맹종료시 환불	200
교육비	매장 운영 및 조리 실무 교육	100
인테리어/실내외 공사	목공사/설비공사/전기공사/조명공사/간판공사등	원가시공
주방집기/의탁자	주방 설비 및 비품 일체/의탁자	원가공급
창업자본대출	1000만원~5000만원(무이자)/본사협력업체 (평수및신용도에따라차등지원)	
본사오픈지원	오픈 전단지/본사 인력 지원	
기타	*외장공사/가스설비/전기승압/냉난방기/어닝/철거비용 별도	
계		700+@

4) 치킨뱅이

(1) 브랜드 및 상품특징

회 사 명 : 치킨뱅이

대 표 자 : 김원천

전   화 : 02-928-7703

주　　　소 : 02-455-2003
홈페이지 　 : http://www.chickenbaengi.com/
회사설립일 : 2001년

① 상품 특징 및 장점

가맹계약자와 인테리어 협력사와의 직계약 형태를 추구한다. 또한 제시한 금액에서 추가비용이 발생하지 않으며 창업비용이 저렴하다.

② 브랜드 컨셉

신선한 천연재료를 직접 갈아서 맛이 살아있는 건강한 치킨, 한방 비법양념을 통한 자체개발 소스로 건강한 치킨 이미지.

(2) 가맹조건 및 계약 내용

점포수	가맹조건
200개	가맹비: 500 교육비: 150 인테리어: 3200(160/평) 기타: 의탁자, 주방기기, 집기, 오픈홍보,간판

(3) 차별화 전략 및 경쟁력

① 시스템 경쟁력

제품개발, 생산, 유통의 펀드멘탈시스템, 일일 콜드-체인주문시스템 탄탄한 직영배송 시스템, 변화와 혁신의 R&D시스템 구축함.

② 상권 · 입지 및 출점전략 경쟁력

심충적인 상권, 입지 정보시스템, 마케팅, 홍보이벤트로 인지도 매출 업그레이드 및 철저한 교육, 훈련시스템을 갖추고 있다.

③ 메뉴 경쟁력

17년 노하우의 24시간 저온 숙성법과 자연 침지법으로 맛의 차별화를 두었으며, 또한 비법 한방양념을 통해 조리시에 진한 구리빛을 띄며 건강한 맛을 강조하고 있다.

(4) 브랜드 특징 및 영업전략(추천 및 선택포인트)

〈치킨뱅이〉는 강점으로 '차별화된 맛'을 내세웠다. 시장에 난립하고 있는 저가형 브랜드에 대항하기 위해 '둥지치킨'과 '모듬고로케'를 출시했다. 둥지치킨'은 마치 새 둥지와 같이 파채를 깔고 그 위에 동글동글한 일본식 가라아게를 올린 메뉴로 독특한 모양도 시선을 끌지만 특제 데리야끼 소스에 버무려진 육즙이 살아있는 가라아게는 저렴한 가격과는 어울리지 않을 정도로 완성도 높은 메뉴다. 또한, 모듬고로케는 재일교포가 직접 수제로 만든 정통 일본식 고로케로써 일반 시중에서 판매되는 고로케처럼 빵 속에 재료가 들어있는 것이 아니라 바로 재료 그대로를 반죽하여 만드는 방식을 쓰고 있다. 고로케전문점에서나 맛 볼 수 있는 정통 일본식 고로케를 〈치킨뱅이〉매장에서 만나볼 수 있는 것이다.

〈치킨뱅이〉는 전농동에 있었던 물류센터를 경기도 광주시로 확장하였다. 이를 통해 최신식 설비를 갖춰 더 나은 품질의 제품을 생산 공급하고 있다. 또한 저가형 생계형 치킨, 분식 브랜드를 준비하여 론칭 하고 있다. 부담 없는 개설 비용에 1인 운영 시스템을 도입하여 인건비 걱정 없이 누구나 쉽게 창업을 통해 자신의 매장을 운영하고 수익을 낼 수 있는 시스템을 갖춘 브랜드가 되는 것이 모토이다. (주)원우푸드 〈치킨뱅이〉는 15년 업력의 중견 프랜차이즈다. 오랜 시간동안 쌓아온 그들의 운영 노하우는 경쟁력 있는 시스템으로 재탄생 됐다. 〈치킨뱅이〉만의 특별한 맛은 레시피가 체계화 돼 있어 본사의 매뉴얼만 따른다면 누구나 그 맛을 재현할 수 있다. 또한 정직한 맛과 품격을 지향한다. 브랜드 태동시점부터 2000년 말까지 순수한 '입소문 마케팅'만으로 서울권역 중심의 100호점을 돌파하여 입지를 탄탄히 다져왔다. 많은 직장인들로부터 〈치킨뱅이〉가 맛있다는 입소문과 함께 '치맥' 문화의 한 축을 담당해 왔다. 또한 인테리어의 거품을 빼고 최소비용으로 가맹점을 운영할 수 있다는 장점도 있다.

더디게 보이지만 꾸준히 가맹점이 늘어나는 〈치킨뱅이〉의 숨은

힘은 어디에 있을까? 위에 언급한 모든 장점들의 시작은 바로 오픈교육에서 시작된다. 〈치킨뱅이〉의 오픈교육은 신천점에서 이뤄졌다. 교육은 14일 동안 이뤄지고 첫날에는 이론교육, 그리고 6일간은 조리교육이 진행된다. 교육 5일차 조리교육이 진행되고 있는 신천점은 교육열기로 가득하다. 이곳에서 조리교육이 진행되고 있다. 화기애애한 분위기 속에 교육생들은 궁금할 때마다 질문을 하고, 그에 따른 답변과 토론도 이어진다. 딱딱한 교육현장이라기 보다는 자유로운 분위기 속에서 직접 조리를 하고 주의사항에 대해 편하게 이야기하는 분위기다. 조리교육을 마치고 2주차에 접어들면 직접 매장의 홀 서빙과 주방에서 메뉴를 조리하며 실전교육을 한다. 이렇게 교육을 받은 예비점주들은 실제로 오픈할 때 많은 도움을 얻는다. 돌발 상황에 대한 대처능력과 현실감각을 통한 시행착오의 최소화로 성공창업의 확률을 높여주기 때문이다. 교육을 통해 소중한 노하우를 얻어가는 교육생들의 열의와 모습은 상생과 신뢰로 이뤄가는 〈치킨뱅이〉의 미래를 보는 듯하다.

또한 '제 36회 프랜차이즈 서울 Fall'를 통해 대중에 첫 선을 보인 〈치킨뱅이〉가 17년의 관록을 유감없이 발휘했다. 〈치킨뱅이〉는 박람회가 펼쳐진 3일 동안 총 84건의 상담이 이뤄졌으며 시식차에 줄세운 인원만 5000여명이 집계됐다. 이후 자체적으로 시행한 사업설명회에 참석한 팀은 무려 27팀. 아울러 홈페이지 접속자는 3배가 상승했으며 직접 배포를 하지 않았음에도 불구하고 브로슈어 1800부가 소진됐다. 지난 1985년 개인점포로 시작한 〈치킨뱅이〉는 2001년부터 본격적으로 브랜드를 론칭하고 가맹사업에 뛰어들었다. 이후 가맹점 확장보다는 냉장유통방식의 생산·물류 시스템 등의 인프라를 구축하는 등 내실을 다지는데 심혈을 기울였다. 이후에도 특별한 외부 노출을 전개하지 않았음에도 불구하고 기존 가맹점주의 입소문과 소개만으로 서울 수도권에 100여개 가맹점이 개설되는 저력을 과시했다. 〈치킨뱅이〉가 외부 마케팅을 본격적으로 시행한 것은 지난 2010년이었다. 프랜차이즈 업계에선 흔치않은 메이저 방송사 TVC를 시작으로 유명 드라마 제작지원 및 PPL, 스포츠 마케팅 등을 통해 적극적인 홍보에 나선 것이 다. 이후 본격적인 테스크포스팀(TFT)을 발족하며 대대적인 리뉴얼에 돌입했고, 6개월에 걸친 결과물이 〈치킨뱅이〉 2nd Story로 모습을 드러냈다. 이를 통해 BI와 인익스테리어, 메뉴 등을 새롭게 선보였다.

〈치킨뱅이〉는 전통적으로 매장형이 강하다. 2nd Story는 이를 보강해 오븐메뉴를 추가하고 규모 역시 최소 $82.6m^2$(25평)이상으로 전개하고 있다. 이곳 대표는 치킨전문점이 포화상태인 만큼 입지상권과 브랜드 퀄리티가 관건이라고 말한다. 즉, 지금은 〈치킨뱅이〉의 브랜드 퀄리티를 높이는 단계라는 설명이다. 또한 제2, 제3브랜드도 선보여 보다 브랜드 파워를 강화해나가고 있다. 거기에 점주의 노력과 겸손함, 꾸준함이 그야말로 롱런의 길을 걸을 수 있는 지름길이다. 아울러 예비창업자들에 "유행을 따라가면 실패의 지름길"이라며, 영업사원의 말에 현혹돼 섣부른 판단은 금하고 신중이 선택해야 한다고 당부한다. 무엇보다 본사의 연혁과 가맹점 현황, 그리고 현 가맹점주들이 얼마나 오래 유지하고 있는지를 반드시 확인할 것을 강조한다.

〈표 32〉치킨뱅이 창업비용

(단위 : 만 원)

내용	내역	금액
가맹비	브랜드 사용, 경영지도 및 관리	550
보증금	계약 종료시 환불	200
교육비	조리방법/점포경영 기법(9일)	165
인테리어	평당 금액	3200
주방집기/의탁자	주방 설비 및 비품 일체/의탁자	1450
기물/집기	기물, 메뉴판 등	400
계		5965

4. 치킨전문점 프랜차이즈 창업 성공전략

1) 소비자 선호도에 부응한 최고의 품질로 승부

국내에서 치킨 업종의 창업은 소상공인 시장에서 항상 화두가 될 정도로 커다란 의미를 갖는다. 특히 최근에는 '치킨전문점수렴의 법칙'이라는 농담이 오갈 정도로 귀추가 주목되고 있다. 즉 모든 사람들이 어떤 전공을 하고 어떤 작업을 가지든 결국 퇴직 후에는 모두 치킨전문점을 창업하게 된다는 의미이다. 치킨업종이 이와 같이 창업시장에서 대세를 이루는 데는 그만한 이유가 있다. 가장 저렴한 가격으로 누구나 즐길 수 있는 육류의 대표적 상품이 되었기 때문이다. 대부분의 소비자 연령대와 소득수준에 따른 호불호가 크지 않아서 평균적인 선호도가 높은 편이며, 무엇보다도 저렴한 가격으로 많은 사람들이 같이 즐길 수 있다는 점도 큰 장점이다. 프랜차이즈 브랜드에 가맹만 하면 누구나 최고의 품질로 상품을 만들어 낼 수 있다는 것도 시장이 확대되는데 큰 공헌을 했다고 볼 수 있다.

치킨 전문점의 창업이 불황기에도 계속해서 인기를 끄는 원인은 무엇일까? 일단, 조리가 간편한 것이 가장 큰 장점이기 때문이다. 특히 프랜차이즈라면 본사에서 교육을 받아 어렵지 않게 요리할 수 있다.

두 번째로는 국민간식 또는 국민 주류 아이템이라는 점이다. 아이들부터 어른에 이르기까지 간식거리 중 선호하는 아이템이자 어른들에게는 부담 없는 술안주이기 때문이다.

세 번째는 배달형 매장의 경우, 1억원 내외의 소자본 창업이 가능하다는 점 때문이다. 최근 한 조사에서 국내에 거주하는 외국인 유학생을 대상으로 가장 인상 깊은 한국의 음식이 무엇인지 물었는데 32%의 외국인 유학생들이 '치맥'을 꼽았다. 비빔밥, 불고기, 삼겹살 보다 더 많은 인기를 얻고 있는 셈이다.

치킨전문점들의 해외 진출도 상당히 활발한데 특히 중국에서는 최근 '별에서 온 그대'라는 드라마에서 주인공들이 치맥을 먹는 장면이 방영된 이후, 상당한 인기를 끌고 있다. 치킨은 커피전문점과 더불어 '포화상태'라는 말을 할 정도로 이미 많은 수의 매장이 오픈돼있지만 여전히 예비창업자가 1순위로 선호하는 창업아이템이다. 따라서 치킨전문점 창업에 대한 인기는 줄어들지 않고 다양한 방향으로 발전될 것이다.

2) 콜라보레이션을 통한 영업전략

프랜차이즈 매장에서 인기를 끄는 대표 사례를 보면 홍대 부근에

1인당 1만 2000원만 내면 무한리필로 치킨을 먹을 수 있는 곳도 있다. 이곳은 간장치킨, 파닭치킨, 치즈프라이드치킨, 마늘, 치즈불닭치킨 등 다양한 치킨을 무한으로 제공하는 점이 특징이다. 또 다른 곳은 뜨겁게 달궈진 돌판 위에 치즈를 듬뿍 갈고, 바삭하게 튀긴 치킨 위에 오징어튀김을 올려 고객들의 높은 관심을 받고 있다. 누룽지치킨, 허니버터갈릭치킨 등 다양한 메뉴가 있다. 닭에 튀김옷을 입히지 않고 껍질째 그대로 튀겨내 바삭함을 유지한다. 음료도 돋보이는데, 에이드 위에 커다란 솜사탕을 올린 솜사탕에이드, 코로나리타를 응용해 만든 블루베리, 라즈베리, 오렌지 등의 리타 등을 판매한다.

치킨전문점의 혁신적인 변화다. 강남역 주변에는 치킨과 갑오징어 튀김을 함께 판매하는 곳도 있다. 작은 꽃게 튀김을 얹어서 판매하기도 하는데 꽤 독특한 발상이다. 이처럼 치킨전문점에서 팔지 않았던 메뉴들을 치킨과 콜라보해서 다양한 메뉴를 만들면 소비자들의 관심을 이끌어내는데 수월하다.

3) 개인 창업보다 안정적인 프랜차이즈를 통한 조기 안정

아직까지 치킨과 다른 업종의 대표메뉴를 콜라보해서 성공시킨 사례가 많지 않다. 치킨과 피자, 치킨과 샐러드 등의 다른 업종과의 콜라보레이션이 향후 치킨 시장의 성장을 좌우할 것이다. 즉, 치킨과 맥주를 함께 판매할 경우, 치킨집의 정체성을 살리되, '치맥'이라는 단어가 주류전문점의 의미를 가지기 때문에 이자카야 또는 '2차'로 가는 술집 중에서 인기 있는 메뉴 2~3가지 정도를 함께 판매하면 도움이 된다. 예를 들어 통골뱅이, 새우튀김 등이 그것이다. 이렇게 치킨배달 아이템으로 사업을 한다면 프랜차이즈 밖에 없다. 이럴 경우 프랜차이즈 브랜드 선택이 가장 중요하다. 또한 상권보호가 어디까지 되며, 실제 수익률이 어느 정도인지 꼼꼼히 따져봐야 한다. 그리고 배달전문점은 마케팅이 중요하다. 본사에서 브랜드와 제품에 대한 광고와 마케팅을 적극적으로 실행하는지도 눈여겨봐야 한다.

여기에 가족이 도움을 준다면 더할 나위 없이 좋다. 인건비를 줄이는 것 또한 성공창업의 중요한 포인트이기 때문이다.

부록

창업 및 업종 전환, 신규사업 가이드

〈표 1〉 외식산업의 구성요소

외식산업의 구성요소				
가격	식음료	인적서비스	물적서비스	편리성

〈표 2〉 외식기업 경영형태의 장·단점

구분 ＼ 방법	초기투자	경험도	사업운영 책임도	실패율	재정 위험도	보상
직영	높다	높다	높다	높다	높다	높다
가맹	보통 이하	최저	보통	보통	보통	보통 이상
인수	보통	높다	높다	높다	높다	높다
위탁	없음	보통 이상	보통	보통	보통	보통 이하

〈표 3〉 업종별 분류

외식산업	음식중심	일반음식점	일반음식점	한식점
				일식점
				양식점
				중식점
				기타
			특수음식점	열차식당
				항공기내식당 기내사업
				선박 내 식당
			숙박시설 내 음식점	호텔 내 식당
				리조트,콘도,여관 내 식당(1970년 이전)
		단체음식	학교	초,중,고,대학
			기업	구내식당
			군대방위시설	군대
				전투경찰
				경찰
				교도소
			병원	구내식당
			사회복지시설	연수원
				양로원
				고아원
	음료중심		찻집,술집	커피전문점
				호프집
				술집(대중유흥업소)
			요정,바	요정
				바
				카바레
				나이트클럽, club

〈표 4〉 한식의 유형별 종류

품목	세부종목	품목	세부종목
해물류	조개찜 조개구이 게찜 바닷가재찜 낙지볶음 굴회 오징어볶음	전류	파전 빈대떡 모듬전 오코노미야키
생선류	갈치구이 코다리찜 광어회 장어구이 장어직화 장어양념구이	국물류	된장찌개 부대찌개 청국장 순두부 북어국
육류-쇠고기	쇠고기등심 쇠고기갈비 쇠고기 불고기 쇠고기 샤브샤브	디저트류-빵	샌드위치 초콜릿 케이크 와플 바게트
육류-돼지고기	돼지고기 삼겹살 돼지갈비 돼지등갈비	디저트류-음료	생과일주스 아이스크림 빙수 생과일 요거트 스무디
육류-닭고기	닭튀김 삼계탕 닭강정 닭갈비	디저트류-커피	커피 북카페 애견카페 키즈카페
육류-족발	족발 냉족발 오븐구이족발 쌈족발	출장음식	도시락 제사음식 홈파티
면류	자장면 짬뽕 냉면 잔치국수 메밀	주류	소주 맥주 생맥주 와인 막걸리
탕류	갈비탕 샤브샤브 설렁탕 삼계탕 매운탕	분식류	순대류 튀김 떡볶이 우동 김밥
한식	비빔밥 패쌈밥 영양밥 김밥 죽	뷔페류	패밀리뷔페 해산물뷔페 고기뷔페 샐러드뷔페 디저트뷔페 채식뷔페

〈표 5〉 외식업계 업종별 트렌드 핵심 (키워드)

창업할 수 있는 외식 종목들 간 콜라보레이션(모둠+조합) 메뉴

업종	키워드	상세 키워드
한식	건강한 삶과 간편식 시장확대	4S(safety, show, self, single), 건강, 간편식, 유기농, No MSG, 오픈키친, HMR
패밀리 레스토랑	감성을 추구하는 융복합화	콜라보레이션, 감성, 시장 다각화, 초니치 마켓
치킨	카페형 매장과 스포츠 마케팅	가치소비, 힐링, 프리미엄, 싱글족, 치맥 스포츠 마케팅, 간편식, 안전, 차별화, SNS
주점	복고와 엔도르핀 디쉬	복고, 감성, 소형화, 차별화, SNS 콜라보레이션, 인테리어, 합리적 가격
커피	고급 원두와 부티크 매장	웰빙, 건강한 재료, 소형화, 전문화, 차별화, 콜라보레이션, 고급화, 부티크, 복고, 인테리어, 사회공헌, 해외진출
피자	웰빙과 프리미엄의 합리적 소비	웰빙, 고급화, 합리적 가격, 안전·안심, 스포츠마케팅, 복고·향수, 엔도르핀 디쉬, 콜라보레이션, 소형화, 건강한 재료, 싱글족
이탈리안 레스토랑	착한 소비와 건강한 식생활	착한 소비, 오가닉, 건강, 와인
분식	합리적인 가격과 콜라보레이션	콜라보레이션, 소형화, 프리미엄, 합리적 가격, 소량화, 간편식, 싱글족
패스트푸드	안전하고 합리적인 가격	합리적 가격, 간편식, 싱글족, 안심·안전
디저트	매스티지족의 진정성	콜라보레이션, 건강한 재료, 진정성, 유기농, 프리미엄, 인테리어, 독창성

〈표 6〉 소비자 유형별 기호와 변화

소비자 진화 양상 단계 ▼	새로운 소비자 집단 ▼
마담슈머(Madame + Consumer) 구매 결정권을 가진 주부들의 시각에서 제품 평가	바이슈머(Buy + Consumer) 해외에서 판매되는 물품을 직접 구입하는 소비자 (직구족)
⇩ 트라이슈머(Try + Consumer) 기존 정보에 의존하지 않고 제품을 직접 써본 뒤 평가	모디슈머(Modify + Consumer) 제조업체에서 제시하는 방식이 아닌 자신만의 방법으로 재창조 해내는 소비자
⇩ 크리슈머(Creative + Consumer) 신제품 개발이나 디자인, 서비스 등의 문제에 적극 개입해 의견을 제시	스토리슈머(Story + Consumer) 기업에 제품과 관련된 자신의 이야기를 적극적으로 알리는 소비자
⇩ 프로슈머(Producer + Consumer) 제품의 생산단계에 직접 관여하거나 소비자가 생산까지 담당	쇼루밍족(Showrooming) 오프라인 매장에서 제품을 보고 온라인을 통해 저렴하게 구매하는 소비자(실속 중시) VS 역쇼루밍족(Reverse Showrooming) 온라인에서 검색을 통해 제품을 결정한 뒤 오프라인에서 구매하는 소비자
⇩ 가이드슈머(Guide + Consumer) 기업의 생산현장을 검증하고 잘못된 점은 지적, 잘한 점은 홍보	

⟨표 7⟩ 외식 브랜드의 구성 요소

브랜드 아이덴티티	브랜드 네임, 브랜드 로고, 브랜드 컬러, 브랜드 캐릭터, 브랜드 슬로건
메뉴	메뉴 구성, 원재료 선택, 조리 방식, 메뉴명, 프리젠테이션, 식기 선택, 메뉴 제공 방식
서비스	서비스 정도, 서비스 방식, 서비스 특성
분위기	SI(Store Identity), 음악(music), 조명(lighting), 유니폼(uniform), 사인(signage)
입지	지역, 입점 형태(free standing/building-in)
가격	가격, 좌석회전율, 식재료비, 인력 및 인건비, 임대료 수준, 할인정책

〈표 8〉 브랜드 아이덴티티의 도출

기능적 속성	맛의 동질성, 볼의 차별성, 메뉴의 다양성, 양의 풍부함, 시간 절약, 이벤트의 독창성, 접근 편의성, 인테리어의 간결성, 가격대비 맛과 양, 가격의 합리성		
이성적 혜택	통일성, 신속성, 다양성, 합리성, 편리성, 독창성, 전문성		
감성적 혜택	신선함, 생동감, 젊음	친근함, 즐거움, 정겨움	편안함, 재미있음
성격	▼ 독특함	▼ 공유성	▼ 편안함
브랜드 아이덴티티	⇩ 스파게티로 특화된 캐주얼 레스토랑		

〈표 9〉 브랜드 콘셉트 키워드의 개발

키워드	내용
다양성	메뉴와 이벤트의 다양성
통일성	각 매장 간 메뉴의 맛, 인테리어의 동질성
합리성	가격대비 맛과 양, 서비스의 만족감
신속성	시간 절약
전문성	네이밍에서의 전문성, 메뉴의 전문성
편리성	접근과 이용, 서비스의 편리성
신선함	음식의 신선함, 신선한 식자재, 이벤트와 제공 방식(홀서비스)의 새로움
생동감	동적이고 활발한 분위기, 생동감 있는 인테리어
젊음	매장 분위기, 주된 색상, 방문하는 고객과 직원의 젊음
친근함	고급스럽지 않고 대중적이며 부담스럽지 않은 친근함
즐거움	밝고 화사한 인테리어와 가격대비 맛과 양이 좋은 것에서 오는 즐거움
정겨움	오픈된 주방이나 인테리어, 함께 나눠먹는 정겨움
편안함	인테리어의 편안함, 위치의 편안함, 서비스나 가격 등의 심리적 편안함
재미	이벤트의 재미, 메뉴를 고르는 재미, 홀서비스의 재미
독특함	홀서비스의 독특함, 패밀리레스토랑과는 다른 분위기와 서비스
공유성	음식을 나눔으로서 얻게 되는 정서의 공유

〈표 10〉 콘셉트 도출 사례

고객 이미지	개성을 추구하는 여대생 (20대 여성)	해외여행 경험이 있는 젊은 세대	신세대 직장인	자유 직업가와 보보스족	아침 일찍 출근하는 직장인
고객 이익	자신만의 공간, 자유롭게 대화	해외에서 경험한 커피 맛	친구와 여유로운 대화, 독특하고 맛있는 장소	다양한 커피 선택, 노트북 PC이용	간단한 빵과 커피
입지 이미지	이대 앞, 대학로, 프레스센터, 명동역, 강남역, 삼성역, 코엑스, 역삼역, 광화문				
고객 서비스	창가 쪽 1인 좌석, 자유공간, 바리스타, 테이크아웃 서비스, 고객 맞춤 커피, 무선 랜 서비스, 포인트제도, 페이스트리				
고객 시나리오	창가에서 음악을 들으며 혼자 책을 본다, 커피향이 나는 포근한 소파에서 친구와 부담 없이 대화한다. 여자 친구와 극장에 가기 전에 만나서 영화 이야기를 하며 즐긴다, 직장 동료와 점심 식사 후 커피를 테이크아웃하여 마신다. 여기저기 뛰어다니다 자투리 시간에 무선 랜을 이용하여 업무를 한다, 일찍 출근하여 회사 근처에서 여유로운 아침을 시작한다.				
목표 콘셉트	세계 최고의 커피를 주문하여 직접 에스프레소 방식으로 즐길 수 있는 커피숍, 혼자 있을 때는 편안하게, 친구와 같이 있을 때는 즐겁게 대화할 수 있는 커피숍, 고객의 오감을 만족시켜주는 문화가 있는 커피숍				

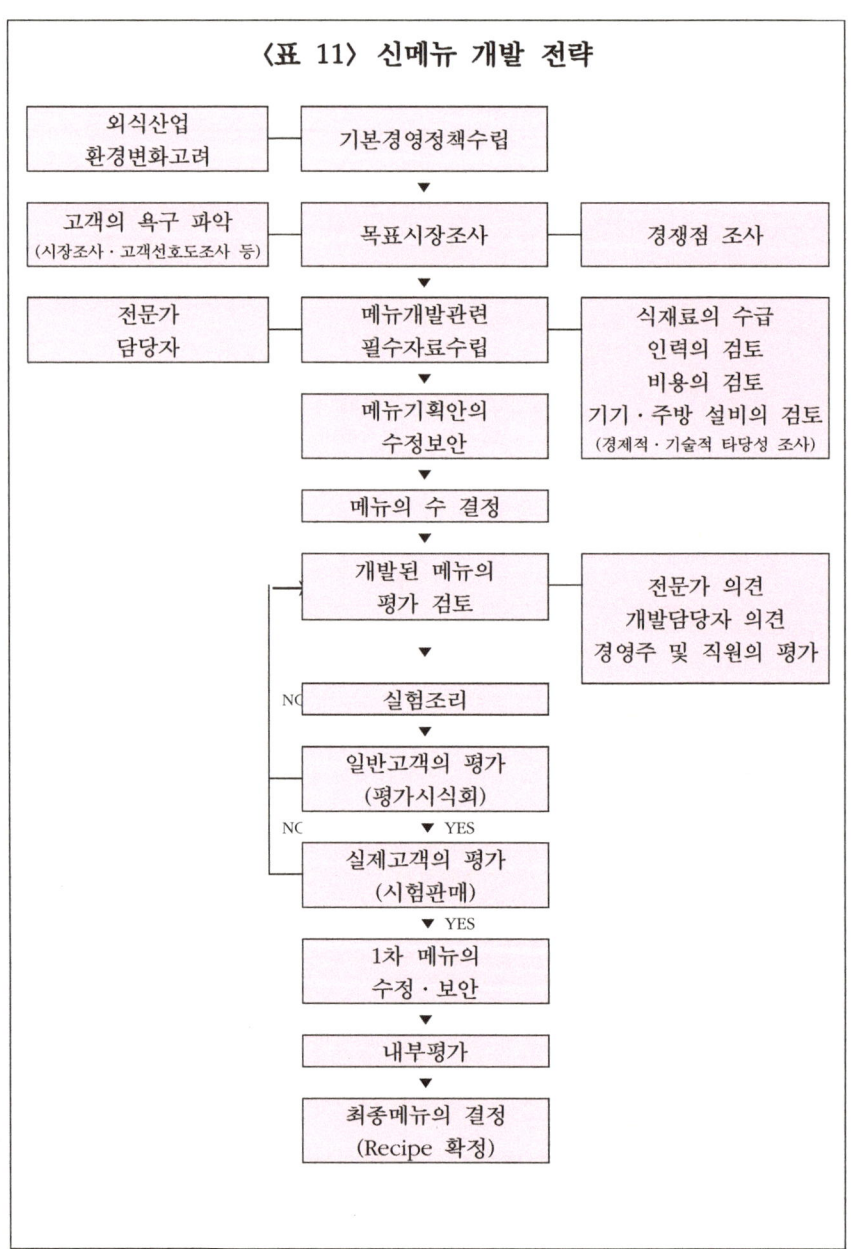

〈표 11〉 신메뉴 개발 전략

외식산업 환경변화고려	기본경영정책수립

고객의 욕구 파악 (시장조사·고객선호도조사 등)	목표시장조사	경쟁점 조사

전문가 담당자	메뉴개발관련 필수자료수립	식재료의 수급 인력의 검토 비용의 검토 기기·주방 설비의 검토 (경제적·기술적 타당성 조사)

메뉴기획안의 수정보안

메뉴의 수 결정

개발된 메뉴의 평가 검토	전문가 의견 개발담당자 의견 경영주 및 직원의 평가

NC 실험조리

NC 일반고객의 평가 (평가시식회) YES

실제고객의 평가 (시험판매) YES

1차 메뉴의 수정·보안

내부평가

최종메뉴의 결정 (Recipe 확정)

〈표 12〉 메뉴의 적합성 평가

주요항목 및 평가요소	세부검토사항	
소비기호 (연령별, 직업별)	• 타깃연령대가 좋아하는 음식인가? • 음식이 깔끔하고 정갈한가? • 타깃연령대의 수준에 적합한가? • 계절 메뉴나 계절 식재료를 사용할 수 있는가? • 건강식, 다이어트식, 기능식인가? • 맛 유지와 양은 적절한가? • 메뉴가격대는 어떤가? • 어린이용 메뉴구비와 디저트는 준비되어 있는가? • 가족고객이 좋아하는가? • 단순식사로 적합한가? • 메뉴북은 깨끗하고 설명이 충분한가? • 행사메뉴(모임, 회식, 기타)로 적합한 메뉴인가?	
점포, 입지, 시장	• 주변 시장의 가격대는? • 접근성(편리성)은? • 시장성(시장수요)은? • 적합한 건물인가? • 경쟁상태는? • 성장 가능한 입지인가? • 유동인구는 얼마나 되는가? • 주차시설은 되어 있는가?	• 혐오시설은 없는가? • 홍보성(가시성)은? • 적합한 입지인가? • 점포규모는? • 상권내의 외식 성향은? • 집객 시설이 있는가? • 유동차량은 얼마나 되는가?
경영효율 (경영관리 계수관리)	• 매출이익은? • 객단가는? • 메뉴관리는 용이한가? • 점포관리는? • 구매의 난이도는?	• 회전율은? • 원가(재료비,인건비,제경비)는? • 서비스의난이도는? • 경영주의 메뉴 이해도는? • 직원 채용은?
식사형태	• 조식 • 중식 • 간식 • 석식 • 미드나이트	
판매방식	• 내점(Eat in) • 배달 • 포장판매 • 복합판매 가능성은?	

〈표 13〉 외식 브랜드 주기별 커뮤니케이션 전략

도입기 (사업홍보)	• 모델샵의 영업 활성화에 총력 • 언론에 기사화 • 브랜드 인지도 제고를 통해 계약 유도 • 체험마케팅을 통한 점포 이용유도 • 예비창업자 홍보
성장기 (성공모델의 정착)	• 기획 사업설명회 개최(명강사 초청 등) • 도입기보다는 광고 홍보 효력감소 • 성공사례 만들기 • 성공사례를 바탕으로 한 현장 확인계약 실적 기대 • 경쟁업체 진입 시 탄력적으로 시장 전략 전개
성숙기 (브랜드지명도 확대)	• 성공사례를 중심으로 한 계약 실적 증가 • 브랜드 정체성 관리 강화(표준화, 전문화, 단순화) • 유지광고/홍보시행 • 브랜드 이미지 관리 • 메뉴개발 및 보완
쇠퇴기 (현상유지/ 신규사업)	• 계약실적 쇠퇴 • 브랜드파워 유지 • 고객욕구 분석을 기초로 한 사업 컨셉 조정 • 재정비 및 제2브랜드 런칭 • R&D 성장전략

⟨표 14⟩ 라이프 사이클에 따른 단계별 관리전략

구분	도입기	성장기	성숙기	쇠퇴기
소비자	소비 준비	소비 시작	소비 절정	소비 위축
경쟁업소	미약	증대	극대	감소
창업시기	창업 준비	창업 시작	차별화	업종변경
매출	조금씩 증가	최고로 성장	평행선	하락
제품 (메뉴)	지명도 낮다	지명도 급상승 및 모방 시작	지명도 최고 제품의 다양화	신 메뉴로 대체시기
유통 (판매)	저항이 높고 점두판매위주	저항 약화되고 주문이 쇄도	주문감소 가격파괴현상	가격파괴절정 생존경쟁으로 재정비
촉진	광고 및 PR 활동성행	상표를 강조하고 경쟁적	캠페인활동 성행 및 제품의 차별성 강조	수요는 판촉에 비해 효과가 미흡
가격	높은 수준	가격인하 정책실시	가격최저로 가격에 민감	재정비에 따른 가격 인상정책
커뮤니케이션	체험마케팅을 통한 이용유도	성공사례를 바탕으로 현장실적기대	유지강화 브랜드 정체성 관리강화, 성공사례를 중심으로 계약실적증가	계약실적 쇠퇴, 신규사업진출 모색, 고객욕구분석으로 사업 컨셉 조정
진행기간	1년차	2년차	3년차	4년차

⟨표 15⟩ 외식산업의 소득 수준별 발전

구분	GNP($)	성장과정	주요업체등장
1960년대	100 ~200	식생활의 궁핍 및 침체기(6·25전쟁 후), 밀가루 위주의 식생활 유입(미국 원조품), 분식의 확산 및 식생활 개선 문제 부상	뉴욕제과(67), 개업업소 및 노상 잡상인 대량 출현
1970년대	248 ~ 1,644	영세성 요식업의 우후죽순 출현, 경제 개발 계획에 따른 식생활 향상, 해외브랜드 도입 및 프랜차이즈 태동, 국내프랜차이즈 시작 : 난다랑(79.7), 서구식 외식업 시작 : 롯데리아(79.10)	가나안제과(76) 난다랑(79) 롯데리아(79)
1980년대 초반	1,592 ~ 2,158	외식 산업의 태동기(요식업→외식산업), 영세 난립형 체인점 출현(햄버거, 국수, 치킨 등), 해외 유명브랜드 진출 가속화	아메리카(80) 윈첼(82) 짱구짱구(82) 웬디스(84) KFC(84) 장터국수(84) 신라명과(84) 등
1980년대 후반	2,194 ~ 4,127	외식산업의 적응 성장기(중소기업, 영세업체난립), 식생활의 외식화·레저화·가공식품화 추세, 패스트푸드 및 프랜차이즈 중심 시장 선도, 패밀리 레스토랑·커피숍·호프점·베이커리·양념치킨 등 약진	맥도날드(86) 피자인(88) 코코스(88) 도투루(89) 나이스데이(89) 만리장성(86)
1990년대 초반	5,569 ~ 10,000	외국산업의 전환기(95년 산업으로서 정착), 중·대기업의 신규진출 러시 및 유명브랜드 도입, 프랜차이즈 급성장 및 도태, 시스템 출현(외식근대화)	나이스데이 씨즐러 스카이락 TGIF 등 아웃백, 빕스, 베니건스, 애슐리, 마르쉐 등

구분	GNP($)	성장과정	주요업체등장
1990년대 후반	6,500 ~ 9,800	IMF로 경기침체, 전체적인 침체, 불황 중 실직자들의 생계수단과 고용 창출 효과, 침체기에도 꾸준한 성장을 이룸, 다양한 형태의 소비패턴에 따른 점포의 변화	서울 경기지역 외식기업 포화 상태로 지방음식의 체인화와 수도권 중심의 패밀리 레스토랑의 지방 진출과 발전
2000년대 초반	10,000- 15,000	웰빙 문화로 인한 패스트푸드의 변화, 광우병피동으로 일부 신입 심각한 타격, 조류독감으로 치킨업계 일시적인 위기, 꾸준한 발전으로 전체 국민 노동력의 50%이상 고용 창출한 거대산업으로 발전	프랜차이즈 포화, 국내 브랜드 등장
2000년대 후반	15,000- 21,500	국내브랜드 프랜차이즈 대거 등장 및 대기업·식품업계의 외식산업 진출, 대기업 3세들의 외식산업진출(신세계:스타벅스로부터시작-투썸플레이스 등)	(할리스, 카페베네 등)
2010년대 초반	21,500 ~ 25,000	경기침체와 세월호 사건으로 인한 외식위주의 식단이 집으로 이동, 정부규제에 의한 외식분야와 식품분야의 위축	대기업 진출에 대한 정부규제, 상생과 공생의 기업 논리
2010년대 후반	25,000 ~ 30,000	대기업 외식산업이 상생과 공생을 내세운 중소기업 외식 정책으로 변화, 대기업의 외식산업 진출 금지, 외식문화의 침체기와 과다 경쟁	CS를 통한 기업 이익과 고객만족 공존

〈표 16〉 한국의 외식산업 발전과정

연대	발전내용	주요업체
1960년대 이전	• 전통 음식점 중심의 음식업 태동기 • 식생활 및 식습관의 가내 주도형 • 식량지원 부족(생존단계)	• 이문설렁탕(1907) • 용금옥(1930) • 한일관(1934) • 조선옥(1937) • 안동장(1940) • 고려당(1945) • 남포면옥(1948)
1960년대	• 6·25전쟁 후 식생활 궁핍 및 음식업 침체기 • 혼분식 확산(미국원조 밀가루 위주의 식생활)	• 삼양라면 최초 시판(1963) • 비어홀(1964) • 코카콜라(1966) • 뉴욕제과 신세계 본점 프랜차이즈 1호점(1968)
1970년대	• 해외브랜드 도입기 • 프랜차이즈 태동기 • 대중음식점 출현	• 난다랑(1979) 국내 프랜차이즈 1호 • 롯데리아(1979) 서구식 외식 시스템 시발점
1980년대	• 외식산업 전환기 • 해외브랜드 진출 가속화 • 국내 자생브랜드 난립 • 부산 아시안 게임(1986) • 서울 올림픽(1988)	• 아메리카나(1980) • 서울 프라자 호텔이 여의도 전경련 빌딩, 프라자(한식당), 도원(중식당), 연회장 운영(1980) • 원첼도우넛, 버거킹(1982) • 서울 프라자호텔 열차식당 운영(1983) • 웬디스, 피자헛, KFC(1984) • 맥도널드(1986) • 피자인, 코코스, 크라운베이커리, 나이스데이, 놀부보쌈(1988)

연대	발전내용	주요업체
1990년대	• 외식산업 성장기 • 대기업 외식산업 진출 • 패밀리레스토랑 진출 • 전문점 태동	• TGIF 판다로시(1992) • 시즐러(1993) • 데니스, 스카이락, 케니로저스 (1994) • 토니로마스, 베니건스, 블루노트, BBQ(1995) • 마르쉐(1996) • 칠리스, 우노, 아웃백스테이크하우스(1997)
2000년대	• 외식산입의 전성기 • 식품업계의 외식산업 진출 • 대기업의 외식산업 점령 • 골목상권 장악 • 자금력에 의한 규모화	• 커피(음료)전문점의 강세, 포화 • 해외진출사례 (할리스 토종브랜드)
2010년	정부의 규제와 경기침체로 인한 외식산업 침체기, 외식업의 다양화를 통한 커피전문점의 활성화를 꾀하고 있으나 국내포화로 인한 도산위기, 해외진출의 판로가 절실	• 첫손님가게(2013년2월) -기부문화의 정착 • 공생과 상생의 기로 • 대기업의 골목상권진출 금지 등
2020년	• 프랜차이즈를 중심으로 한 한류 K-Food 확산 • 해외 진출 본격화 • 맛, 웰빙, 디테일이 주도 • 성장 정체	• 놀부 NBG • 치킨 브랜드 • CJ 푸드빌 해외 100호점(2012) • 파리바게트(2015년 해외 200호점 개설)

〈표 17〉 국내 프랜차이즈 산업의 변천사

시대별	구분	주요 브랜드 및 이슈
1970년대	**태동기** • 프랜차이즈 산업모델 국내 첫선 • 기업형 프랜차이즈 탄생	• 1977년 림스치킨 • 1979년 7월 국내 프랜차이즈 1호점 난다랑(동숭동) • 1979년 10월 롯데리아 소공동
1980년대	**도입 및 성장기** • 패스트푸드 도입에 따라 대기업 외식업진출 • 해외 패스트푸드 프랜차이즈 국내 진출 • 한식 프랜차이즈시작 (놀부보쌈/송가네왕족발/감미옥 등) • 88서울 올림픽 개최	• 1982년 페리카나 • 1983년 장터국수 • 1984년 KFC/버거킹/웬디스 • 1985년 피자헛/피자인/베스킨라빈스 • 1986년 파리바게트 • 1987년 투다리 • 1988년 코코스 • 1989년 도미노피자/놀부/멕시카나
1990년대	**성숙기** • 국내 프랜차이즈 기반 구축 • 국내 최초 패밀리 레스토랑 개념 도입 • 1988년 외환위기 • 1989년 (사)한국 프랜차이즈산업협회 설립	• 1990년 미스터피자 • 1991년 원할머니보쌈/교촌치킨 • 1992년 맥도날드/TGIF 사업개시 • 1993년 한솔도시락/미다래/파파이스 • 1994년 데니스/던킨도너츠 • 1995년 베니건스/토니로마스/씨즐러/BBQ • 1996년 김가네/마르쉐/쇼부 • 1997년 빕스/아웃백스테이크/칠리스/우노 • 1998년 쪼끼쪼끼/스타벅스/코바코 • 1999년 BBQ 국내 최초 가맹점 1000호점 달성 • 1999년 (사)한국프랜차이즈협회 설립인가

시대별	구분	주요 브랜드 및 이슈
2000년대	**해외진출 초창기** **일부 업종 포화기** • 국내 외식브랜드 중국, 일본 등 해외진출 가속화 2002년 한일 월드컵 개최 • 치킨프랜차이즈 붐업	• 2000년 미소야, 투다리 중국 청도 진출 • 2001년 퀴즈노스/매드포갈릭/사보텐/ 파스쿠찌 • 2002년 파파존스/본죽, 분쟁조정협의회 설치 • 2003년 프레쉬니스버그/명인만두/ 피쉬앤그릴/BBQ 중국 진출 • 2004년 크리스피크림도넛 • 2005년 뚜레쥬르 중국 진출 • 2006년 토다이, 놀부 일본 진출 • 2007년 BBQ 싱가포르 진출
2010년대	**서성상기** **해외진출 가속화** • 식재료 수급 불안정 • 해외진출 가속화 • 외식업관련 법과 제도 정비 • 중소기업 적합업종 선정 • 대기업 빵집 사업 철수 • 공정위 모범거래기준안 발표 • 가맹사업법 추진 • 음식점 금연구역 전면시행(2015) • 디저트 업종 활성화 • 일본, 유럽 등 해외디저트브랜드 도입 활발 • 소프트아이스크림, 팥빙수, 츄러스 등 브랜드 활성화	• 2010년 채선당 인도네시아 진출 • 2012년 파리바게뜨 중국 100호점, CJ푸드빌 해외 100호점 • 2011년 놀부 NBG, 美 모건스탠리PE에 지분 매각, 제스터스, 잠바주스, 망고식스 • 2012년 베코와플, 투뿔등심, 와플트리, 모스버거 • 2013년 바르다김선생, 고봉민김밥, 설빙, 깐부치킨, 이옥녀팥집, 족발중심, 미스터시래기, 고디바, 소프트리 • 2014년 자연별곡, 올반, 계절밥상 등 한식뷔페 • 2015년 11월 미스터 피자 중국 100호점 출점 • 2015년 12월 파리바게뜨 해외 200호점

〈표 18〉 시대별 외식브랜드(메뉴)콘셉트의 변화추이

메뉴	시대	외식 브랜드
햄버거	1980~1985	롯데리아, 아메리카나, 빅웨이
면류	1986~1988	장터국수, 다림방, 다전국수, 민속마당, 국시리아, 참새방앗간
양념치킨	1988~1990	페리카나, 처갓집, 림스치킨
보쌈	1990~1992	놀부보쌈, 촌집보쌈, 할매보쌈
우동		언가, 천수, 나오미, 기소야
신개념퓨전 레스토랑		(피자, 햄버거, 아이스크림, 통닭 등 모두 판매) 굿후렌드, 코넬리아, 아톰플라자, 해피타임
쇠고기뷔페	1992~1993	엉클리 외
커피		쟈뎅, 미스터커피, 왈츠, 브레머
피자	1993~1994	시카고피자, 피자헛, 도미노피자
피자뷔페	1994~1996	베네벤토, 아마또, 오케이, 베니토, 카이노스
탕수육		탕수 탕수 외
김밥		종로김밥, 김가네김밥, 압구정김밥
조개구이	1996~1997	조개굽는 마을, 미스조개 열받네, 바다이야기, 조개부인 바람났네
칼국수		봉창이해물칼국수, 유가네칼국수, 우리밀칼국수
북한음식		모란각, 통일의 집, 고향랭면, 발용각, 진달래각
요리주점	1997~1999	투다리, 칸, 천하일품, 대길, 기린비어페스타

메뉴	시대	외식 브랜드
찜닭		봉추찜닭, 고수찜닭, 계백찜닭
참치		참치명가, 동신참치, 동원참치
에스프레소 커피	1999~2001	할리스, 커피빈, 프라우스타, 이디야
돈가스		라꾸라꾸, 하루야, 패밀리언
생맥주		쪼끼쪼끼, 해피리아, 블랙쪼끼, 비어캐빈
아이스크림		레드망고, 아이스베리
회전초밥	2001~2003	스시히로바, 사까나야, 기요스시
하우스맥주		오키스브로이하우스, 플래티늄, 도이치브로이하우스
불닭		홍초불닭, 화계, 땡초불닭
퓨전 오므라이스		오므토토마토, 오므라이스테이, 오므스위트, 에그몽
중저가 샤브샤브	2004~2005	정성본, 채선당, 어바웃샤브
베트남 쌀국수		호아빈, 포베이, 포메인, 포타이

메뉴	시대	외식 브랜드
해물떡찜	2006~2007	해물떡찜0410, 크레이지페퍼, 홍가네해물떡찜
정육형 고깃집	2006~2007	다하누촌, 산외한우마을
저가 쇠고기		아지매, 우스, 꽁돈, 우쌈, 우마루, 행복한 우담
국수	2008~2009	(비빔국수, 잔치국수)망향비빔국수, 명동할머니국수, 산두리비빔국수, 닐니리맘보
일본라멘		하코야, 멘쿠샤, 라멘만땅, 이찌멘
카페	2008~2013	스타벅스, 카페베네, 파리바게뜨
떡볶이	2011~2012	아딸, 죠스, 국대, 동대문엽기떡볶이
샐러드, 집밥	2013~2014	샐러드뷔페, 계절밥상, 자연별곡
디저트카페	2015~2017	몽슈흐, 초코렛바, 빙수 등 디저트

〈표 19〉 업종별 음식점업 현황(2015년 기준)

분류		업체수		종사자수	
		(개)	%	(명)	%
음식점업	한식점업	299,477	65.1	841,125	59.9
	한식점 제외한 총합	159,775	34.9	562,513	40.1
	중국 음식점업	21,503	4.7	76,608	5.5
	일본 음식점업	7,466	1.6	33,400	2.4
	서양 음식점업	9,954	2.2	67,279	4.8
	기타 외국식 음식점업	1,588	0.3	8,268	0.6
	기관 구내 식당업	7,830	1.7	48,000	3.4
	출장 및 이동 음식업	511	0.1	2,620	0.2
	기타 음식점업	110,923	24.2	326,338	23.2
	소계	459,252	100.0	1,403,638	100.0
주점 및 비알콜 음료점업		176,488		420,576	
음식점업(합계)		635,740		1,824,214	

〈표 20〉 사업장 면적규모별 음식점 분포도(2015년 기준)

사업장 면적규모		음식점수(개)	(%)
30㎡ 미만	(9.3평)	75,977	12.0
30㎡~50㎡	(9.3평~15.4평)	131,003	20.6
50㎡~100㎡	(15.4평~30.9평)	271,277	42.7
100㎡~300㎡	(30.9평~92.6평)	135,299	21.3
300㎡~1,000㎡	(92.6평~302.5평)	19,856	3.1
1,000㎡~3,000㎡	(302.5평~907.5평)	2,057	0.3
3,000㎡	(907.5평)	271	0.1
합 계		635,740	100.0

〈표 21〉 종사자 규모별 음식점(주점업포함)

(2015년 기준)

종사자규모	음식점수(개)	(%)	종사자수(명)	(%)
1~4명	559,338	88.0	1,170,619	64.2
5~9명	61,176	9.6	375,014	20.6
10~19명	11,685	1.8	147,249	8.0
20명 이상	3,541	0.6	131,332	7.2
합계	635,740	100.0	1,824,214	100.0

〈표 22〉 년 매출규모별 음식점 및 종사원 분포도

(2015년 기준)

매출규모	음식점수(개)	(%)	종사원수(명)	(%)
50 만원 미만	156,598	34.1	282,449	20.2
50~100만원	150,523	32.8	347,310	24.7
100~500만원	132,474	28.8	503,483	365.9
500~1000만원	15,862	3.4	152,236	10.8
1000만원 이상	4,294	0.9	118,160	8.4
합계	459,252	100.0	1,403,638	100.0

〈표 23〉 음식점업 시도별 현황(2015)

구분	사업체수	사업체수 비중	종사자수	매출액	업체당 매출액	1인당 매출액
전국	635.7	100	1,824.2	79,579.6	125.1	43.6
서울	116.8	18.4	409.1	19,559.5	167.4	47.8
부산	47.1	7.4	135.7	5,921.2	125.6	43.6
대구	31.4	4.9	84.8	3,513.7	112.0	41.5
인천	29.8	4.7	85.1	3,845.9	128.9	45.2
광주	17.1	2.7	50.3	2,163.1	126.3	43.0
대전	18.3	2.9	54.2	2,559.1	140.0	47.2
울산	16.1	2.5	42.9	2,043.7	126.9	47.6
세종	1.6	0.2	4.1	185.2	116.7	44.7
경기	126.7	19.9	387.3	17,754.4	140.1	45.8
강원	29	4.6	68.8	2,521.8	86.9	36.7
충북	22.7	3.6	56.4	2,227.0	98.0	39.5
충남	28.2	4.4	71.8	3,056.2	108.3	42.6
전북	22.7	3.6	60.2	2,202.3	96.9	36.6
전남	25.6	4.0	60.7	2,262.0	88.5	37.3
경북	41.8	6.6	95.6	3,788.9	90.6	39.6
경남	49.9	7.8	125.4	4,906.1	98.3	39.1
제주	10.8	1.7	31.7	1,039.6	96.5	32.8

〈표 24〉 프랜차이즈 산업 주요 3개국 현황

구분	한국(2015년)	일본(2012년)	미국(2010년)
가맹본부 수	3,482	1,281	2,300
가맹점 수	207,068	240,000	767,000
매출액(년)	약 102조	약 22조 287억 엔	1조 달러
고용인원	124만	200~300만	1,740만
외식업 비중	본부 72% 가맹점 44%	외식업 17.5% (매출기준) 외식업 41.8% (본부기준)	외식업 42% 패스트푸드 31%

〈표 25〉 외식 프랜차이즈 현황

구분	외식가맹 본부 수	전체가맹 본부 수	외식가맹점 수	전체가맹점 수
2011	1,309(64%)	2,042	60,268(40.5%)	148,719
2012	1,598(66.4%)	2,405	68,068(39.8%)	170,926
2013	1,810(67.5%)	2,678	72,903(41.3%)	176,788
2014	2,089(70.3%)	2,973	84,046(44.1%)	190,730
2015	2,251(72.4%)	3,482	88,953(45.8%)	194,199

〈표 26〉 국내 프랜차이즈 현황(2015 기준)

가맹본부	가맹점
외식업 72%	외식업 46%
서비스업 19%	서비스업 31%
도·소매업 9%	도·소매업 23%

〈표 27〉 국내 프랜차이즈 현황(2015 기준)

년도	가맹본부 수	가맹브랜드 수	직영점 수	가맹점 수
2010년	2,042	2,550	9,477	148,719
2015년	3,482	4,288	12,869	194,199

〈표 28〉 국내 프랜차이즈 업종별 브랜드 수(단위:개)

년도	전체	외식업	서비스업	도소매업
2011년	2,947	1,942	593	392
2012년	3,311	2,246	631	434
2013년	3,691	2,263	743	325
2014년	4,288	3,142	793	353

<표 29> 국내 외식 프랜차이즈 가맹점 수(단위:개)

치킨	한식	주점	피자·햄버거
22,529	20,119	10,934	8,542
커피전문점	제빵·제과	분식·김밥	일식·서양식
8,456	8,247	6,413	2,520

<표 30> 외식 업종별 신생률(단위:%)

업종	수도권				비수도권
	서울	인천	경기	평균	
한식음식점	7.6	8.1	7.9	7.8	7.1
중식음식점	7.5	5.4	8.4	7.7	5.3
일식음식점	10.7	6.5	11.1	10.5	9.0
경양식음식점	9.9	13.6	11.8	10.6	10.8
패스트푸드점	9.4	10.9	12.1	10.8	13.4
치킨전문점	10.2	10.8	10.7	10.5	10.9
분식음식점	6.4	11.5	11.3	8.5	9.9
주점	9.6	8.4	10.2	9.7	8.0
커피숍	20.7	22.1	24.7	22.5	20.0

〈표 31〉 업종별 활동업체수 증감률(단위:%)

업종	수도권				비수도권
	서울	인천	경기	평균	
한식음식점	-1.3	-0.5	-1.1	**-1.1**	-0.4
중식음식점	0.1	-2.1	0.2	**-0.1**	-1.6
일식음식점	3.3	0.6	3.4	**3.1**	3.3
경양식음식점	1.6	5.7	3.5	**2.3**	2.0
패스트푸드점	-0.7	4.0	5.3	**2.4**	7.0
치킨전문점	1.4	0.9	2.9	**2.1**	3.8
분식음식점	-3.4	0.7	1.4	**-1.4**	1.9
주점	-0.3	0.2	0.9	**0.3**	1.2
커피숍	15.1	20.8	20.7	**18.0**	13.1

〈표 32〉 업종별 5년 생존율(단위:%)

업종	수도권				비수도권
	서울	인천	경기	평균	
한식음식점	55.4	57.0	56.4	**56.0**	61.7
중식음식점	63.5	69.6	61.4	**63.1**	72.2
일식음식점	59.5	50.0	57.3	**58.2**	68.0
경양식음식점	61.4	48.7	59.3	**60.5**	61.2
패스트푸드점	53.0	69.4	60.4	**58.2**	63.9
치킨전문점	61.9	54.7	59.8	**60.0**	63.4
분식음식점	49.9	54.0	49.8	**50.4**	58.0
주점	59.0	63.9	58.2	**59.1**	65.7
커피숍	57.4	64.8	48.7	**54.5**	51.6

〈표 33〉 수도권 업종별 생존기간 10년 미만 비율

업종	수도권(%)				비수도권(%)
	서울	인천	경기	평균	
한식음식점	53.9	50.4	56.7	54.9	45.9
중식음식점	47.3	45.2	53.7	49.9	37.5
일식음식점	63.5	46.4	62.2	61.7	54.0
경양식음식점	59.4	64.5	64.7	61.2	56.7
패스트푸드점	78.2	73.8	69.4	73.7	62.6
치킨전문점	68.5	69.7	71.6	70.3	66.5
분식음식점	43.6	65.7	64.3	52.7	57.0
주점	58.8	52.0	61.3	59.1	55.3
커피숍	86.5	76.2	84.4	84.5	70.3

〈표 34〉 업종별 상주인구기준 포화도 상위 지역

업종	서울	인천	경기
한식음식점	중구(3.6)	옹진군(2.1)	가평군(3.5)
중식음식점	중구(3.5)	중구(2.3)	가평군(2.8)
일식음식점	중구(3.8)	강화군(1.9)	평택시(2.9)
경양식음식점	종로구(2.9)	중구(2.0)	포천시(3.0)
패스트푸드점	강남구(4.7)	중구(1.5)	가평군(3.6)
치킨전문점	중구(2.4)	동구(1.6)	연천군(2.7)
분식음식점	종로구(3.3)	동구(1.9)	연천군(4.0)
주점	마포구(2.4)	부평구(1.3)	구리시(2.5)
커피숍	중구(3.9)	강화군(1.8)	연천군(3.2)

⟨표 35⟩ 2015년 활동업체 현황(단위:개,%)

		전국	수도권				비수도권
			서울	인천	경기	평균	
한식 음식점	개수	289,358	53,092	11,408	58,235	**122,735**	166,623
	증감	-2,015	-680	-56	-623	**-1,359**	-656
	증감률	-0.7	-1.3	-0.5	-1.1	**-1.1**	-0.4
중식 음식점	개수	21,428	4,030	999	3,970	**8,999**	12,429
	증감	-218	4	-21	6	**-11**	-207
	증감률	-1.0	0.1	-2.1	0.2	**-0.1**	-1.6
일식 음식점	개수	12,784	4,844	645	2,499	**7,988**	4,796
	증감	394	155	4	82	**241**	153
	증감률	3.2	3.3	0.6	3.4	**3.1**	3.3
경양식 음식점	개수	27,023	9,463	575	4,141	**14,179**	12,844
	증감	568	148	31	139	**318**	250
	증감률	2.1	1.6	5.7	3.5	**2.3**	2.0
패스트 푸드점	개수	8,283	1,738	366	1,837	**3,941**	4,342
	증감	378	-13	14	93	**94**	284
	증감률	4.8	-0.7	4.0	5.3	**2.4**	7.0
치킨 전문점	개수	36,895	5,745	1,987	8,966	**16,698**	20,197
	증감	1,085	80	18	250	**348**	737
	증감률	3.0	1.4	0.9	2.9	**2.1**	3.8
분식 음식점	개수	41,454	12,075	2,094	7,171	**21,340**	20,114
	증감	73	-423	15	102	**-306**	379
	증감률	0.2	-3.4	0.7	1.4	**-1.4**	1.9
주점	개수	65,775	12,396	3,908	13,941	**30,245**	35,530
	증감	512	-39	6	120	**87**	425
	증감률	0.2	-0.3	0.2	0.9	**0.3**	1.2
커피숍	개수	50,270	11,055	2,446	9,712	**23,213**	27,057
	증감	6,666	1,453	421	1,664	**3,538**	3,128
	증감률	15.3	15.1	20.8	20.7	**18.0**	13.1

〈표 36〉 국내 주요 50개 외식업체 2016년 실적

	법인명	대표브랜드	매출액		
			2016년	증감률	2015년
1	파리크라상	파리바게뜨	1,777,178,739,028	2.86%	1,727,743,711,101
2	CJ푸드빌	빕스	1,250,423,221,494	3.66%	1,206,274,856,583
3	스타벅스코리아	스타벅스	1,002,814,318,251	29.58%	773,900,207,510
4	롯데GRS	롯데리아	948,881,502,698	-1.17%	960,107,706,719
5	이랜드파크	애슐리	805,448,929,846	11.06%	725,259,064,288
6	농협목우촌	또래오래	539,706,247,053	06.05%	574,447,698,787
7	비알코리아	던킨도너츠	508,589,410,709	-2.24%	520,244,187,126
8	교촌에프앤비	교촌치킨	291,134,570,511	13.03%	257,568,343,023
9	비케이알	버거킹	253,165,340,964	-9.10%	278,519,490,955
10	제너시스BBQ	BBQ	219,753,548,128	1.80%	215,859,733,466
11	청오디피케이	도미노피자	210,258,669,230	7.61%	195,397,386,682
12	해마로푸드서비스	맘스터치	201,871,094,029	35.82%	148,630,305,769
13	에스알에스코리아	KFC	177,025,154,533	1.32%	174,724,909,649
14	더본코리아	새마을식당	174,871,404,102	41.18%	123,861,782,375
15	본아이에프	본죽	161,915,426,742	12.99%	143,298,606,904
16	이디야	이디야커피	153,544,611,986	13.30%	135,521,376,709
17	지앤푸드	굽네치킨	146,963,838,585	49.35%	98,403,070,608
18	커피빈코리아	커피빈	146,020,774,483	5.10%	138,938,692,307
19	할리스에프앤비	할리스커피	128,620,870,080	18.45%	108,584,230,041
20	놀부	놀부부대찌개	120,371,880,274	0.61%	119,644,883,536
21	엠피그룹	미스터피자	97,057,713,543	-12.03%	110,334,442,101
22	한솔	한솥도시락	93,450,170,833	8.69%	85,977,883,670
23	탐앤탐스	탐앤탐스	86,904,811,559	-2.09%	88,763,650,721
24	아모제푸드	카페아모제	77,709,476,186	-10.79%	87,021,856,784
25	카페베네	카페베네	76,579,195,280	-30.45%	110,110,201,113
26	토다이코리아	토다이	75,712,432,549	1.81%	74,366,111,820
27	원앤원	원할머니부쌈	75,335,571,616	-1.76%	76,685,431,644
28	디딤	신마포갈매기	65,752,103,510	6.20%	61,915,832,179
29	엔티스	경복궁	64,214,566,518	0.04%	64,191,883,374
30	전한	강강술래	62,605,427,065	16.76%	53,617,791,947

	법인명	대표브랜드	영업이익		
			2016년	증감률	2015년
1	파리크라상	파리바게뜨	66,466,341,645	-2.83%	68,401,992,788
2	CJ푸드빌	빕스	7,612,835,874	-27.61%	10,515,825,667
3	스타벅스코리아	스타벅스	85,263,869,944	80.87%	47,141,285,776
4	롯데GRS	롯데리아	19,265,680,668	43.52%	13,423,529,274
5	이랜드파크	애슐리	-13,042,395,296	적자지속	-18,567,855,117
6	농협목우촌	또래오래	2,388,904,185	-43.58%	4,234,412,263
7	비알코리아	던킨도너츠	40,507,512,902	-21.78%	51,789,190,475
8	교촌에프앤비	교촌치킨	17,697,273,857	16.81%	15,150,420,135
9	비케이알	버거킹	10,753,419,177	-11.41%	12,138,378,984
10	제너시스BBQ	BBQ	19,119,575,719	37.65%	13,889,867,948
11	청오디피케이	도미노피자	26,148,974,238	14.85%	22,763,349,909
12	해마로푸드서비스	맘스터치	17,257,002,377	93.95%	8,897,630,011
13	에스알에스코리아	KFC	-12,262,188,782	적자전환	2,519,865,023
14	더본코리아	새마을식당	19,762,485,462	80.08%	10,974,482,886
15	본아이에프	본죽	9,643,020,060	108.54%	4,624,133,933
16	이디야	이디야커피	15,785,054,983	-3.36%	16,333,174,813
17	지앤푸드	굽네치킨	14,074,334,840	150.02%	5,629,268,870
18	커피빈코리아	커피빈	6,415,508,347	63.97%	3,912,507,369
19	할리스에프앤비	할리스커피	12,733,558,418	85.71%	6,856,590,390
20	놀부	놀부부대찌개	4,471,311,917	71.67%	2,604,572,263
21	엠피그룹	미스터피자	-8,906,726,136	적자지속	-7,258,907,426
22	한솥	한솥도시락	7,537,969,650	-3.90%	7,844,235,483
23	탐앤탐스	탐앤탐스	2,361,398,129	-46.33%	4,399,702,445
24	아모제푸드	카페아모제	-691,750,183	적자지속	-514,452,289
25	카페베네	카페베네	-554,827,454	적자지속	-4,381,991,762
26	토다이코리아	토다이	1,890,163,061	-34.38%	2,880,632,811
27	원앤원	원할머니보쌈	1,906,415,161	28.04%	1,488,921,918
28	디딤	신마포갈매기	5,531,547,756	109.18%	2,644,406,000
29	엔티스	경복궁	3,495,529,796	6.93%	3,268,846,170
30	전한	강강술래	6,253,723,716	156.51%	2,438,038,325

	법인명	대표브랜드	당기순이익		
			2016년	증감률	2015년
1	파리크라상	파리바게뜨	55,101,759,875	6.56%	51,707,226,710
2	CJ푸드빌	빕스	5,213,030,763	흑자전환	-7,399,515,626
3	스타벅스코리아	스타벅스	65,250,646,249	130.68%	28,286,458,919
4	롯데GRS	롯데리아	-11,328,471,862	적자지속	-57,188,774,814
5	이랜드파크	애슐리	-80,415,701,255	적자전환	3,259,340,450
6	농협목우촌	또래오래	176,061,903	-96.06%	4,474,241,678
7	비알코리아	던킨도너츠	35,748,612,156	-17.04%	43,090,305,701
8	교촌에프앤비	교촌치킨	10,333,269,262	48.13%	6,975,624,101
9	비케이알	버거킹	8,041,478,568	-6.98%	8,644,484,103
10	제너시스BBQ	BBQ	5,622,355,657	-25.79%	7,575,978,570
11	청오디피케이	도미노피자	20,886,060,816	15.86%	18,027,199,494
12	해마로푸드서비스	맘스터치	9,295,865,326	52.53%	6,094,487,395
13	에스알에스코리아	KFC	-18,989,243,531	적자전환	1,239,410,933
14	더본코리아	새마을식당	19,246,938,573	176.53%	6,960,110,664
15	본아이에프	본죽	6,541,937,183	666.68%	853,282,435
16	이디야	이디야커피	11,157,627,325	-14.73%	13,085,209,896
17	지앤푸드	굽네치킨	9,051,485,230	98.68%	4,555,730,841
18	커피빈코리아	커피빈	4,274,213,864	68.04%	2,543,614,329
19	할리스에프앤비	할리스커피	9,112,688,828	97.97%	4,603,109,833
20	놀부	놀부부대찌개	34,729,365	흑자전환	-1,185,695,358
21	엠피그룹	미스터피자	-13,169,290,522	적자지속	-5,685,686,269
22	한솥	한솥도시락	5,937,412,411	-6.94%	6,379,860,772
23	탐앤탐스	탐앤탐스	-2,700,843,324	적자전환	1,006,075,983
24	아모제푸드	카페아모제	-2,894,719,809	적자지속	-2,831,863,842
25	카페베네	카페베네	-24,199,662,544	적자지속	-33,998,615,819
26	토다이코리아	토다이	-302,769,030	적자전환	60,192,423
27	원앤원	원할머니보쌈	1,050,809,166	-46.68%	1,970,922,444
28	디딤	신마포갈매기	3,882,856,783	206.73%	1,265,883,943
29	엔티스	경복궁	870,450,996	62.51%	535,619,685
30	전한	강강술래	4,044,752,337	204.26%	1,329,361,651

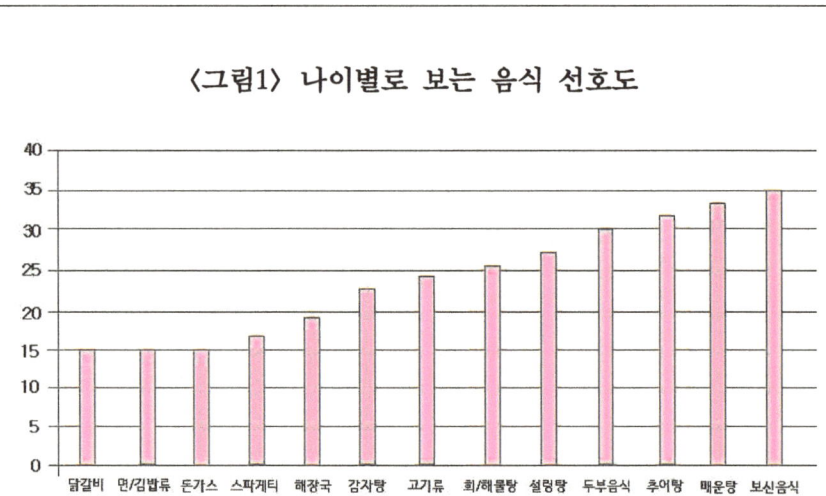

〈그림1〉 나이별로 보는 음식 선호도

〈표 37〉 외식장소 선택기준

연도	식당 선택기준
1985년	가격, 맛, 위생
1990년	맛, 청결, 가격
1995년	맛(87.1%), 서비스(4.6%), 분위기(4.4%)
2000년	맛(77%), 서비스(37.4%), 분위기(32.7%)
2005년	맛(72.3%), 가격(15.5%), 양(4.4%)
2010년	맛(71.2%), 분위기(10.2%), 교통(8.4%)
2015년	맛(82.6%), 분위기(25.2%), 교통(21.3%)
2017년	맛(77.3%), 분위기(7.1%), 가까운 위치와 교통(6.8%)

〈표 38〉 상권별 특징

구분	특징
오피스	- 말, 저녁 공백. - 직장인 상권의 경우 짧은 이동을 선호하는 경향이 강하여 어디에 입지하는가가 중요함. - 따라서 오피스 이면 유동인구가 많은 곳이 상대적으로 유리. - 직장인을 목표시장으로 하는 만큼 규모를 크게 하고 현대화된 환경으로 창업하는 것이 유리.
역세권	- 영업시간이 상대적으로 길고 자영업자의 피로도가 큼. - 24시간 성황, 주말 유입인구가 크고 업종이 다양하며 유흥성향이 상대적으로 강한 상권 곱창전문점은 B급지에 입지하는 것이 적당,
대학가	- 찾아다니며 소비하는 성향이 강해 상권이 넓게 형성. 따라서 입지 선택의 여건이 상대적으로 양호.
주택가	- 평일 공백 - 가족단위 소비자를 유입할 수 있는 환경을 구축하는 것이 필요
전문 쇼핑가	- 업종별 군집형태로 상권 발달 - 쇼핑가 자영업자를 목표시장으로 전문상가 인근에 입지

〈표 39〉 보쌈전문점 최적의 상권입지

적합상권 유형	장·단점	
제1후보지 주택가 진입로변상권	장 점	보쌈전문점 주 수요층의 접근성이 좋은 대단위 주택가 진입로 변 1층 매장이 가장 적합하다.
	단 점	주택가 상권의 경우 직장인 수가 적다. 점심 매출이 기대만큼 나오지 않을 수 있다.
제2후보지 아파트 주거지역	장 점	거주밀집지역의 틈새상권도 좋다. 배달을 전문으로 하는 소규모 업체라면 적극 추천한다.
	단 점	틈새 입지개발이 쉬운 일이 아닌 만큼 단골을 만들기 위한 노력이 필요하다.
제3후보지 역세권, 오피스밀집 상권	장 점	직장인 유동인구가 많은 역세권이나 오피스밀집상권, 먹자상권은 어떤 아이템이 들어가도 반은 먹고 들어갈 수 있다.
	단 점	보증금, 월세, 권리금이 높아 매출은 높으나 수익성이 떨어질 수 있다.

〈표 40〉 장어전문점의 최적 상권입지

제1후보지 사무실 밀집지역 및 도심 오피스상권 먹자골목		제2후보지 도심외곽 관광지 및 강변상권		제3후보지 주택가로 이어지는 대로변	
장점	단점	장점	단점	장점	단점
주택가 상권보다는 관공서 주변상권과 회식 수요가 있는 사무실 밀집지역이 적합하다. 30~50대 남성들의 분포가 많은 지역이라 장어의 수요가 많다.	직장인들을 대상으로 하는 저렴한 가격의 점심 메뉴를 개발해야 한다. 주5일 근무로 주말 매출이 저조할 수 있다.	장어 전문점은 보양식품이라는 인식이 크기 때문에 도심 한가운데보다 외곽지역에서 장어를 찾는 사람들이 많다. 임진강 일대, 고창 선운사 일대, 남양주 운길산역 일대가 장어타운이 형성된 이유다.	주말고객층과 평일고객층의 편차가 크다는 점이다. 수도권 상권의 경우 평일 접근성이 높은 지역 선정이 중요하다.	장어전문점 특성상 주택가 진입로 대로변 매장이 관건이다. 눈에 띄는 입지가 목적 구매고객을 공략할 수 있다.	평일 낮 매출을 담보하기 어렵다. 주부들의 계모임이나 동네의 크고 작은 행사를 유치하는 등 매출증대를 위한 전략을 세울 필요가 있다.

〈표 41〉 갈비 전문점의 최적의 상권입지

적합상권 유형		장·단점
제1후보지 (대단위 아파트 상권 내 외식상권)	장점	갈비 전문점의 주 수요층이라고 할 수 있는 주부·가족단위고객을 공략하는 데는 1만 세대 이상이 거주하는 아파트상권이 적합하다
	단점	아파트상권의 경우 분양가 거품으로 인해 점포임대가가 높기 때문에 자칫 투자 수익률이 떨어질 수 있는 위험성이 있다.
제2후보지 (주택가상권 대로변 입지)	장점	갈비 전문점은 대형화 전문화 바람을 타고 있는 아이템이다. 가시성과 접근성이 좋은 주택가 상권 진입로 대로변을 추천한다. 대형매장을 공략한다면 지역의 랜드마크 역할을 하면서 안정 수익을 확보할 수 있다.
	단점	대형 매장의 경우 점포구입비와 점포 시설투자비가 높다. 초기투자 비용이 상당하므로 쉽사리 진행하기 어렵다.
제3후보지 (역세상권 내 먹자골목)	장점	지속적인 안정 수요층을 확보하는 데는 역세상권의 먹자골목도 나쁘지 않다.
	단점	먹자골독 내의 경쟁점포가 많기 때문에 자칫 먹자골목 경쟁우위를 점유하지 못한다면 상권 내 경쟁구도에서 밀려날 수 있는 위험성이 높다.

〈표 42〉 닭갈비 전문점, 대학가·먹자골목 최적의 상권 입지

적합상권 유형		장·단점
제1후보지 (지하철역 인근 먹자골목)	장점	지하철역 인근 먹자골목이나 중심상가 이면도로는 닭갈비 전문점의 최적 입지다. 내부가 들여다보이는 1층 매장이면 더욱 좋다. 우선 유동인구가 많고, 저녁모임이 많이 이루어지는 곳이라 소모임이나 회식수요가 많다.
	단점	주 영업시간이 밤이기 때문에 늦은 시간까지 영업을 해야 한다. 체력이 뒷받침되지 않으면 운영에 차질을 빚을 수 있다.
제2후보지 (대학가 주변)	장점	닭갈비에 대한 선호도가 가장 높은 계층이 모이는 지역이다. 맛과 서비스에 관리를 잘하면 단골손님 확보가 용이하다.
	단점	점포 구입단계에서 투자비용이 높다. 물건을 구하기도 쉽지 않다. 어설프게 접근하면 손해만 볼 확률이 높다.
제3후보지) (사무실주변 유동인구 많은 곳)	장점	직장인들의 모임 장소로 콘셉트를 잡는 게 중요하다. 점심메뉴를 개발해 점심영업을 기대 할 수 있다.
	단점	주말 매출을 기대하기 어렵다. 저녁 매출이 중요한 업종이지만, 퇴근시간대 매출이 생각만큼 나오지 않을 가능성도 있다.

관통도로와 교통량에 따른 매출

관통도로란 시 경계선에서 시내와 시외를 연결하는 주요 도로를 말한다. 적은 자본으로 음식 장사로 한몫 잡고 싶다면 이들 관통도로의 교통량을 분석하는 것이 좋다. 국내에는 도시 크기가 매우 크고 근처에 거대 위성 도시를 끼고 있어도 관통도로에 하루 20만대가 넘는 교통량을 보이는 지역이 없다. 그럼 관통 도로의 교통량이 대강 어느 정도이면 음식점의 장사가 잘되는 것일까?

교통량이 많이 발생하는 관통 도로에는 도로를 따라 여러 개의 핵심 상권이 자생하고 있다. 음식점을 이 핵심 상권에 입점시키는 것도 좋은 방법이지만 건물 임대료가 비싸다. 이럴 경우에는 교통량을 믿고 대로변에 음식점을 입점시키는 것도 생각해볼 만하다. 남태령 고개를 예로 들어보면, 남태령 고개는 경기도 과천과 서울 사당동을 연결하는 고개 이름이다. 이 고개를 따라 서울 방향으로 발전한 상권이 사당동 역세권이다. 그 밑으로는 방배동 상권이 있다. 예전에는 시계를 연결하는 단순한 도로에 불과했으나 서울 외곽에서 서울 시내로 출퇴근하는 사람들이 많아지면서 사당동은 대형 상권으로 발전하였다.

관통 도로와 같은 대로변에 음식점을 입점시킬 때는 하루 평균 5만 대 정도의 교통량이 발생하는 도로로 생각해볼 만하다. 5만 대 수준이면 대강 맛이 있거나 분위기가 있는 요식업소라면 매출이 일정 이상으로 발생한다.

그렇다면 교통량 계산은 어떻게 하나? 어떤 한 지점의 교통량은 일반적으로 출근이 시작되는 아침 7시를 전후로 해서 늘어나기 시작한 뒤 8시부터 9시 사이가 그날의 최고 피크 타임이 된다. 그런 뒤 교통량이 일정 수준으로 계속 유지되다가 오후 퇴근 시간이 되자 교통량이 다소 늘어났다가 새벽 1시면 현저하게 줄어든다는 공통점이 있다.

즉 아침 9시대에 피크를 이루고 점심을 전후로 약간씩 줄어들었다가 저녁 퇴근 시간대에 다시 피크를 이룬 뒤 새벽 1시까지 천천히 감소하다가 새벽 1시를 넘으면 현저하게 줄어든다. 이로 인해 아침 피크 시간대의 교통량과 교통량이 제일 적은 새벽 4시경의 교통량은 3배에서 5배 정도의 차이가 발생한다.

교통량 조사 방식

관통 도로에서의 교통량은 오전(07~09시), 점심(11~14시), 퇴근 시간(17~19시) 사이에 측정한다. 새벽 1시부터 아침 7시까지의 교통량은 피크 타임의 3분의 1로 계산한 후 평균을 잡으면 하루 교통량의 윤곽이 대강 잡힌다.

일반적으로 주거 지역에서는 21시~23시 사이에 교통량이 점차 줄어들지만, 심야 영업이 활발한 지역은 21시~23시경에 다소 교통량이 늘어나는 특징을 가지고 있다. 따라서 술집을 창업하려면 그 지역(먹자골목 등)의 밤 21시부터 23시까지의 교통량을 측정하는 것이 좋다. 만일 21시를 기준으로 시간당 교통량의 유입 유출 합계가 3천대 이상이라면 그 지역은 심야 상권이 활발한 지역이라고 볼 수 있다.(밤 9시부터 10시까지 3천대 이상의 유동량을 보이는 도로라면 그 도로는 교통 정체가 상당히 심한 도로라고 말할 수 있다.)

〈표 43〉 서울의 관통 도로 교통량

도로 명	교통량(대)
양재대로	약 13만
시흥대로	약 12만
하일동	약 10만
남태령	약 9만
통일로	약 9만
도봉로	약 7만 9천
망우리	약 7만 7천
복정 검문소	약 6만
서하남	약 6만
서오릉	약 4만

한정식 전문점/ 산채요리 전문점/나물요리 전문점/ 약선요리 전문점/ 궁중요리 전문점/ 사찰음식 전문점/ 한식당/ 한식배달 전문점/ 생선구이백반 전문점/ 연탄구이백반 전문점/ 우렁된장 전문점/ 대통밥 전문점/ 중화요리 전문점/ 중화요리 뷔페/ 테이크아웃 중화요리 전문점/ 중화요리 패밀리 레스토랑/ 기사식당/ 5,000원 기사식당/ 돼지김치찌개 전문 기사식당/ 해물탕 전문 기사식당/ 연탄구이 기사식당/ 일식집/ 활어횟집/ 장어 전문점/ 초밥 전문점/ 퓨전초밥 전문점/ 회전초밥 전문점/ 일본음식 전문점/ 보쌈 전문점/ 부대찌개 전문점/ 수제 부대찌개 전문점/ 빈대떡 전문점/ 족발 전문점/ 닭갈비 전문점/ 찜닭 전문점/ 바비큐 치킨 전문점/ 통닭 전문점/ 닭볶음탕 전문점/ 삼계탕 전문점/ 죽 전문점/ 덮밥 전문점/ 비빔밥 전문점/ 돌솥밥 전문점/ 가마솥밥 전문점/ 철판볶음밥 전문점

참치회 전문점/ 꽃게탕 전문점/ 해물탕 전문점/ 민물새우 전문점/ 낙지요리 전문점/ 랍스타 전문점/ 조개구이 전문점/ 꼬치구이 전문점/ 밴댕이요리 전문점/ 올갱이국 전문점/ 돼지갈비 전문점/ 삼겹살 전문점/ 생고기 전문점/ 연탄불고기 전문점/ 화로 숯불고기 전문점/ 한우 전문점/ 떡볶이 전문점/분식 전문점/ 만두 전문점/ 즉석김밥 전문점/ 카레요리 전문점/ 수제어묵 전문점/ 수제 햄버거 전문점/ 수제핫도그 전문점/ 호두과자 전문점/ 왕만두 전문점/ 멸치국수 전문점/ 잔치국수 전문점/ 회국수 전문점/ 막국수 전문점/ 우동 전문점/ 라면 전문점/ 칼국수 전문점/ 손칼국수 전문점/ 콩칼국수 전문점/ 바지락 칼국수 전문점/ 수제비 전문점/ 닭수제비 전문점/ 퓨전음식 전문점/ 일식돈가스 전문점/ 바비큐 전문점/ 샤브샤브 전문점/ 버섯요리 전문점/ 두부요리 전문점/ 두루치기 전문점/ 보리밥 전문점/ 쌈밥 전문점/ 떡갈비 한정식 전문점

추어탕 전문점/ 매운탕 전문점/ 동태탕 전문점/ 감자탕 전문점/ 영양탕 전문점/ 오리요리 전문점/ 설렁탕 전문점/ 해장국 전문점/ 뼈다귀 해장국 전문점/ 콩나물 해장국 전문점/ 소해장국 전문점/ 카페/ 락카페/ 북카페/ 룸카페/ 커피숍/ 룸커피숍/ 테이크아웃 커피 전문점/ 보드게임 카페/ 막걸리 전문점/ 연탄불 생선구이 주점/ 일본식 주점/ 퓨전 주점/ 연탄불 안주 주점/ 철판요리 주점/ 포차 주점/ 맥주 전문점/ 세계맥주 전문점/ 호프 전문점/ 소주방/ 단란주점/ 룸살롱/ 노래방/ 비즈니스 바/ 웨스턴 바/ 칵테일 바/ 마술쇼 바/ 모던 바/ 클럽/ 제과점/ 떡 전문점/ 피자 전문점/ 파스타 전문점/ 스파게티 전문점/ 이태리요리 전문점/ 프랑스요리 전문점/ 터키요리 전문점/ 베트남쌀국수 전문점/ 양꼬치 전문점/ 말고기 전문점/ 북한음식 전문점/ 외국음식 전문점/ 패스트푸드/ 패밀리 레스토랑/ 샐러드 레스토랑/ 해물 뷔페/ 고기 뷔페/ 가든형 음식점/ 반찬집/ 1만원 고기안주 주점/ 1만원 해산물안주 주점/ 무한리필 안주 주점/ 무한리필 음식 전문점/ 무한 토핑 주점

〈표 44〉 추정소요자금 계획

과목	금액		비고
1. 매출액		0	서비스매출 + 상품매출
1) 서비스	0		(서비스매출)
2) 상품매출	0		(상품 또는 음식 판매 매출)
2. 매출원가		0	상품의 원가
3. 매출이익		0	매출액 - 매출원가
4. 판매관리비		0	
1) 급료	0		직원급여, 사업자급여
2) 복리후생비	0		직원복리후생, 4대보험, 식대 등
3) 임차료	0		임차료
4) 수도광열비	0		전기세, 수도세, 가스 등
5) 통신료	0		전화, 인터넷, 휴대폰
6) 수수료	0		세무대행료, 신용카드 수수료, 정수기, POS 등
7) 소모품비	0		1회용품, 청소용품, 주방용품
8) 감가상각비	0		취득원가-잔존가치/내용연수
9) 광고비	0		전단지, 홍보비 등
10) 기타경비		0	
5. 영업이익		0	매출이익 - 판매관리비
6. 영업외 비용	0		
1) 지급이자		0	대출금은행이자
7. 영업외 수익		0	이자수익 등
8. 경상이익		0	영업이익 - 영업외비용 + 영업외수익
9. 세전순이익		0	경상이익 - 특별손실 + 특별이익
10. 세금		0	1년 부가가치세, 소득세/12개월
11. 순손익		0	세전순이익 - 순이익

매출액 추정과 투자 수익률 분석
매출액 추정 방법 1개월 동안의 수익 X 12개월 = 적정 권리금
월 매출액 통행인구수 X 내점률 X 1인구매단가(객단가) X 월간 영업일수

〈표 45〉 투자수익률 및 투자회수기간 판단 기준

사업성 판단기준	투자수익률	투자비회수기간
매우 우수	4.3% 이상	2년 이내 회수
우수	3~4.2%	2~3년 회수
보통	2.2~3%	3~4년 회수
불량	2.1% 미만	4년 이상 회수

〈표 46〉 입지 후보지 선정

1	업종(목적)분석	아이템의 소비시간, 소비수준, 소비층, 소비행동, 경쟁점, 보완점을 분석한다.
2	유사업종군집화	소비패턴과 소비특성 등이 유사한 업종을 군집화한다.
3	1차 지역선정	군집화된 업종의 환경 조사
4	적합도 분석	상권과 업종의 적합도와 경쟁점과 보완점을 조사한다.
5	2차 후보지선정	적합도가 높으며, 임대조건 등이 좋은 지역 선정
6	변화요인 분석	도시계획, 공급률 등을 조사하여 미래변화요인을 조사한다.
7	타당성 분석	추정손익, 투자대비, 수익률 등 사업타당성을 분석한다.
8	최종	최종 결정

〈표 47〉 환경 분석(3C 분석)

3c	분석 내용	전략 방향
Customer	- 상권 반경 1km 내 - 배후세대를 주택가로 두고 있는 2종 근린생활 상권 - 30~40대 매니아층, 가족 수요 상존 - 31,500세대, 88,700명(주택 80%)	양질의 제품 확보 정당한 가격 정책
Company	- 기능적 능력의 확보 - 공급자 확보 - 20년 이상 거주로 잠재 수요 확보	제품의 질 유지
Competitor	- 경쟁점포 7개소(곱창 6, 양구이 1) - A급 경쟁점포 1개 - 경쟁점 대비 차별화 요소 약함 - 기존 점포의 고객 충성도 높음	양심의 제품 공급과 마케팅으로 새로운 맛집으로 부상

〈표 48〉 사업 방향의 설정

구분	사업 방향 설정
목표고객	- 상권 내 30~40대 - 배후세대 가족 고객
핵심경쟁력	- 기술적 능력 - 양질의 제품에 대한 지속적인 제공능력
실행방안	- 독산동 내장 도매상과의 협업 - 블로그 운영 - 스토리텔링에 의한 고객충성도 고취
업종현황 및 전망	- 공급이 한정적이고 손질에 어려움이 있는 반면, 매니아층을 중심으로 수요가 꾸준하여 향후 전망 또한 안정적임.

〈표 49〉 시설계획

인테리어 컨셉	-젠 스타일 추구로 유행을 타지 않으면서 안정감 추구 -가족 고객을 위한 편안한 테이블 셋팅 -배연 시설에 중점			
시설 계획	-동선을 고려한 설계 -주방면적, 홀 면적, 테이블 수, 마감재 기재 철거, 목공, 전기, 조명, 마감 계획의 구체화 -간판 디자인			
시설 자금	품명	수량(m²)	3.3m² 당 단가	금액
	인테리어(홀)	66	800,000	16,000,000
	인테리어(주방)	19	400,000	2,000,000
	잡기 비품 등			5,000,000
	간판 외			2,000,000
	합계			25,000,000

〈표 50〉 구매계획

구매전략	-독산동 내장 소매상 2곳 이상 확보 -세금계산서 수취가 가능한 식자재 업체 확보 -결제조건, 반품 조건 등을 명확히 함. -집기 비품 구매 목록표 작성					
	구입품명	구입처	거래조건	연락처	금액	비고
식자재	곱창, 양깃머리 외					
	식자재					
	주류					
집기/비품	주방 용품					
	홀 용품					

〈표 51〉 판매계획

	메뉴명	수량(g)	단가	금액(일)	비고
판매계획	곱창	200	15,454	772,700	부가세 별도
	양깃머리	200	20,000	200,000	
	곱창모둠	200	13,636	272,720	
	염통	200	9,090	45,450	
	간, 천엽		4,545	22,725	
	주류		2,727	149,985	
	합계			1,463,580	

〈표 52〉 원가계획

	원부자재	소요량(일)	구입단가	금액	비고
매출원가	곱창	1보			
	양깃머리	2kg			
	막창	1보			

〈표 53〉 인력 및 인건비 계획

직책	인원	급여	총액	비고
실장(주방/홀)	2	1,600,000	3,200,000	
직원(홀)	2	1,400,000	2,800,000	
보조(주방)	1	800,000	800,000	
합계	5	3,800,000	6,800,000	

〈표 54〉 소요자금 및 조달계획

구분		내역	금액	산출근거
소요자금	시설자금	임차보증금	40,000,000	임대차계약서
		권리금	20,000,000	권리양도계약서
		인테리어비	20,000,000	견적서
		집기 비품	5,000,000	견적서
		소계	85,000,000	
	운영자금	운영자금	25,000,000	매출계획의 약 65%
		소계	25,000,000	
	합계		110,000,000	
조달계획	자기자금	현금/예금	70,000,000	통장
		소계	70,000,000	
	타인자금	은행대출	10,000,000	
		정책자금	30,000,000	창업자금
		소계	40,000,000	
	합계		110,000,000	

〈표 55〉 손익계획

과목	금액		산출근거
1.매출액		39,516,000	매출계획(27일영업일)
2.매출원가		15,806,000	(40%)
3.매출이익		23,710,000	
4.일반관리비		13,875,000	(가~자 합계액)
가.급료	6,800,000		인력계획 참조
나.임차료	5,060,000		
다.관리비	600,000		
라.수도광열비	400,000		
마.통신비	50,000		
바.복리후생비	250,000		
사.광고선전비	100,000		
아.잡비	200,000		
자.잠가상각비	415,000		
5.영업이익		9,835,000	
6.영업외비용		100,000	
가.지급이자	100,000		약 25%
7.영업외수익			
8.경상이익		9,735,000	

〈표 56〉 곱창이야기 수익성

구분	15평(49.5m)	30평(99.1m)
테이블수	일일 2회 기준 테이블수X테이블단가40,000 ▶360,000X2회 ▶720,000	일일 2회 기준 테이블수18X테이블단가40,000 ▶720,000X2회 ▶1,440,000
예상매출	일일 2회 기준 테이블수X테이블단가40,000 ▶360,000X2회 ▶720,000	일일 2회 기준 테이블수18X테이블단가40,000 ▶720,000X2회 ▶1,440,000
예상월매출	영업일30X일매출→ 21,600,000	영업일수30X일매출→43,200,000

〈표 57〉 곱창이야기 창업비용

구분	15평	30평	내용
월매출	21,600,000	43,200,000	
매출원가	8,610,000	17,280,000	원재료+식자재+주류+야채류
건물임대료	2,600,000	4,000,000	임대료/관리비
인건비	4,000,000	7,000,000	15평 주방1 홀2 4,000,000 30평 주방1 홀4 7,000,000
전기,가스 공과금	1,000,000	2,000,000	전기,수도,가스,공과금 등
잡비	500,000	1,000,000	기타 소모품 및 식대
소계	16,140,000	31,280,000	
영업이익	5,460,000	11,920,000	원매출-지출경비(소계)

〈표 58〉 한식당 창업비용의 예

구분	내용	20평	30평	40평	50평	60평	70평
가맹비	브랜드 사용권, 지역독점부여권, 조리교육, OPEN지원 3일	500	500	500	500	500	500
교육비	경영, 조리, 매뉴얼제공, 본사 노하우제공, 조리교육 3일	200	200	200	200	200	200
인테리어	목공사, 전기공사, 설비공사, 도장공사, 유리, 도배, 주방, 바닥 시공, 조명, 덕트 등 일체포함	3,000	4,500	6,000	7,500	9,000	10,500
주방기기	냉장고 및 냉동고, 간택기, 육수냉장고, 싱크대,찬 냉장고, 작업대, 밥솥, 컵소독기, 스텐선반, 홀싱크대, 상부선반, 초벌대	37	37	37	37	37	37
주방 및 홀 집기	그릇 및 주방집기, 기물, 홀 집기, 앞치마, 전자레인지, 믹서기, 보온고 등	30	30	30	30	30	30
판촉 및 홍보	명함, 빌지패드, 라이터, 메뉴판, 전단지, OPEN현수막, 유니폼(홀, 주방), 오픈행사도우미 2명 외 등	250	250	250	250	250	250
본사지원품목	주류냉장고, 냉동고, 냉각기 및 주류비품 일체, 가스설비시공 (단, 도시가스 제외)						
창업자금지원	무이자, 무담보, 1,000만원부터 최고 5,000만원 까지 가능 (지역 상권, 평수에 따라 차이가 날 수 있음)						
합계		4,017	5,517	7,067	8,567	10,067	11,567

사업자등록증 발급을 위한 행정 절차	
권리금 산정방식	① 신규 위생교육 ② 보건증 발급 ③ 영업신고증 신청 ④ 사업자등록증 신청 ⑤ 보험 가입

〈표 59〉 일반음식점과 휴게음식점 비교

일반음식점	휴게음식점
음식물의 조리 및 판매와 더불어 음주행위가 허용되는 호프집, 한식, 경양식 등	음식물의 조리 및 판매는 가능하나 음주행위가 허용되지 않는 커피숍, 빵집 등

〈표 60〉 일반과세와 간이과세 비교

구분	일반과세사업자	간이과세사업자
매출액	연간매출액 4,800만원 이상	연간매출액 4,800만원 미만
납부세율	공급가액의 10% 부가가치세로 납부	업종별 부가세율을 고려한 세율부과(공급가액의 1.5~4%)
세액공제	매입세액 전액	매입세액의 15~40%
세금계산서	세금계산서 발행과 매입의 의무	세금계산서 발행 불가
예정고지 여부	예정신고기간에 대해 예정신고 또는 예정고지에 의한 징수 원칙	예정신고 및 예정고지 없음
비고		과세기간 매출액이 1,200만원 미만인 경우 부가가치세 면제

〈표 61〉 주요 소셜커머스 사이트 및 연락처

소셜커머스 업체	도메인	연락처
쿠팡	www.coupang.com	1577-7011
티켓몬스터	www.ticketmonster.co.kr	1544-6240
위메이크 프라이스	www.wemakeprice.com	1588-4763
그루폰코리아	www.groupon.kr	1661-0600
지금샵	www.g-old.co.kr	070-4077-4770
슈팡	www.soopang.co.kr	1600-2375
소셜비	www.sociabee.co.kr	1588-5908
달인쿠폰	www.dalincoupon.com	1666-9845

〈표 62〉 온라인마케팅의 하나인 소셜미디어 활용

		블로그	SNS	위키	UCC	마이크로 블로그
사용목적		정보공유	관계형성, 엔터테이먼트	정보공유, 협업에 의한 지식 창조	엔터테이먼트	관계형성, 정보공유
주체:대상		1:N	1:1 1:N	N:N	1:N	1:1 1:N
사용환경	채널 다양성	인터넷 의존적	인터넷환경, 이동통신환경	인터넷 의존적	인터넷 의존적	인터넷환경, 이동통신환경
	즉시성	사후기록, 인터넷 연결시에만 정보 공유	사후기록, 현재시점 기록, 인터넷/이동통신 연결 시 정보공유	사후기록, 인터넷 연결시 창작/공유	사후제작, 인터넷 연결시 콘텐츠 공유	실시간 기록, 인터넷/이동통신 연결 시 정보공유

〈표 63〉 연간 판매촉진 전략

월별	행사	이벤트 기준 및 판촉활동
1	시무식, 신년회, 설날, 대입합격축하회	POP부착, 새해선물(식사권, 할인권 등)을 연하장에 넣어 DM발송, 내점고객 선물 증정(복주머니, 복조리 등)
2	입춘, 봄방학, 졸업식, 환송회	졸업축하 이벤트, 발렌타인데이 특별 디너세트 판매(꽃, 샴페인증정, 초콜릿), 봄맞이 환경처리 실시, 현수막 부착, DM발송(리스트 입수), 정월대보름 오곡밥 축제
3	입학식, 환영회, 대학개강 파티	입학식, 환영회(행사유치를 위한 사전 홍보활동 및 선물제공), 화이트데이 이벤트 실시, 봄 샐러드 축제와 꽃씨제공
4	봄나들이, 한식, 식목일	신 메뉴 개발, DM, 각종 차량에 안내장 부착
5	어린이 날, 어버이 날, 스승의 날, 성년의 날	어린이날 특선메뉴 및 기념품 제공, 가정의 달 효도대잔치(카네이션, 기념사진 등), 독거 소년·소녀와 노인 초청 행사, 서비스 콘테스트 실시, 광고 등
6	각종 체육회, 현충일	국가 유공자 가족 초대회(할인행사)

월별	행사	이벤트 기준 및 판촉활동
7	여름보너스, 휴가, 초중고 방학	DM, 여름철 특선 메뉴 실시(빙수, 생과일 쥬스, 호프, 야외 바베큐파티 등), 삼복더위 축제
8	여름휴가, 초중고 개학	한여름 더위를 식힐 화채 개발 시식 및 각종 우대권 제공
9	대학개학, 초가을레저, 추석	도시락 개발, 행락철에 T/O
10	운동회, 대학축제, 결혼러시, 단풍놀이 행락객	가을미각축제, 과일축제, 송이축제, 전어축제, DM발송
11	학생의 날, 취직, 승진축하	찜요리 축제, 입시생을 위한 특선메뉴(건강식), 송년회 및 회식안내(DM)
12	송년회, 겨울방학, 겨울레저, 첫눈	크리스마스카드 및 연하장 발송(할인권), 점내 POP부착
기타	단골고객의 날 이벤트 개최, 생일축하, 월 시식일 등	고객관리, 선물 또는 무료 식사권 제공

일일 매출 규모별 적정 관리 내역

(1) 하루 매상 40만원-창업 실패한 업소

> 한 달 총매출 : 40만원 x 30일 = 1,200만원
>
> 재료비(30%~35% 안팎) : 450만원 안팎
>
> 임대료&공과금&인건비(35%~40% 안팎) : 500만원 안팎
>
> 순이익률(22%~30%) : 250만원 ~ 350만원(사장이 주방이나 매장일을 하는 상태)

(2) 하루 매상 60만원-평균 성적을 거둔 업소

> 한 달 총매출 : 60만원 x 30일 = 1,800만원
>
> 재료비(30%~35% 안팎) : 600만원 안팎
>
> 임대료&공과금&인건비(35%~40% 안팎) : 700만원 안팎
>
> 순이익률(23%~32%) : 400만원 안팎(사장이 주방이나 매장일을 절반 정도 하는 상태)

(3) 하루 매상 150만원-대박 아닌 중박을 이룬 업소

한 달 총매출 : 150만원 x 30일 = 4,500만원

재료비(30%~35% 안팎) : 1,600만원 안팎

임대료 & 공과금 & 인건비(35%~40% 안팎) : 1,700만원
안팎

순이익률(25%~33%) : 1,200만원 안팎

(4) 하루 매상 30만원~40만원 일 경우-폐업 갈림길의 음식점

말 그대로 입에 풀칠하고 있는 상황에서 사업을 접지도 못하는 상황인 음식점을 말한다. 수입이 적기 때문에 사장이 직접 주방일을 할 수밖에 없다. 인건비 지출을 줄여야 하므로 종업원은 1~2인만 고용할 수 있는 상태다. 종업원 1인 고용 시 매장을 전부 담당하지 못하므로 사장 부인이 주방일도 거들고 매장일도 거드는 상황이 된다. 이렇게 되면 부부가 힘들어 지게 되고, 부인의 바가지 지수는 높아지며 이때쯤 되면 음식점 장사에 대해 체념하게 된다.

이런 점포는 십중팔구 1년 안에 문을 닫게 되거나, 코가 꿰인 상태로 어쩌지도 못하고 사업을 하는 상태가 지속된다.

하루 평균 매상 30만원 이하이면 이건 동네에서 관심조차 받지 못하는 음식점이란 뜻이고, 맛없는 집이거나 망해가는 음식점이라는 뜻이다. 다시 말해 동네 손님은 없고, 아주 소수의 단골손님과 우연히 걸려든 뜨내기손님을 받는 업소이다.

5천만원 이하 소자본 창업을 하면서 준비를 제대로 하지 않으면 이런 일이 쉽게 발생한다. 가장 큰 이유는 업종 선택이 잘못되어서이거나, 맛이 없어서이다. 이런 경우 1일 매상 폭의 변동이 매우 심한데 이것은 고객들에게 안 가도 되는 음식점으로 각인됐다는 뜻이다. 창업 15일이 지나도 하루 평균 매상이 30만 원 이하이면 바로 업종 변경을 해야 한다. 만일 밥집이었다면 술을 취급할 수 있는 업종으로 변경을 시도하면 매상을 더 올릴 수 있다.

(5) 하루 매상 60만원 일 경우-생활 유지형 음식점

하루 매상 60만원이라면 월수입이 400~500만원 정도이므로 집에 생활비를 가져갈 수 있고 음식점 경영 목적으로 자동차를 자유롭게 운용할 수 있는 상태이다. 자동차는 더 싼 식재료를 사러 다니는 용도로 사용한다. 우리 주변에서 볼 수 있는 평범한 음식점들보다는 좋은 실적이므로 일단 '맛' 은 어느 정도 인정받은 집이라고 할 수 있다.

 일을 할 때 가끔 자기 일이 행복하다는 생각이 들기도 하고 불행하다는 생각이 들기도 한다. 부부는 일심동체로 사업을 키우기 위해 더 열심히 노력하는 상태가 된다. 건물 임대료에 따라 다르겠지만 종업원은 1~2명 정도 고용할 수 있고 부부 중 한 사람이 주방을 맡아 인건비 부담을 줄일 수 있다.

 그런데 이 경우가 가장 위험하다. 당장 먹고사는 방법이 마련되어 있으므로 가끔 행복지수가 올라가기는 하는데, 유명 맛집이 아닌 한 음식점의 매상은 세월이 흐를수록 떨어지기 마련이다. 예를 들어 옆집에 더 근사한 음식점이 들어오면 바로 타격이 온다는 뜻이다. 하지만 기존 단골이 있으므로 바로 매상이 떨어지지는 않고 2~5년 세월이 흘러가면서 아주 서서히 매상이 떨어진다. 어느 날은 매상이 90만원인데 어느 날은 매상이 20만원이 되기도 한다.

(6) 하루 매상 100만원일 경우-돈을 모을 수 있는 음식점

월 900만원 안팎의 수익이 발생하므로 몸은 고생해도 행복지수는 날로 높아진다. 월 순이익 1천만원 수준을 넘기면 이젠 자신의 음식점이 성공하였다고 자부하고, 자기는 가만히 있는데도 돈이 굴러들어온다고 착각한다. 이 상태이면 주방장과 종업원을 여러 명 고용한 뒤 부부는 놀러 다닐 수도 있는 상태가 되지만 돈 버는데 재미가 붙어 꼭 매장에 붙어 있으려고 한다. 이 경우 월수입을 전부 쓰지 말고 생활비를 제외한 나머지는 반드시 저축해야 한다. 저축한 금액은 몇 년 뒤 매장을 확장하거나 직영점을 내는 데 활용할 수 있다. 직영점 3개 정도 내면 더 바쁘게 살겠지만 최소한 돈 걱정은 안 하고 살 수 있을 것이다. 또한 천천히 프랜차이즈 사업을 시도할 수도 있다.

(7) 하루 매상 150만원일 경우-흔히 말하는 중박 음식점

하루 매상이 150만원인 점포는 흔히 말하는 중박 이상의 성공한 음식점들이다.

유명 햄버거 프랜차이즈 중에서 입지 조건이 나쁜 지방에 있는 점포인 경우 일매 110만원 정도를 찍는다. 대도시에서 지명도 낮은 지역에 있는 유명 햄버거 체인점들이 일매 130 만원~180만원을 찍는다. 그리고 재래시장에서 볼 수 있는 시장 빵집 중 항상 손님이 바글바글대는 빵집이 일매 170만원을 찍는다.

30평 규모의 유명 한식 프랜차이즈 중에서 장사가 잘되는 점포가 일매 150만원 찍고, 장사가 잘되는 주점, 호프집, 고깃집, 일식집, 분식집이 일매 150만원을 찍는다.

(8) 하루 매상 200만 원-흔히 말하는 초대박 음식점

하루 매상 200만 원이면 객단가 7천 원 기준 1일 300인분을 판매하는 초대박 음식점이다. 월 1천 500만원~2천만원의 순수익이 발생한다. 물론 고기를 박리다매하는 주점이라면 이익률이 더 낮아질 것이다. 하루 200만 원 매출이 발생한다면 더할 나위 없이 좋은 시나리오이고 프랜차이즈 사업을 시도해도 성공할 확률이 높다. 또한 매출이 조금 떨어질 무렵이면 장사에 싫증날 수도 있는데 이때 권리금을 많이 받고 바로 팔아 버릴 수도 있다.

그런데 하루 매상 200만원 찍으려면 단골과 유동 인구가 중요하다. A급 상권에 입점한 유명 패스트푸드점, 외식업 체인점이 일매 200만원 이상 찍는다. A급 상권에서 장사가 잘되는 고깃집, 한정식, 횟집, 주점, 퓨전음식점, 유명 한식체인점, 일식집, 분식집이 일매 200만원 이상 찍는다. A급 상권에 있는 퓨전포차도 히트치면 일매 200만원 이상 찍는다.

(9) 하루 매상 300만원 이상-맛집이거나, 유동 인구가 많거나, 매장 크기가 큰 음식점

유동 인구가 많은 오피스 밀집 지역은 20평 크기의 분식점도 장사를 잘하면 일매 300만 원 이상 찍기도 한다. 또한 지방의 전통적인 맛집이거나, 점포 크기가 상대적으로 큰 경우다. 객단가가 높은 음식점이거나, 부촌에서 장사가 잘되는 음식점이 이에 속한다.

A급 상권이거나 강남 부촌 등에서 장사가 잘되는 고깃집, 주점 등이 일매 300만원 이상 찍고, A급 상권으로 비즈니스 밀집 지역에서 장사가 잘되는 20평 크기의 분식점이 일매 300만 원 이상 찍는다. 대형 아파트단지에서 맛으로 유명한 개인 빵집도 일매 300만원 이상 찍는다.

갈비 숯불구이집이 부촌에서 초히트치면 일매 1,000만원을 찍는다. 바닷가의 유명 횟집이라면 일매 400만원 이상 찍는다. 더 유명하고 드라이브족이 많이 찾는 횟집이라면 일매 700만원을 찍기도 한다. 도시 외곽에 새로 음식점을 세웠는데 맛집으로 유명세를 타면서 손님들이 몰려온다면 일매 300만원 이상 찍고 업종에 따라 일매 500만원 찍는 집과 일매 700만원을 찍기도 한다.

(10) 하루 매상 1천만 원-기업형 음식점

유동 인구가 많은 곳에 위치한 유명 패밀리 레스토랑 가맹점들은 보통 일매 1천만원 이상을 찍는다. 유명 프랜차이즈의 본점은 대부분 대형이다. 이들 중 장사를 잘하는 본점들이 보통 일매 400만원, 500만원을 찍고, 일매 1천만 원 이상 찍는 본점도 있다. 보통 고깃집, 쌈밥집, 보쌈집, 오리요릿집처럼 객단가가 높은 업체들의 본점이 가능하다.

〈표 64〉 한식 갈비집의 초기 창업비용

품목	내용	금액
가맹비	·상표사용권 부여 및 지역 독점영업권 보장	·400만원 ※전략지역 할인이벤트 확인
교육비	·가맹점 운영 교육 및 매뉴얼 제공, 노하우 전수	600만원
물품 보증금	·본사 공급 원부자재에 대한 예치금(가명계약 해지 시 반환)	~~400만원~~ → 200만원 ※200만원 할인행사
점포개발비	·나이스비즈맵과 SK텔레콤 상권분석 시스템	~~100만원~~ → 0원 ※100만원 할인행사
인테리어	·설계 및 3D 디자인/바닥타일 공사 ·목공사(자재/인건비/유리·금속 공사 ·전기, 조명공사/도장, 필름공사/사인물 일체	4200만원 ※33m² 당 140만원
홀/주방기물	·2인/4인 테이블, 단체석 일체 등	1500만원
간판	·외부 전면 잔넬 텍스트 간판(4M) ·돌출 간판 및 사이드 간판	450만원
기기설비	·로스터(착화식), 삼중불판 ·냉장/냉동고, 간데기 etc, 육류냉장고 등 ·샐러드바, 아이스크림케이스, 식혜, 커피머신	2250만원
홍보/오픈지원	·웹카메라 1대/음향기기SET/홍보물 및 조형물 일체	50만원

〈표 65〉 외식업 초기 창업비용(단위 : 만 원)

구분	99.17m²	132.23m²	165.28m²	198.34m²	세부내역	비고
가맹비	800	800	800	800	상호·상표사용(브랜드가치) 등	소멸
교육비	200	200	200	200	메뉴·운영·서비스·식자재 교육	체류비 등 점주부담
인테리어	3900	5200	6500	7800	복공사, 설비, 방수공사, 천정, 전기 등	평당 130만 원
간판	500	600	700	750	전면LED간판, 돌출간판 등	그 외 별도
닥트	550	700	850	1000	외부 2층 기본, 내부 및 주방 닥트	3층 이상 별도
테이블·의자	400	520	640	760	홀 의·탁자	
테이블 렌지	270	350	430	510	2구렌지	
주방기기·홀집기	2100	2700	3300	3900	식기세척기, 주방기기 등	주물불판은 본사 무료 대여
인쇄·홍보·소품	200	250	300	400	이벤트, 전단지, 추억의 소품 일체	
합계	8920	1억1320	1억3720	1억6120		

참고문헌

KB 금융지주(2013), 치킨 비즈니스 현황분석 -KB금융경영연구소.

권정직. 김순하. 장여향(2016), 『최신외식 경영론』. (서울: 이프레스), 144-145.

김현희. 이대홍(2015), 『외식창업실무론』. (서울: 백산출판사).

나이스지니데이터(2015), 전국 치킨 업종 상권 분석.

민계홍(2007), "한(韓)브랜드 활성화를 위한 전주지역 한식당의 메뉴품질평가에 관한 연구", The Korean Journal of Culinary Research, 제13권, 제3호.

박기용(2009), 『외식산업경영학』, (서울: 대왕사).

배달앱, "2016 배달음식점 보고서" 2016.3.

서울시(2015), 영세 골목 상권 43개 업종 분석.

이동은, "국내외식 산업매출", 월간식당 2017.08 90-91.

최혜련, "외식산업 성장 추이", 동아일보 2017.09.11.

추대엽(2015), 『외식산업론』. (서울: 범한출판사).

한국 갤럽(2015), "패스트 푸드 기호 조사".

한국 계육 협회(2015), "닭소비 동향".

한국경제신문, "치킨 브랜드 마케팅강화" 2016.12. 8.

〈KFCON 프랜차이즈〉

〈MK뉴스 15.04.15〉

〈굽네치킨 홈페이지〉

〈글로벌이코노믹 15.07.15〉

〈동아 15.04.14〉

〈세계일보 14.10.08〉

〈스포츠조선 15.04.29〉

〈아시아뉴스통신 15.07.08〉

〈아주경제 15.06.16〉

〈여성소비자신문 15.06.24〉

〈이코노믹리뷰 15.05.07〉

〈창업오케이 15.02.13〉

〈한국경제 2016.12.08〉

〈헤럴드경제 15.02.24〉

〈환경뉴스 15.07.15〉

한눈에 읽는 외식창업 성공이야기 [시리즈 10]

매년 시장 파이 확대되는 치킨 전문점

발 행 일 : 2018年 6月 1日

저   자 : 김 병 욱

발 행 처 : 킴스정보전략연구소

홈 페 이 지 : http://www.kimsinfo.co.kr

주   소 : 서울시 강동구 성내로8길 9-19(성내동
550-6) 유봉빌딩 301호(☎ 482-6374~
5, FAX : 482-6376)

출판등록번호 : 제17-310호(등록일: 2001.12.26)

인   쇄 : 으 뜸 사

I S B N : 97911-7012-130-5

※ 당 연구소에서 발간하는 도서구입, 도서발행, 연구위탁, 강의, 내용질의,
컨설팅, 자문 등에 대한 문의 ☎(02)482-6374.

21일간의 이야기만화 역사기행

만리 중국사

COMIC VERSION OF CHINESE HISTORY 29, 30, 31

Copyright ⓒ 中国美术出版社总社连环画出版社; 编绘: 孙家裕; 主笔: 李宏日·尙嘉鵬
Korean translation copyright ⓒ 2013 by Korean Studies Information Co., Ltd.
Korean translation rights of 《COMIC VERSION OF CHINESE HISTORY》
arranged with LIANHUANHUA PUBLISHER directly.

21일간의 이야기만화 역사기행

만리 중국사

14권 수 / 당 2

초판인쇄 2014년 2월 7일
초판발행 2014년 2월 7일

글·그림 쑨자위
글 라훙르·상자펑
옮긴이 류방승
펴낸이 채종준
기획 권성용
편집 정지윤, 백혜림
디자인 박능원, 이효은
마케팅 송대호, 정경철, 이행은

펴낸곳 한국학술정보(주)
주소 경기도 파주시 회동길 230 (문발동 513-5)
전화 031) 908-3181(대표)
팩스 031) 908-3189
홈페이지 http://ebook.kstudy.com
전자우편 출판사업부 publish@kstudy.com
등록 제일산-115호(2000. 6. 19)

ISBN 978-89-268-5430-3 14910
      978-89-268-5416-7 14910(set)

14권 수/당 2

찬란한 문화, 그 꽃을 피우다

쑨자위 글·그림
리훙르·상자펑 글

만리중국사

21일간의 이야기만화 역사기행

이담 Books

중국은 세계 4대 문명 발상지 가운데 하나다. 중화 문명은 아득히 먼 옛날부터 수천 년 동안 전해져 내려오며 상고上古, 하夏, 상商, 주周, 춘추春秋, 전국戰國, 진秦, 서한西漢, 동한東漢, 삼국三國, 서진西晉, 동진東晉, 남북조南北朝, 수隋, 당唐, 오대십국五代十國, 송宋, 요遼, 서하西夏, 금金, 원元, 명明, 청淸 등의 역사 시대를 거쳤다.

중화 문명은 세계에서 가장 오래된 문명이자 가장 오래 지속된 문명이기도 하다. 중화 문명과 어깨를 나란히 한 문명으로는 고대 바빌론 문명, 고대 그리스 문명, 고대 이집트 문명 등이 있다. 어떤 문명은 중국보다 먼저 발생하고, 또 범위도 훨씬 넓었지만 이들은 이민족의 침입 혹은 스스로의 부패로 인해 멸망하여 결국 기나긴 역사 속에서 연기처럼 사라져 버렸다. 중국만이 세계에서 유일하게 문명 대국을 자랑하며 유구한 역사를 이어 오고 있다.

수천 년 동안 중화 민족은 무엇에도 굴하지 않는 강인한 의지와 과감한 탐구 정신, 총명한 지혜로 웅장한 역사의 장을 엶과 동시에 눈부시게 찬란한 물질문명과 정신문명을 창조했다.

이 책의 편집 제작은 정사正史를 바탕으로 진실하고 객관적인 사실을 전달하는 데 주력했다. 또한 역사를 만화 형식으로 풀어 씀으로써 독자들이 아름답고 다채로우며 생동감 넘치는 장면을 느끼리라 기대한다. 독자 여러분들이 쉽고 재미있게 읽는 가운데 역사를 직접 느끼고 역사에 융화되어 깨닫는 바가 있기를 바란다.

지롄하이紀連海
중국 CCTV '백가강단百家講壇' 강사

紀連海

찬란한 문화,
그 꽃을 피우다

수(隋, 581~618년)나라는 양견楊堅이 남북조시대의 혼란을 종식하고, 서진이 멸망한 후 분열되었던 중국을 약 3백 년 만에 재통일한 왕조이다. 그러나 제2대 황제인 양제煬帝 양광楊廣의 폭정으로 인해 멸망하고, 그 후 약간의 혼란기를 거쳐 당나라가 중국을 재통일했다. 수나라는 비록 3대 38년 만에 단명했으나 남북으로 갈라져 있던 중국을 오랜만에 하나의 판도에 넣었고, 뒤를 이은 당이 중국의 영토를 더욱 넓혀 대통일을 이룩하는 데 기반이 되었다는 점에서 매우 의미가 크다.

수나라가 농민 반란으로 혼란에 빠지자, 태원太原 유수 이연李淵은 군사를 일으켜 장안을 탈취하고 당(唐, 618~907년)을 건국했다. 당은 당시 전 세계에서 가장 강력한 국력을 자랑할 정도로 매우 번영했고, 정치 · 경제 · 문화 등 다방면에서 최고 전성기를 구가해 현재까지도 역사상 가장 막강했던 대제국으로 평가받는다.

당은 수나라의 각종 정치 체제를 이어받았고, 민족 융합 정책을 널리 펼치면서 가져온 개방성의 결과, 동서 문화의 교류도 활발하게 전개되었다. 이연의 뒤를 이은 당 태종 이세민李世民은 '정관貞觀의 치治'를 통해 당의 성세를 열었다. 당은 측천무후則天武后가 주周라는 새로운 왕조를 건립한 기간 동안 잠시 정지되었지만, 현종玄宗의 '개원開元의 치治' 때 다시 전성기를 맞이해 문학과 예술 방면에서 꽃을 활짝 피웠다.

이후 현종의 치세 말년에 안록산安祿山과 사사명史思明이 일으킨 '안사의 난'으로 중국은 다시 난세와 분열의 시대로 접어들었다. 이 분열 시기는 새로운 사회로의 진입을 위한 진통의 시간이기도 했다. 안사의 난을 계기로 토지 제도인 균전제均田制와 수취 제도인 조용조租庸調는 양세법兩稅法으로 통합되었다. 양세법은 토지 소유에 대한 국가의 제한을 없앤 제도로 이후 국가 재정의 제도적 기반이 되었다.

한편 새로운 품종과 농기구의 도입, 새로운 농법의 발전, 적극적인 개간과 간척으로 농업 생산량이 대대적으로 증가했다. 특히 강남이 눈부실 정도로 발전하여 경제 중심지가 화북에서 강남으로 이동하게 되었다. 이와 함께 상공업에 대한 국가의 규제와 간섭이 완화되어 상업이 발달하고, 운하망을 중심으로 교통 요지에 대도시가 발전했다.

그러나 당은 이런 거대한 변화의 흐름에 적응하지 못하고 환관의 정치적 횡포와 관료들 사이의 당쟁으로 허송세월을 보냈다. 마침내 재정적 기반이었던 강남을 강타한 황소黃巢의 난이 일어나면서 붕괴의 길로 빠져들기에 이르렀다.

상고 上古		B.C. 약 800만~2000년
하 夏		B.C. 2070~1600년
상 商		B.C. 1600~1046년
주 周		B.C. 1046~771년
춘추 春秋		B.C. 770~403년
전국 戰國		B.C. 403~221년
진 秦		B.C. 221~206년
한 漢	서한 西漢	B.C. 206~A.D. 25년
	동한 東漢	25~220년
삼국 三國_위·촉·오		220~280년
양진 兩晉	서진 西晉	265~317년
	동진 東晉	317~420년
남북조 南北朝		420~589년
수 隋		581~618년
당 唐		618~907년
오대십국 五代十國		907~960년
송 宋	북송 北宋	960~1127년
	남송 南宋	1127~1279년
요 遼		907~1125년
서하 西夏		1038~1227년
금 金		1115~1234년
원 元		1271~1368년
명 明		1368~1644년
청 淸		1644~1911년

당 唐

- 712년 당 현종 즉위
- 724년 일행이 세계 최초로 자오선 측량
- 753년 감진이 일본으로 건너감.
- 755년 안록산의 난 발발
- 756년 안록산이 황제를 칭함, 마외파의 변고, 당 숙종 즉위
- 757년 안경서가 부친 안록산을 살해, 당나라 군대와 회흘군이 장안과 낙양을 수복
- 762년 대종 즉위, 이백이 사망함.
- 763년 안사의 난 종결, 토번이 장안을 점령
- 770년 두보 사망
- 777년 번진의 할거
- 780년 재상 양염의 건의로 양세법 시행
- 781년 하삭의 번진들이 당에 반발
- 796년 환관의 금군 장악이 제도로 확립
- 805년 순종이 태자 이순에게 양위하여 영정으로 개원, 왕숙문의 영정 개혁
- 817년 배도가 회서 평정, 이소가 채주를 습격
- 820년 헌종이 환관에게 시해 당하고 목종 즉위
- 823년 우이당쟁의 시작, 당과 토번의 회맹비 건립
- 835년 감로의 변
- 840년 환관들이 무종을 옹립
- 845년 무종이 불교 폐지를 명함.
- 846년 선종 즉위, 백거이의 죽음, 이덕유가 재상에서 파직되고 우이당쟁이 우당 집권으로 끝남.
- 859년 의종 즉위, 습보가 절동에서 기의, 남조 추룡이 황제를 칭함.
- 868년 방훈이 서남 지역에서 기의
- 875년 왕선지가 하남 장원에서 기의, 황소가 호응하며 황소의 난 발발
- 880년 황소가 장안에 입성하여 황제를 칭함.
- 884년 황소의 패망으로 당말 농민 기의 실패
- 904~906년 주전충의 전횡
- 907년 주온이 당을 멸하고 양나라(후량)를 건립

당 上

인물소개

요숭姚崇
본명은 원숭元崇이나 현종의 '개원' 연호의 휘를 피하기 위해 이름을 바꿨다. 관료 집안 출신으로 측천무후 · 예종 · 현종 삼대에 걸쳐 재상을 지낸 유명한 인물이다.

이융기李隆基
당 현종玄宗. 예종 이단의 셋째 아들로 당명황唐明皇으로도 불린다. 재위 초기에 당의 전성기인 '개원성세開元盛世'를 열었다. 하지만 재위 후기에 안사의 난이 발발하면서 당의 국력은 점차 쇠락의 길을 걸었다.

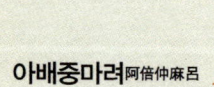

일행一行
당의 유명한 천문학자이자 승려. 본명은 장수張遂이다. 가장 큰 업적은 역법서 『대연력大衍曆』을 지은 것이며, 이 밖에 천문 기기, 기상 관측기를 제조하고 천문 측량 분야에서 많은 공헌을 했다.

아배중마려阿倍仲麻呂
일본의 유명한 견당 유학생으로 중일 문화 교류에 힘쓴 사신이다.

감진鑑眞
당의 승려. 일본 율종律宗의 시조이자 유명한 의학자이다. 일본 헤이안시대 문화 발전에 크게 기여했다.

이임보李林甫

당의 종실로 음률에 뛰어나고 임기응변과 권모술수에 능했다. 개원 24년에 장구령을 대신해 중서령에 올라 대권을 독점했다. 19년 동안 재상을 지내며 권력을 멋대로 휘두르고 언론을 통제해 안사의 난이 발생하는 계기를 제공했다.

장구령張九齡

개원 시기에 상서, 승상을 지냈으며, 담력과 식견을 지닌 정치가이자 시인이다. 개원의 치세 때 큰 공로를 세웠다. 그의 시는 질박하면서도 인생의 철학을 담고 있어서 사람들의 칭송을 받았다.

양귀비楊貴妃

이름은 양옥환楊玉環. 개원 23년에 수왕비로 책봉되고, 천보 4년에 귀비로 책봉되었다. 안사의 난 때 현종을 따라 촉 땅으로 도망갔다가 마외파에서 살해되었다. 용모가 매우 빼어나 서시, 왕소군, 초선과 함께 중국의 4대 미녀로 꼽힌다.

이백李白

'시선詩仙'이란 호칭을 얻은 위대한 낭만파 시인이다. 1천여 편의 시가 전해지며, 「촉도난蜀道難」, 「행로난行路難」, 「장진주將進酒」, 「양보음梁甫吟」, 「정야시靜夜思」 등 유명한 시가 『이태백집李太白集』에 실려 있다.

안록산安祿山

원래 성은 강康씨고, 이름은 알락산軋犖山이다. 천보 14년에 반란을 일으켜 당 제국을 몰락의 길로 빠뜨렸다.

시대별지도
-당唐

동돌궐東突厥

말갈靺鞨

서돌궐西突厥

범양范陽

상산常山

태원太原

당唐

장원長垣

낙양洛陽

동관潼關

토번吐蕃(티베트)

장안長安

수양睢陽

마외파馬嵬坡

채주蔡州

항주杭州

복주福州

광주廣州

현종이
개원성세를 열다

현종 이융기는 즉위 후 태종을 본받아 나라를 다스리는 데 온힘을 기울였다. 713년, 현종은 연호를 '개원'으로 바꾸었는데 이는 신기원을 열겠다는 의미를 지니고 있다.

폐하, 여기에 신이 생각하고 있는 열 가지 개혁 방안을 적어 보았습니다.

오, 어서 줘 보시오.

어!

요숭, 그대가 제기한 열 가지 주장은 모두 짐이 시행하려던 것이오!

폐하와 신의 생각이 통했습니다!

요숭이 제안한 어진 정치, 세금 경감, 인재 등용, 권력층의 범법 행위 근절, 외척 및 환관의 권력 독점 방지 등의 주장은 현종의 치국 이념으로 채택되었다.

지금 관원들이 지주와 연합해 수단을 가리지 않고 토지를 사유화하고 있습니다!

법률에 관원과 황족의 농지 침탈을 금지하고 있으니 곧 철저히 조사 하리다.

No problem!

소용없습니다. 위에서 정책을 세우면 아래에서 바로 대책이 생깁니다.

대책이 라고?

그들은 불법을 닦는다는 명목으로 토지를 강점해 절을 세우는데, 절이 많아 질수록 토지도 늘어 나게 됩니다!

도성 주위에 얼마나 많은 절이 있는지 한번 보십시오!

백성들의 농지를 빼앗아 절을 계속 짓는다면 대체 어디서 식량을 얻으란 말입니까!

불법을 닦는 것은 마음이요, 기르는 것은 본성입니다.

마음으로 불법을 수련해도 되는데 굳이 많은 절을 지을 필요가 있겠습니까?

절을 헐면 신도들의 분노를 사지 않을까?

새로 지은 절을 모두 헐고 신도들이 향을 사르고 부처에 절하는 것은 옛 절에서 행하면 됩니다.

좋소. 그럼 승려들도 모두 환속還俗 시키시오.

17

현종의 개혁 조치로 많은 사찰이 헐리고 농지도 다시 농민 손으로 돌아갔다. 또한 승려 2만 명이 환속하라는 명을 받았고, 토지 겸병 문제도 효과적으로 억제했다.

산동에 황해*가 창궐했다고?

예. 그래서 현지 관원들이 메뚜기 떼를 쫓아 달라고 신선에게 제사를 올렸습니다.

이런 멍청이들! 신선에게 빈다고 메뚜기 떼가 달아나느냐?

탁!

하지만 그것 말고 달리 방법이 없습니다.

불을 쓰면 되지 않느냐 밭머리에 불을 붙여 메뚜기 떼를 태워 죽여야지!

당장 폐하께 메뚜기 떼 퇴치 인력을 조직하라는 명을 내리도록 청해야겠다.

으이구, 어리석은 것들!

* 황해蝗害
메뚜기과의 곤충이 날아와 농작물을 남김없이 먹어 버리는 재해.

18

얼마 후

변주자사 예약수가 올린 상소를 한번 보시오.

무슨 상소입니까?

메뚜기 떼는 자연재해라 인력으로 막을 수 없지만

자신은 덕이 높아 하늘이 감동해 재해가 저절로 사라질 것이라고 말했소.

네엣?

또 한나라 유총이 메뚜기 떼를 막다가 실패한 예까지 들었소.

흥!

덕행이 높으면 메뚜기 떼가 없다면서 왜 변주에 황해가 발생했답니까.

폐하께서는 덕행이 높지 않은 자의 말을 믿으십니까?

그럼 어찌하면 좋겠소?

예약수에게 당장 메뚜기를 없애라고 하십시오.

19

많은 신하들이 황해는 하늘의 뜻이라 메뚜기 떼를 박멸하면 하늘의 벌을 받는다고 상소를 올렸소.

멍청한 것들이 아무것도 모르면서 헛소리만 늘어놓고 있는 것입니다!

이들의 주장은 예약수와 너무 비슷해.

그래도 예약수는 최근 메뚜기 박멸에 나서 14만 담*이나 불태워 죽였어.

한 광무제 때 농사와 양잠을 권장하고 메뚜기 떼를 제거한 사례가 있습니다.

오, 그렇소?

* 담擔
중량 단위로 100근이 1담임.

21

또 산동 주변의 하남과 하북은 곡식 생산량이 원래 적은데 어디서 식량을 조달해 백성을 먹인단 말입니까?

하지만 이렇게 많은 메뚜기 떼를 잡다간 큰 불만을 사게 됩니다!

노회신, 그대 눈에는 그것만 보이고 굶어 죽는 사람들은 보이지 않는단 말이오?

요숭, 이……

이렇게 합시다. 메뚜기 떼를 잡다가 생기는 불만은 내가 책임지리다!

메뚜기 떼를 없앨 자신이 있소?

만약 실패한다면 책임지고 사직하겠습니다.

요숭의 노력으로 관민이 힘을 합쳐 9백만 담의 메뚜기 떼를 잡아 죽였다. 이로써 황해가 사라지고 농작물을 보호하는 데 성공했다.

변경의 사병이 60만이 넘어 군비 지출이 크므로 인원을 감축해야만 합니다.

장열, 그럼 20만 명을 줄이시오.

예!

또 현재 시행되는 부병제도 손질이 필요합니다.

농병을 일치한 부병제로 전시에는 적과 싸우고 평상시에는 농사를 짓습니다.

그래서 농민은 병역의 의무와 함께 농지세까지 바치고 있습니다.

힘들엇! 엉엉~

23

많은 농민들이 군대에 복무할 때도 세금을 내야 해서, 이를 내지 못하는 경우 도망가 유민이 되기도 합니다.

그대의 말을 듣고 보니 부병제가 확실히 문제가 많구려.

이에 농과 병을 분리해야 합니다.

병역 의무를 지닌 군호에게는 세금을 징수하지 않고 잡역을 하게 하십시오.

장열의 건의로 모병제*를 실시하자 백성의 부담이 크게 경감되었다.

13만 유민이 군대로 돌아와 군호가 되길 원하고 있습니다.

잘됐구려!

야호─

* 모병제募兵制
중국 당대에 실시한 직업군인 제도.

24

그들을 모두 도성에 편제하고 '장정건아'라고 부르시오.

예!

많은 변경 장수들도 사병을 모집한다고 합니다.

그러다가 군대를 보유하고 자립하는 건 아닐까?

헌재 시행하고 있는 모병제는 부병제보다 대우가 훨씬 좋습니다.

부병제는 이미 유명무실해져 종래의 변경 사병들이 모두 도망쳤습니다.

만약 변경 장수들의 모병을 금지한다면 싸울 병사가 하나도 없어집니다.

그것도 큰 문제로군.

25

신 생각에는 그들의 모병을 적극 장려해야 합니다.

그러도록 합시다.

장열, 갈수록 재능이 빛을 발하는구려.

과찬이 십니다!

짐은 그대를 중서령에 임명 하겠소.

현종은 요숭, 장열 등을 기용해 선정을 펼쳐 당을 전성기로 이끌었다. 이를 '개원성세'라고 부른다.

승려 일행이 제작한 『대연력』

704년, 장수라는 사람이 숭악사로 찾아와 머리를 깎고 이름을 경현, 법명을 일행으로 고쳤다. 현종은 일행이 천문에 정통하다는 소식을 듣고 그를 장안으로 불러 화엄사에서 불학과 천문을 연구하도록 배려해 주었다.

일식조차 제대로 못 맞히면서 무슨 태사감 자리에 앉아 있느냐!

몇 달 전부터 곧 일식이 나타난다 더니 지금까지 한 번도 일식을 보지 못했다!

보고 싶어, 일식!

신이 역법에 따라 계산한 것인데 착오가 있었나 봅니다.

휴, 가서 일행 대사에게 가르침을 받아라.

명에 따르겠습니다!

태사감은 화엄사로 일행을 찾아가 자초지종을 설명했다.

일식 예보가 틀린 것은 역법이 정확하지 않기 때문이오.

네?!

일행 대사, 어떻게 해야 예보가 틀리는 것을 막을 수 있을까요?

역법을 수정해야 합니다.

지금 사용하는 『인덕력』은 이순풍이 만든 것으로 이미 50년이나 지났습니다.

그의 역법은 정확하지 않아 계산 실수가 자주 일어나니 더는 사용하기 어렵습니다.

하지만 역법 수정은 간단한 일이 아니잖습니까?

이에 일행은 현종을 알현
해 역법 수정을 건의했다.

일행 대사,
새 역법을 만들
려면 어떤 과정이
필요합니까?

먼저 천문을
실측해 과거 역법
의 오류를 수정
해야 합니다.

그럼 내일부터
태사국 업무를
주관하시오!

빈승이
한번 해 보겠
습니다.

그럼 대사께서
새 역법 편제
작업을 맡아
주시겠습니까?

29

태사국

이것이 모두 태사국의 천문 관측 기기 입니다.

기기들이 매우 낡아서 관측한 수치의 오차가 너무 클까 걱정이군.

혹시 천문 역법을 이해하면서도 기기 제조에 능한 자가 있소?

음... 병부의 양영찬이 이 방면에 매우 정통합니다.

30

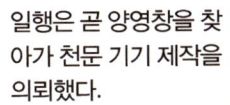

일행은 곧 양영창을 찾아가 천문 기기 제작을 의뢰했다.

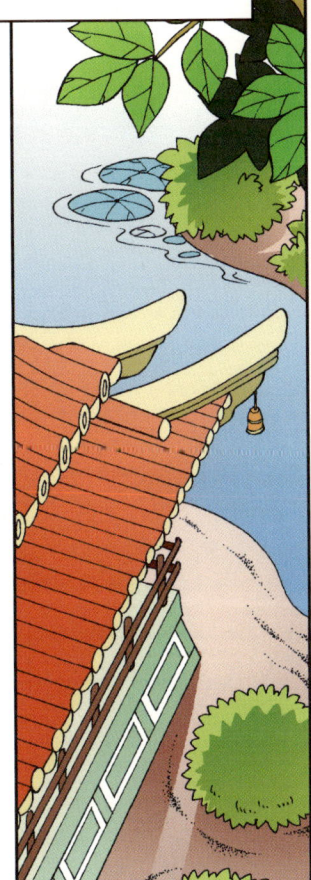

황도유의黄道遊義를 제작해 달란 말씀인가요?

그렇습니다.

황도유의가 완성돼야 태양, 달, 행성 및 항성의 위치를 측량할 수 있습니다.

황도와 적도, 백도를 모두 그릴까요?

아니요. 황도만 그리면 됩니다.

완성된 황도유의가 보시기에 어떻습니까?

유심 빤히

이상하네요. 항성들의 위치가 고서의 기록과 모두 다릅니다.

고서를 베낀 사람이 실수로 수치를 잘못 기록한 것 아닐까요?

그렇게 많은 수치가 틀릴 수는 없소.

어쩌면 항성은 고정된 것이 아닐지도 모르겠습니다.

참, 내가 제작한 수운혼천의水運渾天儀가 완성됐소.

그거 잘됐군요!

대사의 수운혼천의와 동한 장형의 혼천의는 분명 다른 점이 있겠죠?

장형의 혼천의를 기초로 움직이는 고리 두 개를 더 달았소. 황도 고리엔 태양을, 백도 고리엔 달을 새겨 항성과 일월의 출몰을 나타낼 수 있게 했소.

또 왼쪽의 나무사람은 15분마다 한 번씩 북을 치고, 오른쪽의 나무사람은 두 시간에 한 번씩 종을 칩니다.

정말 대단합니다! 대사의 혼천의는 시간도 알려주는군요.

대박!

혼천의는 수력으로 움직이고 하루에 한 바퀴씩 자전해 천문 현상과 조응합니다.

33

대사는 또 어떤 기기를 만드셨습니까?

기기 얘기는 잠시 미루고 우선 천문 관측부터 합시다!

뭘 관측하시려고요?

자오선을 관측하려 하오.

옛사람은 그림자 길이의 차가 1촌이면 실제로 천 리가 차이 난다고 여겼소.

남송의 하승천이 이에 의구심을 품었는데 나도 그의 생각에 동의하오.

역법의 정확성을 확보하려면 자오선의 길이를 측량하는 게 가장 좋소.

또 유작은 수 양제에게 천문 관측을 건의하고

그림자 길이와 위도 사이의 관계를 측정하려 했지만 안타깝게도 성공하지 못했소.

오호~

측량 과정 중에 분명 그림자와 위도의 관계도 알 수 있을 것이오.

724년, 일행은 10여 개 천문 관측대를 설치하여 지정된 측량 지점에서 동지와 하지 시각 및 위도를 측량했다. 이는 세계 최초로 시도한 자오선 측정 실험이었다.

정오가 됐군. 빨리 해시계를 보자.

어디~ 보자~

바로 그림자 길이를 기록하고 ……

직각의 한쪽을 북극성으로 향하게 하면 추와 다른 쪽 직각이 이룬 끼인각이 바로 위도야.

일행 대사는 정말 대단해. 위도를 측정하는 복구*를 발명해 내다니.

아, 드디어 알아냈다!

측량대로 측정한 수치에 따라 계산하면, 남북 두 지점이 351리 80보 떨어져 있을 때 위도는 1° 차이가 나는군.

* 복구覆矩
곱자를 뒤집은 모양의 천문 관측 기기.

36

복구도는요?

여기 있습니다.

복구도를 보면 동지 때 해가 가장 빨리 이동하고 하지 때 가장 천천히 이동하는구려.

맞습니다.

음……

황도와 적도 교각의 평균치는 23° 40′ 23″야.

측량대로 동일 지역의 동지와 하지 때 그림자 길이의 차이가 없음을 발견했습니다.

고서의 기록 중에 잘못된 부분이 매우 많았소?

예. 실지 측량을 통해서 잘못된 부분을 바로잡을 수 있었습니다.

중요한 수치를 모두 측정했으니 빈승은 새 역법 편제에 들어가겠습니다.

오, 수고했소.

이전 역법은 배열 순서가 뒤죽박죽이어서 새로운 배열 순서를 사용해야 합니다.

이 작업은 모두 대사에게 맡기겠소!

새 역법의 명칭은 뭐라고 지으면 좋겠소?

『주역』에 대연수*는 50인데, 그중 49를 사용한다는 말에서 대연 두 글자를 취하면 좋겠습니다.

大衍歷

대연력이라, 정말 좋은 이름이오!

『대연력大衍曆』은 당시 세계에서 가장 발달한 역법이었다. 24절기 사이의 간격이 일정했던 이전 역법의 오류를 수정함은 물론 훗날 편제된 역법에 커다란 영향을 미쳤다.

* 대연수大衍數
『주역』에서 하늘이 생긴 수를 3으로, 땅이 생긴 수를 2로 잡아, 그 합한 수인 5가 각각 10까지 늘리어 이루어진 수 50을 이름.

견당 유학생, 아배중마려

630년, 일본은 최초로 당에 사신을 파견했다. 이를 '견당사'라고 부른다.

이후로 일본은 당의 우수한 문물을 받아들이려고 견당사를 보내는 횟수, 인원, 규모가 점점 늘어났다.

으악! 엄청난 풍랑이다!

이러다가 고기밥이 되겠어!

배가 침몰한다. 빨리 탈출하자!

기우뚱~

일본은 조선술과 항해술이 낙후하여 견당사의 배가 풍랑을 만나면 침몰하기 일쑤였고 견당사들은 매번 생명의 위험을 무릅써야만 했다.

폐하, 이번에 일본에서 온 유학생들입니다.

유학생들은 국자감 태학에서 공부하도록 하시오.

감사합니다!

국자감 태학이 당에서 가장 좋은 학부래.

길비진비

40

국자감 태학 졸업생은 당의 과거 시험에 참가할 수 있다고!

꿈 깨. 우리 같은 외국인이 과거에 급제할 수 있겠어?

길고 짧은 건 대 봐야지. 난 외국인 최초로 진사에 합격하고 말겠어!

진심이야?!

배우고 때때로 익히면 기쁘지 아니한가……

열공 심취~

41

중얼중얼…

이봐, 수업 다 끝났어.

다음부터는 날 조형(晁衡)이라고 불러줘.

먼저 가. 난 책 좀 더 보다 갈게.

당 문화에 완전히 빠졌구먼. 이름까지 조형으로 바꾸고!

올해 과거 시험을 봐야 해서 이름을 바꾼 것뿐이라고.

헤헷—

시험관이 외국인을 깔보지 않아야 할 텐데.

걱정 마. 내 꼭 기쁜 소식을 들려 줄 테니까.

아배중마려는 단번에 진사에 합격하여 좌춘방 사경국 교서에 임명되었고, 얼마 후 문하성 좌보궐로 승진했다.

조형, 차로 술을 대신해 축하하네!

감사합니다, 왕유 대인.

폐하께 이미 귀국 요청서를 제출했다면서?

예!

함께 당에 온 유학생들이 귀국을 준비하고 있어서 저도 같이 가려고요.

그럼 이제 우리 헤어지는 거야?

귀국해도 너희들을 절대 잊지 못할 거야!

엉엉~

내가 줄 건 없고 시 한 수를 선물할게.

좋아!

그대가 중서성에 휴가를 얻어 동쪽 고향으로 돌아가니, 와서는 중원의 학문을 공부하면서도 고향에 돌아갈 생각을 잊지 않았네.

말 위에서 보는 가을 들판은 점점 멀어지고 배 위의 새벽 바다는 어스름하네. 그대가 조정을 그리워하는 마음이 멀리 만 리에서도 일어남을 알고 있네.

조 대인, 폐하께서 사람을 보내 성지를 받들라고 하십니다.

엉엉……

무슨 일이야?

폐하께서 귀국을 허락하지 않으셨어.

인의를 사모하면 이름만 공허하게 남아 충과 효를 모두 이룰 수는 없구나. 은혜에 보답하지 못해 아쉽지만 언제 고향으로 돌아갈꼬?

너무 괴로워 마라. 언젠간 귀국할 날이 오겠지!

752년, 견당사 등원청하가 장안에 오자 아배중마려는 재차 귀국 요청서를 제출해 마침내 현종의 허락을 받았다.

조형!

포길, 왕유 대인!

떠나기 전 시 한 수를 선물하겠네.

뛰어난 인재가 동쪽 소국에서 태어나 먼 나라의 사신이요, 천년 성군의 신하가 되었네.

감동~♥

투박한 품성에 예의가 배고 무뚝뚝한 본성엔 본래 진실함을 품었지. 배에 올라 바람 타고 흘러와 널리 공명을 날렸도다.

나도 시를 선물하지.

외딴 성에 신기루 누각이 열리고 아침 해는 붉은 수레바퀴처럼 떠올랐으니, 고향에서 빨리 새해를 보내고 이 땅으로 돌아오길 바라네.

바다의 큰 물결 끝이 없는데, 어찌 바다의 동쪽을 알 수 있으리. 세상 어느 곳이 이보다 멀까, 만리 공중을 타고 오르는 것 같도다.

나라를 향하는데 보이는 거라곤 오직 해, 돌아가는 배는 바람에 맡긴다. 거북이 몸이 하늘빛에 비쳐서 검고, 물고기 눈이 파도 사이로 붉게 어른거리네.

47

고향 나무는 동해 저쪽에 있고, 주인은 외로운 섬으로 간다네. 헤어지면 정말로 다른 나라니, 소식을 어떻게 전할 수 있으리오.

파교를 지나면 장안 경내 밖이네. 이 버들가지를 선물함세.

저도 늘 차고 있던 보검을 대인께 드리겠습니다.

뭉클~

명을 받들어 나라를 떠나려고 보니 재주 없으면서도 고관에 올랐었네. 중원에서는 명군을 그리워하고 나라 밖에서는 자애로운 부모 그립네.

엎드려 아뢰어 궁궐에서 떠나길 허락 받아 마차를 타고 항구로 가니, 당나라 이웃이지만 일본으로 돌아가는 길은 너무 멀구나.

서쪽을 바라보면 은혜 입은 날들이 그리워 동쪽으로 돌아가도 감사의 마음 남아 평생 아끼던 보검을 친한 친구에게 선물로 남기네.

고개 들어 동쪽 하늘 바라보니 마음은 이미 나라奈良로 달려가네. 삼립산三笠山 꼭대기에 뜬 희고 둥근 달 생각나는구나.

촤아一

으악!

콰르릉

49

뭐? 조형이 조난을 당했다고?

그렇습니다.

조형 대인이 탄 배가 풍랑을 만나 환주 해안까지 밀려 갔는데, 배에 탄 사람 모두 현지인에게 살해당했답니다.

그때 다행히 나머지 배들은 파손되지 않아 안전하게 일본으로 돌아갔다. 거기에는 승려 감진도 타고 있었다.

한편 755년 6월, 현지인의 학살을 요행히 피한 아배중마려와 등원청하 일행 10여 명은 육로를 통해 장안으로 가 죽을 때까지 당을 떠나지 않았다.

시선 이백이 이 소식을 듣고 「조형을 곡하며 哭晁卿衡」를 써서 애도했습니다.

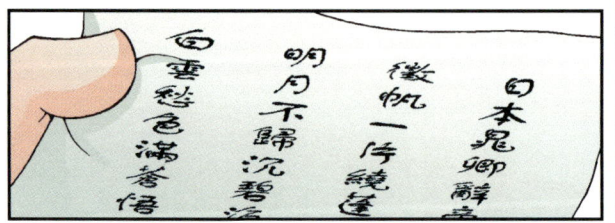

50

일본으로 건너간 감진

일본 나라시대에 불교는 주요 통치 사상 중 하나로 추앙받았다. 그러나 엄격한 계율이 없었던 탓에 불법不法과 부패를 저지르는 승려가 자주 출현했다.

천황은 불교를 바로잡고 계율을 전파하기 위해 영예, 보조 두 승려를 당에 보내 율학에 정통한 고승을 초청했다.

영예, 보조, 두 분은 당에 무슨 일로 오셨소?

저희는 낙양 대복 선사의 도선을 청해 일본에 계율을 전파하고 율법을 보급하려 했습니다.

안타깝게도 도선은 율사*일 뿐 명망이 높지 않아 승려에게 율법을 전달하기 어렵습니다.

그래서 율학에 정통한 고승을 찾고 있습니다.

* 율사律師
계율에 정통한 승려.

감진 대사께서
율학의 권위자여서
제자들도 모두 율학
에 정통하다고
들었습니다.

대사께서
일본에 갈 고승
한 분만 추천해
주십시오.

부탁드립니다~

그건 내가
확실히 책임
지겠소!

허허

너희들 중 누가
일본에 가서
불법을 널리 알리
겠느냐?

일본?

......

왜 아무
말도 없는
게냐?

53

당 법률에 조정의 허가 없이는 출국이 금지돼 있습니다.

그래서 몰래 일본으로 가는 방법밖에 없습니다.

음, 그럼 그렇게 하자.

할 수 없지

그리고 여해는 간사할 뿐 아니라 배운 것도 없고 재주도 없습니다.

그가 만약 일본에 같이 간다면 당 승려의 명예를 실추시킬까 우려됩니다.

흥, 도항이 사부님 앞에서 감히 내 험담을 하다니!

여해는 이에 앙심을 품고 관가로 달려가 동료들을 밀고했다.

도항이라는 승려가 지금 몰래 해적들을 위해 배를 건조하고 식량을 준비 중입니다.

그 해적들은 기제사, 개원사, 대명사 등에 숨어 있습니다.

호호, 도항 이놈, 맛 좀 봐라.

뭐? 양주성 내에서 승려와 해적이 결탁 했다고?

요즘 해적이 창궐해서 조정에서 철통같이 방어를 하라는 명이 내려왔다.

절대 놓쳐서는 안 된다!

반경천

여봐라, 비밀이 새나가지 않도록 저 승려를 옥에 가둬라!

네?

55

이런 법이 어디 있습니까!

당장 양주성 안의 모든 사찰을 조사하라!

동쪽 하구에서 새로 건조한 배를 찾아냈습니다.

대명사와 기제사에서도 대량의 식량과 물자가 발견됐습니다.

정말이냐?

승려와 해적이 결탁한 게 사실이었군.

즉시 모든 중들을 잡아들여 심문하라!

예.

여기 선박
건조 비준
공문입니다.

음, 원래 관부의
허가를 받은
것이었군.

홍려시라면
외국인을 전담
관리하는 기관
아닙니까?

맞다.
너희들은 감옥
에서 처분을
기다려라.

저희는
언제 풀려나게
됩니까?

이번에 일본
승려까지 연루돼
홍려시에 반드시
보고해야 한다.

넉 달 동안 대대적인 조사를 벌였
지만 승려들에게 반란 혐의가 없다
고 판명 나 모두 무죄로 풀려났다.

도항이 미리
허가를 받았기에
망정이지 아니었으면
큰일 날 뻔했다.

잘했엉~

휴-

다행입니다.

사부님, 제자의
식언*을 용서
하십시오!

왜
그러느냐?

제자는
일본에 갈 수
없습니다.

* 식언食言
한번 입 밖에 낸 말을 도로 입 속에 넣는다는 뜻으로, 약속한 말대로 지키지 아니함을 이르는 말.

모친께서 제가 옥에 갇힌 걸 알고 중병에 걸리셨습니다. 차마 모친을 버리고 떠나기가……

포기할 사람이 또 있느냐?

없느냐?

좋다. 그럼 계속 일본에 갈 채비를 서둘러라!

Hurry up!

대사님, 큰일 났습니다!

영예, 무슨 일인데 호들갑 이시오?

신라가 일본과 당의 해로를 봉쇄했습니다.

일본에서 당으로 통하는 길은 하나 뿐이오?

원래 남과 북 두 가지 해로가 있습니다.

북로는 대마도 에서 출발해 신라 남단을 거쳐 서해를 가로지른 후 내주에 상륙합니다.

이 길은 해안을 따라 항해 하고 풍랑이 비교적 잔잔해 매우 안전 합니다.

반면 남로는 축자에서 서해를 가로질러 주산군도를 거쳐 양주, 명주에 당도합니다.

이 길은 풍랑이 세서 배가 뒤집히기 쉽습니다.

우리 배가 작아서 풍랑에 버티기 어려울 텐데.

맞습니다. 어쩌면 좋을까요?

군함을 이용할 방법을 생각해 봅시다.

남해태수 유거린이 불교를 신봉한다 하니 그에게 버리는 군함을 사 오면 어떻겠소?

오, 괜찮은 방법입니다.

하지만 발각되면 목이 달아 납니다!

61

감진은 일본에서 불학 이론을 강의하고 중국 문화를 전파하여 일본 천태종의 선구자로 칭송받고 있다. 그가 건축을 주관한 당초제사라는 사원은 일본 국보로 지정돼 특별 보호를 받고 있다.

웃음 뒤에 칼을 숨긴 간신 이임보

개원성세 말기에 이르러 현종은 정사를 게을리하고 점점 우매한 군주로 변해 갔다.

짐은 지금 낙양에서 장안으로 돌아가겠소.

지금은 수확 철이니 몇 개월만 더 있다가 돌아가시지요.

승상은 반대 하는데 이임보는 어떻게 생각 하느냐?

승상의 말이 일리가 있습니다.

감히 날 욕해? 조만간 널 쫓아 내고 말겠다!

부화뇌동*만 할 줄 아는 재능 없는 소인배 같으니라고.

기껏 찬성해 줬더니.

소인은 재주가 미천해 장 대인의 학식을 따라갈 수 없으니 맞장구치는 것뿐입니다.

폐하의 안색이 일그러졌어. 장구령이 못마땅 하신 게야.

* 부화뇌동附和雷同
줏대 없이 남의 의견에 따라 움직임.

이임보는 현종의 의중을 알아채고 장구령이 없을 때 현종을 찾아가 아첨을 떨었다.

집으로 돌아가는데 특정한 날짜를 잡고 가는 경우가 어디 있습니까?

짐은 내가 장안으로 돌아가는 데 찬성할 줄 알았다!

안 그래도 너까지 반대해서 기분이 안 좋았는데…

폐하께서 내리신 결정을 따르는 건 신하된 자의 도리입니다.

그런데 왜 그 자리에서 승상을 반박하지 않았느냐?

승상이 ……

승상이 권력으로 위압할까 봐 두려웠던 것이냐?

맞습니다!

장구령이 갈수록 방자해지는구나!

짐이 삭방절도사 우선객을 발탁하려 하는데 경들의 의견은 어떻소?

신은 반대합니다. 우선객은 별다른 공로가 없어서 규정에 부합하지 않습니다.

짐이 한 사람도 마음대로 발탁하지 못한다면 조회가 뭐가 필요하겠소?

또! 또!

퇴조하시오!

66

67

이임보는 장구령 앞에서 그를 따르는 척하고 뒤로는 우선객을 찾아가 조정에서 있었던 일을 그대로 일러바쳤다.

장구령이 감히 그렇게 말했단 말이냐! 이 죽일 놈!

방—
방—

그래도 폐하께서는 그의 말을 듣지 않았습니다.

그럼 당장 폐하를 뵙고 쐐기를 박아야 겠다!

큭큭

폐하, 신이 사직하겠습니다!

콸콸

우선객, 왜 이러는지 자초지종을 말해 봐라.

조정에 장구령이라는 유능한 신하가 있는데 저 같은 무능한 이가 남아서 뭘 하겠습니까?

화내지 마라. 짐이 그대 같은 인재를 어찌 잃겠느냐!

그대를 꼭 발탁할 것이다.

히~

69

현종이 화를 내며 조정에서 물러가자 이임보가 다시 현종을 찾아가 장구령을 험담했다.

인재를 등용하는 데 문장 실력이 아니라 일처리 능력을 중시한 건 정확한 판단이십니다.

그렇지?

승상의 견해는 서생의 생각일 뿐입니다.

옳은 말이다.

무시하십시오!

경이 보기에 우선객은 어떤 직위에 봉해야 하는가?

이임보 자네가 낫구나!

자기 재능을 믿고 짐조차도 안중에 없는 장구령과 다르다.

농서현공입니다.

이임보는 겉으로는 장구령을 존경하는 척하면서 몰래 그를 중상 모략해 마침내 현종이 장구령을 중서령 직에서 파면하도록 만드는 데 성공했다.

폐하께서 날 형주장사로 강등해 내일 떠나야 한다.

폐하께서 늘 나라의 안위만을 걱정하는 장 대인께 왜 이러시는 걸까요?

장 대인께 작별 인사를 드리러 왔습니다.

중서령 직을 자네가 이어받을 줄은 꿈에도 몰랐네.

맞다. 내일 내가 이 관저로 옮겨야 되는구나.

흥!

너 같은 간신을 중용한 걸 조만간 후회하실 게다!

마음대로 생각하시오!

그대를 파면한 이도 폐하요, 나를 발탁한 이도 폐하이니 불만 있으면 폐하께 따지시오!

푸하핫

장 대인이 날 무시하지 않았다면 이런 일이 벌어졌을까요?

그럼 이게 다 이임보가 꾸민 계략?

이임보가 겉으론 날 공경하는 척하면서 폐하 앞에서 내 험담을 늘어 놨구나.

그야말로 구밀복검* 이로군요.

그를 졸렬한 자로 안 날 먼저 탓해야지!

그런 인간이 승상이 돼 정권을 쥐면 백성이 불행해 집니다.

폐하께서 하루 빨리 깨닫길 바라야지!

걱정이구나…

장구령을 파면하고 이임보에게 정사를 맡긴 이 사건은 현종의 어진 통치와 우매한 통치를 가르는 분수령이 되었다. 이 이후로 당은 점차 쇠락의 길을 걸었다.

*구밀복검口蜜腹劍
입으로는 달콤한 말을 하지만 뱃속에는 칼을 품고 있다는 뜻.

현종이 양귀비에게 푹 빠지다

737년, 현종은 총애하는 무혜비가 세상을 떠나자 슬픔을 가누지 못했다.

고력사, 짐이 조용히 혼자 있고 싶다.

또 무혜비를 생각하십니까?

응.

무혜비를 잊을 수 있게 새로 첩을 들이십시오.

천하에 무혜비의 미모를 따를 여자가 있겠느냐?

있습죠. 바로 폐하의 며느리인 수왕비입니다.

맞아, 그녀가 확실히 미인이긴 하지.

현종은 정당하게 며느리를 비로 맞이하기 위해 한 가지 꾀를 생각해냈다. 수왕비에게 사원에 들어가 여도사가 되어 태후를 위해 기도하도록 명한 것이다.

수왕비, 요즘 수행은 잘되고 있느냐?

날마다 경전 읽는 데 몰두해 많은 이치를 깨달았습니다.

종일 경전에 파묻혀 있으면 무료하니 산책이나 구경도 많이 하거라.

짐과 함께 행궁 주위나 둘러보자. 여산의 경치가 아주 끝내준다.

예!

흐흐, 수왕비가 곱긴 참으로 곱구나!

너무 예뻐요!

호호호~

너만 좋다면 매일 데리고 나오마.

기쁩니다!

장안으로 돌아오면 답답하니 사원에만 갇혀 있지 마라.

하지만 사원이 황궁 안에 있어서 사방 어딜 가도 궁전뿐인걸요.

짐이 명을 내려 네가 내궁에 마음 대로 출입하도록 허락하겠다.

정말로요?

너만 즐겁다면 짐이 무슨 청인들 못 들어주겠느냐!

745년, 현종은 아들 수왕을 위해 위씨를 새로 왕비로 책봉하고 곧이어 전 수왕비 양옥환을 귀비로 삼았다.
현종은 양귀비를 대단히 총애하여 그녀의 말이라면 뭐든 따랐다.

폐하, 제가 여지*가 먹고 싶어요.

지금 궁 안에 여지가 없는데……

그럼 여지를 가져 오라고 사람을 보내세요.

그래, 짐이 바로 명하겠다.

아이, 좋아라!

* 여지荔枝
중국 남부 원산이며, 과수로 흔히 재배한다. 과육은 시고 달며 독특한 향기가 있어 날로 먹는데, 중국 남부에서는 과일 중의 왕이라 한다.

빨리 새 말을 내와라!

이 말은 쓰러지기 일보 직전이네요.

쉬지 않고 달려 왔으니 쇠로 만든 말인들 견딜 수 있겠나.

폐하께서 총애하는 양귀비가 신선한 여지를 먹고 싶어 해서 쉬지 않고 달려 온 거라네.

무슨 급한 공문인가 보죠?

공문이 아니라 여지네.

살다 살다 별걸 다…

대체 무슨
일인 거야?

사람을 칠
뻔했잖아!

비켜라!

역참 표시가
있는 말인 걸 보니
무슨 급한 공문을
전하나 봐. 자네가
참게.

폐하,
여지가 도착
했습니다.

얼른 맛 좀 보려무나.

굉장히 맑고 투명해서 맛도 아주 좋겠어요.

황상 먼저 드세요~

귀비가 먹여 주니 맛이 더욱 좋구나!

고력사, 빨리 사람을 보내 여지를 더 가져와라!

예!

여지는 영남에서만 자라서 장안까지 오려면 시간이 오래 걸리겠죠?

밤낮없이 쉬지 않고 달려오면 며칠 안 돼 볼 수 있을 것이다.

이번에 영남 관원들이 수고가 많았으니 상을 내려야겠다.

이제 매년 영남에서 여지를 바치도록 하마.

폐하, 정말 감사합니다!

아~ 내가 좋아하는 여지를 원없이 먹을 수 있겠다!

영남경략사 장구장의 관직을 3품 더 올려주도록 하라!

예, 폐하!

귀비야, 네 춤을 보고 싶구나.

예, 폐하!

그럼
'예상우의무*'를
쳐 보겠습니다.

짤랑

짤랑

* 예상우의무霓裳羽衣舞
  현종이 꿈에서 본 달 속 선녀들의 모습을 상상해 만들었다는 춤.

오, 너무 아릅답다!

신첩보다 '예상우의무'를 잘 추는 여인은 세상에 없지요?

양귀비는 하늘에서 내려 온 선녀가 틀림 없어.

물론이다. 네가 추는 호선무* 또한 천하의 일품이다!

호선무 얘기가 나와서 말인데 지난번에 궁에서 춤을 추던 뚱보가 생각나네요.

뚱보? 아, 안록산 말이냐?

맞아요. 그의 호선무가 정말 멋지더 라고요.

* 호선무胡旋舞
고구려 때의 춤으로 커다란 공 위에 올라가 이리저리 공을 굴리며 추던 춤.

몸무게는 350근이나 나간다면서 춤은 날쌘 제비가 따로 없었어요!

그의 호선무가 마음에 든다면 궁으로 불러 춤을 추게 하마.

야호, 그리해 주시겠어요!

엥?

신 안록산, 마마와 폐하를 뵙습니다!

왜 짐보다 귀비에게 먼저 인사를 올리느냐?

저희 호인들은 모친께 먼저 인사 올린 다음 부친께 인사드리는 관습이 있습니다.

너무 재미있는 사람이에요. 신첩의 양자로 삼아도 될까요?

까르르~

양귀비의 환심을 사면 폐하께 환심을 사는 것과 같다. 고관대작이 이제 내 손에 들어왔어.

그대도 귀비의 양자가 되길 원하느냐?

물론입니다.

귀비가 이토록 기뻐하니 그대에게 어사대부를 더해 주겠다!

감사합니다, 폐하!

안록산은 이 일로 금세 현종에게 등용되었다. 한편 현종은 양귀비의 기분을 맞춰 주려고 양 씨 외척들을 대거 기용했다. 이는 훗날 '안사 의 난'이 일어나는 결정적 계기가 되었다.

인간 세상에 내려온 시선 이백

이백은 유명한 시인 하지장의 추천으로 공봉한림에 임명되었다. 하지만 그는 권세가들의 미움을 사 장안에서 쫓겨나 기나긴 유랑 생활을 시작했다.

88

원단구의 집

덜컹

문 좀 살살 열게.
연단로가 꺼질
뻔했잖은가?

또 단약*을
만드나?

물론이지.

에헴~

오, 정말 멋진 시야.

짝짝

방금 전 자네는 꼭 천상의 신선 같았네!

내가 장안에 있을 때 하지장이 이렇게 말했 었지.

이건 제가 쓴 「촉도난蜀道難」인데, 하 대인께 가르침을 청합니다.

아! 가파르고 높구나! 촉 길 가는 어려움은 푸른 하늘에 오르기보다 더 어려워라…

네 시는 천상의 신선만이 쓸 수 있는 것이다!

과찬이 십니다!

용모와 골격이 비범한 것이 천상의 계율을 어기고 속세로 내려온 신선이 분명해!

갑자기 회계의 하지장이 보고 싶네. 가는 김에 대우의 유적도 둘러 봐야지.

그럼 남행하면서 강남의 명승고적이나 유람하면 되네!

회계까지는 거리가 꽤 먼데 ......

이백은 남방을 유람하며 금릉을 지나가다 우연히 봉황대에 올랐다.

봉황대에 올라오니 금릉성이 다 내려다보이는군.

정말 경치가 장관이네그러.

금릉은 여섯 왕조의 도성이었으니 당시에는 으리으리했을 거야.

하지만 지금은 황량한 무덤과 옛 언덕만 남아서 화려한 궁전을 볼 수 없어.

물살이 세찬 진하와 회하만 아직도 흐르고, 강물에 가로 누운 섬 백로주만 눈에 선하구나.

봉황대에 봉황이 노닐었다는데, 봉황은 가고 텅 빈 대 앞엔 강물만 흐르네. 오나라 궁전 화초는 오솔길에 묻혔고, 진나라 의관은 옛 언덕이 되었네.

삼산은 구름 위로 반만 솟아 있고, 물줄기는 백로주에서 갈리네. 뜬구름 모두 해를 가리니, 장안이 안 보여 사람을 시름겹게 하네.*

자네의 이 시를 들으니 최호崔顥의 「황학루黃鶴樓」가 문득 생각나네.

옛사람 이미 누런 학 타고 떠나고, 이곳엔 쓸쓸히 황학루만 남았네. 누런 학은 한번 떠나 돌아오지 않고, 빈 하늘엔 흰 구름만 유유히 떠도는구나.

맑은 냇물 사이로 한양의 나무만 무성하고, 앵무주에는 향기로운 봄풀만 우거졌구나. 날은 저무는데 내 고향 어귀는 어디쯤인가? 강 안개는 나를 수심에 잠기게 하네.

최호의 이 시는 정말 최고야.

부끄러워서 황학루에서는 감히 시를 지을 수 없단 말이지.

최호가 자네보다 더 대단한 시인이었구나!

헤헤.

*이백의 시 「등금릉봉황대登金陵鳳凰臺」

이백이 회계에 도착했을 때 하지장은 이미 병으로 세상을 떠난 뒤였다.

하 대인, 이백이 너무 늦었습니다.

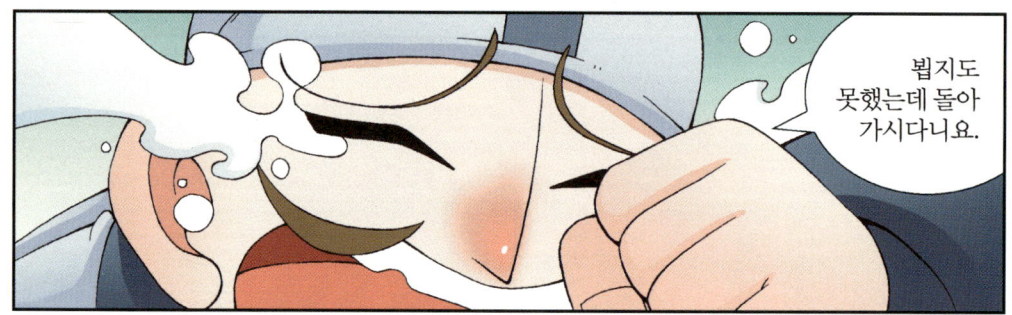

뵙지도 못했는데 돌아 가시다니요.

그때 장안에서 같이 술 마시던 시절이 그립습니다.

탁!

콸콸

최고급 술입니다. 기쁘게 받아 주세요.

광객이 사명산으로 돌아가니, 산음의 도사들 그를 반기네. 임금이 경호 호수를 하사하시니, 그대의 누대와 못의 영광이로세.

사람은 죽고 없는데 옛 집만 남아, 부질없이 연꽃만 피어 있네. 이를 생각하면 지난날이 꿈처럼 아련해, 처연히 내 마음 서글퍼진다.*

사공, 날 선성까지 데려다 주게.

옛 친구를 만나러 가신다더니 벌써 돌아오셨어요?

이미 세상을 떠났네.

* 이백의 시 「대주억하감對酒憶賀監」

그럼 이렇게 서두르실 필요 없잖아요?

대우의 묘지도 볼만하다고요.

지금은 그럴 기분이 아니야.

강동으로 가고 싶은 생각 있지만, 가게 되면 누구와 술잔을 들꼬. 계산에는 하 대인이 없으니, 술 싣고 간 배 그대로 돌아오겠지.*

이백은 굴원을 잇는 최고의 낭만주의 시인으로 후세는 그를 '시선詩仙'으로 추앙했다. 그와 동시대를 산 또 다른 대표적 시인 두보와 함께 '이두李杜'로 불리기도 한다.

* 이백의 시 「중억重憶」

양국충과 반목한 안록산이 난을 일으키다

양귀비가 총애를 얻은 후 그녀의 일가가 대거 등용되었다. 그중 양국충*이 현종의 가장 큰 신임을 받아 중임을 맡았다. 양국충은 군사 대권을 장악한 안록산을 너무 미워해 그를 사지로 몰아넣으려고 온갖 계략을 꾸몄다.

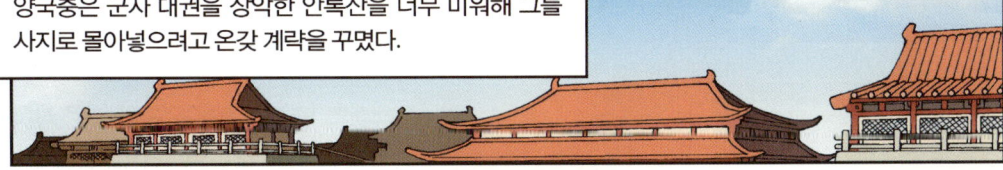

양국충, 무슨 일인데 이리도 다급한가?

안록산이 반란을 일으키려 한다는 첩보입니다.

그는 내가 가장 잘 안다. 그럴 사람이 아니야.

폐하!

* 양국충楊國忠
양귀비의 친척으로 현종에게 중용되었다. 나라를 크게 어지럽혔다가 안사의 난이 일어나 살해되었다.

현종은 양국충의 재촉에 변방을
지키는 안록산을 궁으로 불렀다.

양국충은 그대가
모반을 획책한다
지만 짐은 절대
믿지 않았다.

안록산,
왔구나!

폐하께서 이민족인
신을 마다하지 않고
은총을 더해 주시자
소인들이 이를 질투
하고 있습니다!

억울해요

충직한 안록산
을 양국충이
지나치게 견제
했어.

신은 양
대인에게 죽게
생겼습니다.

그러면
짐이 절대
가만두지
않겠다!

102

설마 모반을 ......?

맞다!

형님이 모반을 꾸몄다가 실패하면 나까지 연루될 텐데.

안록산이 모반을 꾸민다고 안사순이 그러던데, 그게 사실이냐?

아끼던 새가 죽었는데 그런 일에 신경 쓸 겨를이 어디 있어요?

휴, 안록산 얘기만 꺼내면 귀비가 들은 척도 안 하니 ......

103

755년, 안록산과 그의 부장 사사명史思明은 양국충을 제거한다는 명분으로 반란을 일으켰다. 이를 '안사의 난'이라고 부른다.

안록산이 반란을 일으켜 태원으로 쳐들어온다는 급보입니다!

뭐라고?

그놈이 정말 반란을 일으키다니 큰일 났구나!

이는 분명 안록산의 정적이 날조한 거짓 정보일 것이다!

아닙니다. 사실입니다!

태원 부유수 양광화가 이미 포로로 잡혔습니다!

104

닷새 후

동수항성에서도 안록산의 반란 소식이 당도했습니다!

짐이 베푼 은혜를 이렇게 저버리다니!

안록산이 진짜 모반한 것 같은데 어쩌면 좋을꼬?

안서절도사 봉상청封常清이 뵙기를 청합니다.

들라 해라!

빨리 빨리

안록산의 부하들은 그를 따를 리 없으니 혼자서 오래 버티기는 어렵습니다!

그렇겠지?

그대는 전투 경험이 풍부하니 안록산을 막아내라!

명에 따르겠습니다!

당장 낙양으로 달려가 며칠 후 폐하께 안록산의 목을 바치겠습니다!

짐은 그대를 범양·평로절도사에 임명하니 안록산을 토벌하라!

106

하지만 봉상청이 낙양에 당도했을 때 성에는 군사도 많지 않고 쓸 만한 무기도 거의 없었다.

무기고의 무기가 모두 녹이 슬었습니다.

그럼 몽둥이로 무기를 대신해라!

예!

열악해~

즉각 방을 붙여 새로 군사를 모집하라!

그럼 안록산을 대적하기 어렵단 말씀인가요?

그렇다.

신병들이 모두 일반 백성들이라 전투를 치르기는 무리야.

적군의 공격을 늦출 수 있도록 낙양 북쪽의 하양교를 헐어 버려라!

예!

맞서 싸우기 어려우니 성을 사수하는 수밖에 없다.

이게 최선인가

봉상청은 열악한 조건 속에서 사투를 벌였지만 막강한 안록산의 군대를 당해내지 못해 결국 낙양성이 함락되고 말았다.

변령성, 너는 고선지高仙芝의 감군 일을 제쳐두고 황궁까지 어쩐 일이냐?

현종은 낙양이 함락됐다는 소식을 듣고 크게 노해 봉상청의 관직을 강등하고, 섬군과 동관을 지키는 절도사 고선지의 수하로 편입시켰다.

긴급히 아뢸 군사 정보가 있습니다.

어서 말해 보아라.

봉상청이 반군의 실력을 과장하여 군심을 동요하고 있으며 고선지는 역심을 품고 몰래 군량을 빼돌리고 있습니다.

너는 당장 동관으로 가 봉상청과 고선지를 죽여라!

동관

봉상청과 내가 뇌물을 주지 않았다고 이런 식으로 날 모함하느냐!

고선지를 군량 횡령죄로 사형에 처하라!

봉상청은 이미 내 손에 죽었으니 나란히 그를 따라가라.

현종은 강적을 앞에 두고 멋대로 대장을 죽이는 중대한 실책을 저질렀다. 얼마 후 반군은 동관을 격파하고 곧장 장안으로 쳐들어왔다.

마외파 병란으로 양귀비를 죽이다

756년, 안록산은 스스로 웅무황제雄武皇帝라 칭하고 대연大燕을 건국했다. 그는 곧바로 동관을 점령하고 장안으로 돌진했다.

현종은 장안 함락이 임박했음을 알고 금위군의 호위를 받으며 일부 황족과 궁인을 데리고 촉 땅으로 달아났다.

폐하, 잠시 역참에서 쉬었다 가십시오.

폐하와 귀비마마의 저녁 식사입니다.

한편 군영에서는…

112

저희더러 구걸을 하라고요?

누가 식량이 없다 그래? 방금 전에 밥 하는 걸 똑똑히 봤다고!

귀비마마가 사 온 빵이 맛이 없다고 안 드시니

폐하께서 하는 수 없이 쌀을 사서 특별히 밥을 지어 줬대.

지금 때가 어느 땐데 음식을 가리다니!

상황 판단이 전혀 안 되는 여자야!

병사들이 배가 고프다고 아우성 치며 길에 주저 앉았습니다.

114

사람 살려!

양국충을 죽여라!

밖이 왜 이리 소란스러우냐?

양국충 대인이 병사들에게 살해 당했습니다.

폐하!

고력사, 어찌된 일인지 나가 봐라!

예!

117

양국충을 죽인 장병들은 곧장 현종과 양귀비가 있는 곳으로 쳐들어갔다.

다들 양국충의 누이 양귀비가 폐하를 망쳤다고 여기고 있다!

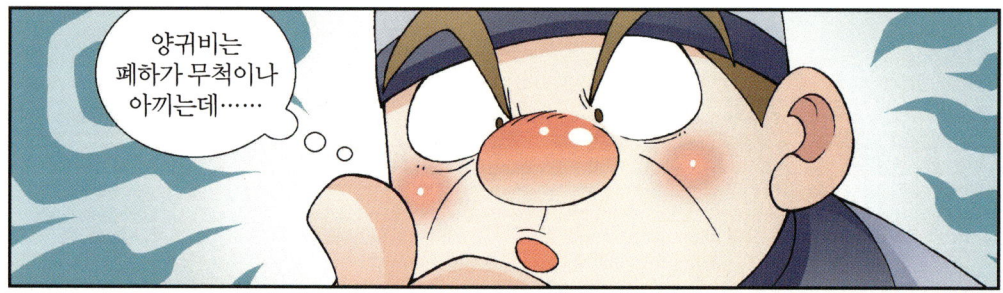

양귀비는 폐하가 무척이나 아끼는데······

양귀비를 내놓지 않으면 어가를 호위하지 않겠다!

고래

고래

118

양귀비를
죽여라!
양귀비를
죽여라!

밖의 소리가
점점 더 커지
는구나!

짐에게
좀 더 시간을
달라.

어찌 단번에
결정을…

형세가
아주 위급합니다.
빨리 결정을
내리십시오!

위악 대인의
말이 옳습니다.
더는 주저하시면
안 됩니다.

폐하, 양귀비를 죽이십시오!

저들이 이미 양국 충을 죽여서 보복을 피하기 위해서라도 꼭 양귀비를 죽일 것입니다.

흑, 그럼 그녀에게 자결을 명해라!

귀비, 힘 없는 짐을 용서하지 마라. 미안하다.

마마!

신첩, 황상과 영원히 이별합니다!

흑흑흑

깍깍

흰 비단을 가져 와라!

양귀비가 자결했습니다!

와, 잘됐다!

시체를 확인하겠소.

좋습니다.

시체는
확인했느냐?

양귀비가
확실히 맞습
니다.

경솔하게
폐하를 놀라게
한 죄 달게 받겠
습니다.

다 국가 사직을
위해 한 일이
아니냐!

짐이 어찌
그대들을 탓
하겠는가?

계속
행군해라.

예!

마외파 병란 이후 현종은 계속 서쪽
으로 도망가고, 태자 이형李亨이 남아
반격 작전을 주도했다. 훗날 이형은
다수의 지지를 받아 황제로 즉위하고
현종은 태상황에 올랐다. 이로써 파
란만장한 현종의 통치 시대가 막을
내렸다.

당 中

땅中

唐

이필李泌

당나라의 은사. 현종부터
덕종德宗까지 4대 동안 벼슬을
지냈다. 관직은 재상에 이르렀고
업현후鄴縣侯에 봉해져 사람들은
그를 '이업후李鄴侯'라고 칭했다.
남악 형산에 은거한 전설적인
인물로 유가, 불가, 도가
모두에서 칭송을 받고 있다.

장순張巡

안사의 난 때 수양睢陽을 죽음
으로 지킨 영웅. 문관 출신이지만
병법에 정통해 반군을 여러 차례
물리쳤다. 그러나 중과부적으로
결국 수양에서 전사했다.

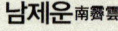

남제운南霽雲

당의 무장. 수양태수
허원, 장순 등과 수양을
굳게 지켰으나 성이 함락
되면서 전사했다.

이형李亨

당 숙종肅宗. 당의 9대 황제로
본명은 이여李璵이며 현종의
아들이다. 그가 집권하던
시기에 당의 중앙 정권이
와해되면서 당은 몰락의
길을 걷기 시작했다.
궁정에서 정변이 일어나
죽었다.

이광필李光弼

거란인. 천보天寶 15년에
곽자의郭子儀의 추천으로
하동절도부사에 임명되었고,
안사의 난 평정에 가담했다.

두보杜甫

당의 현실주의 시인으로
대표작에는 「삼리三吏」,
「삼별三別」 등이 있다. 숙종 때
좌습유를 지냈다. 인격이
고매하고 늘 나라와 백성의
운명을 걱정했다. 평생 1천
5백여 수의 시를 썼고,
'시성詩聖'으로 추앙받고 있다.

유안劉晏

당의 유명한 경제개혁가이자
재정 전문가. 탁지사, 염철사
등을 역임했다. 일련의 재정
개혁 조치를 단행하여 안사의
난 이후 당의 경제 발전에
지대한 공헌을 했다. 하지만
간신이 권력을 장악해
스스로 생을 마감했다.

안진경顏眞卿

당의 저명한 서예가.
'안체顏體'라는 해서체를
창작해 조맹부趙孟頫, 유공권
柳公權, 구양순歐陽詢과 함께
'해서의 4대가'라 불린다.

양염楊炎

당의 재정 개혁가로 양세법兩稅法을
주도했다. 덕종 때 2년간 재상을
역임하며 재정 분야에서 중요한
개혁을 단행했다. 개인적인
원한으로 유안을 모함해 죽였다가
나중에 노기盧杞가 꾸민 간계에
빠져 목숨을 잃었다.

물러날 때를 알았던 이필

755년, 당의 장수들은 태자 이형을 황제로 옹립했는데 그가 바로 숙종이다. 멀리 촉 땅에 있던 현종은 대신을 파견해 황제의 옥책을 이형에게 건네고 정식으로 그의 황제 등극을 승인했다.

폐하, 봉천궁에 은거하는 이필이 뵙기를 청합니다.

이필이 왔다고?

이필!

쿵쿵쿵

폐하, 오랜만에 뵙습니다!

이필, 그대가 와서 너무 기쁘오!

짐이 건녕왕 이담을 병마총수에 임명해 역적 안록산을 토벌하기로 결정했소.

건녕왕은 분명 재주가 뛰어나지만 그에게 군대를 맡겨서는 안 됩니다.

왜요?

건녕왕이 역적을 토벌하는 큰 공을 세우면 그의 수하들이 현재 태자를 뒤엎으려고 사주할 것입니다.

그러면 예전 태종 황제와 태자 이건성의 일이 재현될 수도 있습니다.

그런 골육 상잔의 비극을 보고 싶으십니까?

그대의 말이 옳구려.

그냥 태자 이숙을 병마총수에 임명하는 것이 낫겠소.

이건 그대의 관복이오.

신은 천성이 게을러 관리가 어울리지 않습니다.

국난이 눈앞에 닥쳤으니 짐을 도와주시오!

며칠 동안 신이 군대를 배치하고 진을 치지 않았습니까?

관복이 없으면 사병을 지휘할 수 없소.

지금 군영 내에서는 일개 평민이 사병을 지휘한다며 말들이 많아지고 있소.

짐도 강요할 마음은 없으나 지금은 비상시국인 만큼 꼭 받아주었으면 하오.

알겠습니다.

그대를 시모 군국, 원사부 행군 장리에 임명하는 공문이오.

일부러 덫을 파놓고 신을 속이셨군요?

헤헤, 들켰구려.

이로써 이필은 관리로 등용돼 정식으로 조정에 나가 국사를 논의했다.

범양은 반군의 근거지입니다.

범양으로 곧장 쳐들어가 퇴로를 끊으면 반군을 철저히 궤멸할 수 있습니다.

이필, 반란을 평정할 계책을 말해 보시오.

좋은 계책 이긴 하오만 ……

이러지도 저러지도 못하겠으니 속이 타는구나.

무슨 걱정 이라도 있으십 니까?

어서 결정을!

이 대인, 그만하시오!

132

이필은 역적을 멸할 기회를 앞에 두고 주저하는 숙종의 속내를 몰라 마음이 답답했다.

폐하께서 등극하신 후 장안 종묘에 제사를 올리지 못했습니다.

그래서 늘 조상님께 황위를 인정받지 못했다고 여기십니다.

범양을 공략하면 금방 장안을 수복할 수 있는데 순서가 뭐가 그리 중요하답니까?

실은 범양을 공격하는 동안 대왕 중 누가 먼저 장안으로 들어가 황위를 빼앗을까 걱정하시는 거라오.

!!

아! 보위 때문에 대세를 돌아보지 못하는구나!

757년, 안록산은 황위를 애첩의 아들에게 물려 주려다가 이에 반감을 산 장남 안경서에게 목숨을 잃고 말았다.

안록산이 그의 아들 안경서에게 살해되었습니다!

들던 중 반가운 소식 이구려!

안경서는 우매하고 나약하여 장수들이 순종하지 않아 군심이 흐트러질 것입니다.

형세를 보아 하니 곧 장안을 수복할 수 있겠소!

그렇습 니다.

짐은 장안을 수복한 후 꼭 해야 할 일이 있소.

무슨 일 입니까?

이임보가 생전에 여러 차례 짐을 해하려 했소.

그의 무덤을 파헤쳐 뼈를 재로 만들고 말겠소!

폐하, 그러시면 안 됩니다!

극악무도한 자를 처벌하는 게 무슨 잘못된 일이오?

그렇게 하시면 사람들이 폐하를 하찮은 원한이라도 반드시 갚는 속 좁은 분으로 여기게 됩니다.

이필의 집

선생!

태자 전하, 무슨 일이 십니까?

징비마미기 선생이 황후 책봉을 말렸다는 얘길 듣고 성국공 이보국과 모의해 선생을 해치려 하고 있소!

이숙*

그들이 부황 앞에서 선생의 험담을 늘어놓고 있다고 하오.

어쩐지 폐하 께서 요즘 부르 시지 않는다 했더니.

그랬군요—

* 이숙李俶
  당나라의 8대 황제 대종代宗. 나중에 이름을 이예李豫로 고쳤다.

137

138

이필은 스스로 물러날 때가 왔음을 알고 숙종에게 사직을 청했다.

그대를 이렇게 보낼 수는 없소!

폐하께서 신을 놓아 주지 않으시면 신을 해치게 되실 겁니다.

짐이 어찌 경을 해치겠소? 짐을 공신이나 마구 죽이는 폭군으로 보는 것이오!

신을 죽이지 않으실 건 알지만 이미 신은 마음을 굳혔습니다. 허락하지 않으시면 몰래 도망가면 됩니다.

하지만… 그대와 헤어지기가 아쉽소.

힝~

떠나기 전에 한 가지 드릴 말씀이 있습니다.

무엇이오?

전에 장회태자 이현은 살해 위협을 받자 「황대과사黃臺瓜辭」를 지어 무황후에게 살려 달라고 간청했습니다.

하지만 태자는 결국 살해되고 말았잖소.

그 얘긴 갑자기 왜?

태자 이숙에게 장회태자의 비극이 재연되지 않길 바랍니다.

알겠소. 짐이 「황대과사」를 허리에 차고 태자를 꼭 보호하리다.

이필은 숙종이 환난은 같이해도 안락은 같이 누릴 수 없다고 여겨 과감하게 관직을 모두 버리고 산속으로 들어갔다. 한편 숙종이 이필의 건의를 받아들여 태자를 해하려던 장비의 음모는 끝내 성공하지 못했다.

회흘에게 병사를 빌려 반란을 진압하다

757년, 안록산이 아들 안경서에게 살해되자 숙종은 반군 내에 분란이 생긴 틈을 타 일시에 진공하여 장안과 낙양을 수복하길 바랐다.

안서, 북정, 발한나, 대식 등지에서 우리에게 구원병을 보냈습니다.

오, 그거 잘됐소!

곽자의*, 어느 쪽 구원병이 가장 강한 것 같소?

가장 강하기는 회흘 군대입니다.

회흘의 갈륵칸에게 군사를 빌려 반란을 평정하십시오.

* 곽자의郭子儀
당나라의 무장. 안사의 난을 진압하고 회흘과 토번을 무찌르는 데 큰 공을 세웠다.

141

좋소. 짐이 당장 회흘에 사신을 보내 겠소.

현명하십니다!

회흘

우리가 출병하면 무슨 이득이 있소?

장안과 낙양을 수복하면 성 안의 금은보화와 여자를 선물하겠습니다.

중원의 금은보화와 여자라……

흐흐흐

142

좋소. 내 아들 엽호와 장수 제덕에게 정예병 4천을 거느리고 돕도록 하겠소!

감사합니다!

이때 당의 대장인 태자 이숙은 이사업과 곽자의에게 장안의 반군을 공격하라고 명해 양군이 성 밖에서 교전을 벌였다.

이귀인, 오늘이 네 제삿날이다!

이사업, 그 정도 군사로 감히 우리에게 대적하겠다고?

큭큭

하하하

와~

이사업, 우리 회흘의 구원병이 왔소!

엽호 왕자!

회흘 군대라고?

큰일 났습니다. 장안 동쪽의 군대가 회흘군에게 전멸했습니다!

뭐?

가증스런 회흘 놈들이 당군을 돕다니!

곽자의의 군대도 쳐들어옵니다!

끝장이다.

빨리 철수 하라!

예!

어딜 달아나 느냐?

당군은 회흘의 도움으로 마침내 장안을 되찾았다.

관군이 왔다!

長安

태자, 약속대로 장안의 금은보화와 여자를 선물로 주시오.

막 장안을 수복했는데 회흘군에게 약탈당하면 백성이 불안에 떨 텐데.

146

곽자의는 승세를 몰아 동쪽으로 진격하여 신점에 이르렀다.

이 근처에 영채를 차려라.

곽자의는 내 칼을 받아라!

반군 장수 엄장이다!

엄장의 군대가 이리도 강할 줄이야!

와—

와—

149

낙양

폐하, 당의 황제가 뜻밖에 회흘에게 구원병을 청했습니다.

뭐라고?!

그럼 전혀 방법이 없단 말이냐?

회흘군이 너무 사나워 그들을 대적하기 어렵습니다.

안경서

힘겨워요…

할 수 없지. 낙양을 버리고 철수하라!

명에 따르겠습니다!

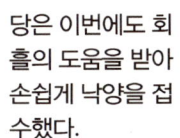

당은 이번에도 회흘의 도움을 받아 손쉽게 낙양을 접수했다.

이번에는 약속을 꼭 지켜서 회흘 병사들을 기쁘게 해 주길 바라오.

그게…

보상 방식을 바꾸면 어떨까요?

뭐요?

낙양의 비단을 모두 드리면 어떻겠습니까?

좀 난처하긴 하지만 이들에게 많은 재물과 여자까지 내어 줄 순 없어.

양이 어느
정도요?

수만 필은
됩니다.

그 정도로는
턱도 없소!

장난해?

하지만 회흘과
당의 우호를 고려
해 이번만은 그리
하도록 하겠소.

고맙소
이다!

이숙은 대종代宗에 즉위한 후 또다시 회
흘에게 군사를 빌렸다. 하지만 전에 한
입으로 두말을 한 탓에 회흘은 출병 도
중 마구 백성들의 재물을 약탈했다.
763년, 당은 회흘군의 도움으로 마침
내 안사의 난을 평정할 수 있었다.

목숨을 걸고
수양성을
지키다 上

안사의 난이 발발한 후, 오
왕 이저는 하남의 군마를 거
느리고 반군에 대항하고 장
순은 옹구를 지켰다.

옹구가 반군에게 포위돼
성이 무너지려 하자 장
순은 수양으로 후퇴해
태수인 허원과 함께 맞
서 싸웠다.

장순, 보게.
적군에 대장이
여덟 명이나
있네!

제길!

저 여덟 명 중
누가 과연 대장
윤자기일까?

적을 잡으려면
먼저 대장을 잡아
야 하는데 대체 누
군지 알 방법이
없으니, 원.

장순,
빨리 방법을
생각해 보게!

허원 대인,
염려 마십시오.
제가 꼭 대장을
가려내겠
습니다!

궁수들에게
성 밖으로 쑥
을 발사하게
하십시오.

쑥?!

154

슈슈슉─

성에서 왜 쑥을 발사 하지?

당이 요술을 부리려는 건가?

빨리 장군에게 보고하자!

이렇게 한 이유가 대체 뭔가?

기다려 보십시오. 병사들이 영문을 몰라 분명 윤자기에게 아뢸 것입니다.

남제운, 대장을 알아내면 즉시 쏴 죽여라!

예!

장군님, 적이 쑥을 계속 쏴 댑니다!

뭐?

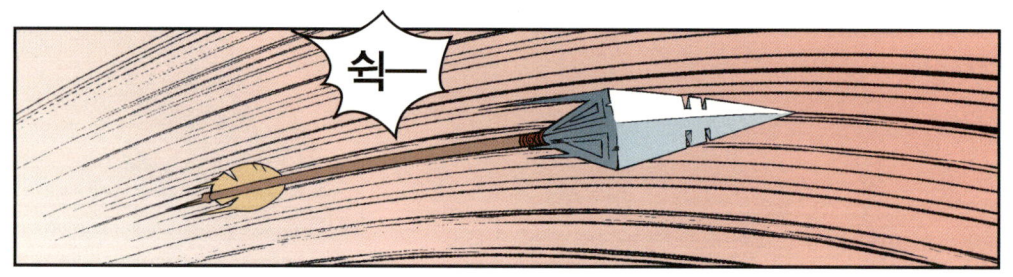

쉭—

악!
내 눈!

이런,
실패했잖아!

전군에 북을
울리고 출격을
명하라!

예!

157

오늘 대승은 다 그대 덕분이다!

과찬이 십니다!

군사적 재능은 그대가 나보다 나으니 군대는 이제 그대가 지휘하라!

재능을 알아봐 주셔서 감사합니다!

이제 나는 군량을 조달하고 무기를 정비하는 데 전념 하겠다.

참, 제가 이상한 점 하나를 발견했습니다.

그게 무엇인가?

반군이 매번 아군의 가장 취약한 곳을 공격해 오는 것이 내부에 첩자가 있는 듯합니다.

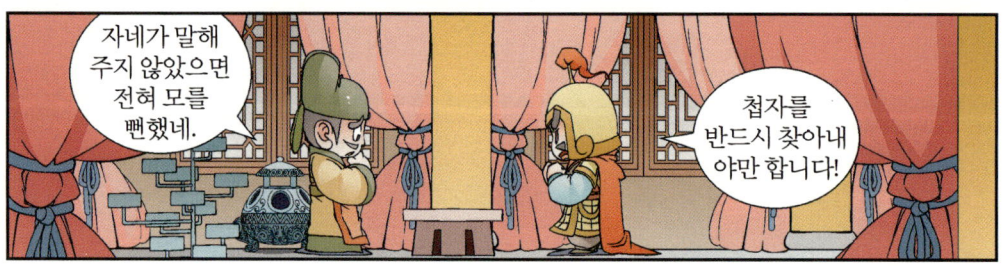

자네가 말해 주지 않았으면 전혀 모를 뻔했네.

첩자를 반드시 찾아내야만 합니다!

158

159

마일승이 뵙기를 청합니다.

뭐라고?

그의 흉계를 조심하셔야 합니다.

들라고 해라.

예!

긴히 아뢸 말씀이 있으니 주위를 물리쳐 주십시오.

감히 적과 내통을 해!

160

그만 나가 보아라.

하지만......

저런 놈을 그냥 놔두다니.

대인, 죽을죄를 졌습니다!

털썩

전수영이 제가 군기를 어긴 약점을 잡고 협박하는 바람에......

흑—

다들 목숨을 걸고 싸우는데 제가 개돼지보다 못한 일을 저질렀습니다!

잘못을 알고 고치는 것보다 좋은 건 없다. 일어나라!

전수영이 네게 말한 계획을 얘기해 봐라.

예!

오늘밤 적군에게 성문을 열어 주라고 했습니다.

장순은 전수영의 계획을 다 듣고 대책 회의에 들어갔다.

저들의 계획을 역이용해 다리를 내리고 반군을 성에 들어오도록 하라.

반군이 절반쯤 들어왔을 때 다리를 올리고 성문을 닫으면 적은 양분이 된다.

뢰만춘, 너는 성문 입구에 매복해 있다가 적군이 들어오면 죽여 버려라!

그런데 왜 일부만 죽이십니까?

그들을 모두 죽이는 게 낫지 않습니까?

적군은 13만이고 우리는 겨우 6천이다. 전군이 붙으면 필패하게 된다.

남제운, 너는 전수영의 장막으로 가 그를 죽이고 뢰만춘을 도와라!

예!

당직 장수는 누구로 교체할까요?

그대로 마일승에게 맡겨라.

배신자를 왜?

왜 마일승을 교체하지 않으십니까?

순서에 따라 오늘 당직 장수는 마일승인데 갑자기 사람이 바뀌면 적의 의심을 산다.

마일승이 모든 사실을 털어놓았다는 건 진심으로 후회하고 있다는 뜻이다.

만일 마일승이 배신하면 어떡합니까?

그에게 속죄할 기회를 주는 게 마땅하다.

지당한 말씀입니다!

각자 위치로 돌아가 도둑 잡기 놀이를 준비하라!

반군 놈들에게 본때를 보여주자.

목숨을 걸고
수양성을
지키다 下

그날 밤

성벽에
등롱 세 개를
걸어라!

예!

반군이 암호를
보고 횃불 세
개를 밝혔어.

자,
지금이다!

성문을
열고 다리를
내려라!

예!

다다다

성문을
닫고 다리를
올려라!

화살
발사!

슝—

슝—

슝—

으악!

166

포로들로부터 조정에서 이미 하남절도사 하란진명에게 수양을 구원하라고 명했다는 정보를 얻었습니다.

잘됐구나!

그런데 하란 대인이 출병을 꺼리고 있답니다.

뭐라고?

아마도 그가 전황을 잘 몰라 경거망동하지 않는 듯하다.

제가 포위를 뚫고 하란 대인에게 가서 전황을 설명하고 구원병을 청하겠습니다.

좋다. 위험하니 조심하도록 해라!

남제운은 겹겹이 쌓인 포위를 뚫고 임회로 달려가 하란진명에게 구원을 청했다. 하지만 하란진명은 수양을 구할 마음이 전혀 없었고, 다만 남제운의 용맹에 감탄해 연회를 베풀어 그를 자기 부하로 삼으려 했다.

대인, 군대를 보내 주십시오!

당장!!

우선 식사부터 하고 얘기하게!

수양이 포위로 고립돼 곧 무기와 식량이 다하게 됩니다. 구원병을 보내지 못하면 아무리 진수성찬이라도 넘어가지 않습니다.

강한 군대를 거느리고 있으면서 눈뜨고 수양의 함락을 지켜보는 것이 충의지사의 행동입니까?

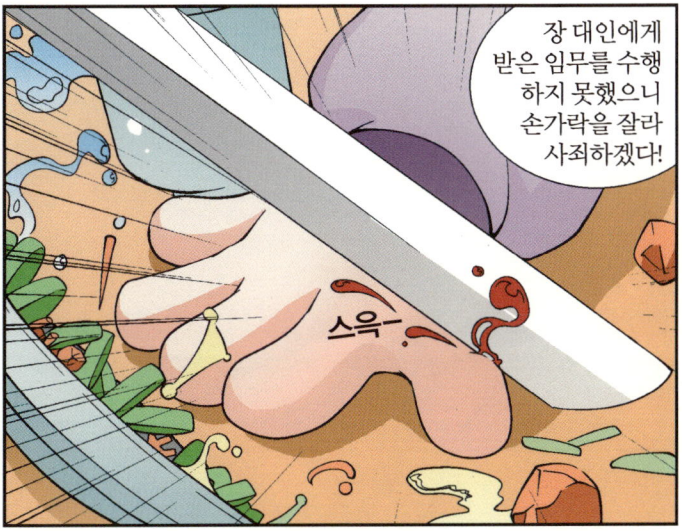

장 대인에게 받은 임무를 수행하지 못했으니 손가락을 잘라 사죄하겠다!

스윽─

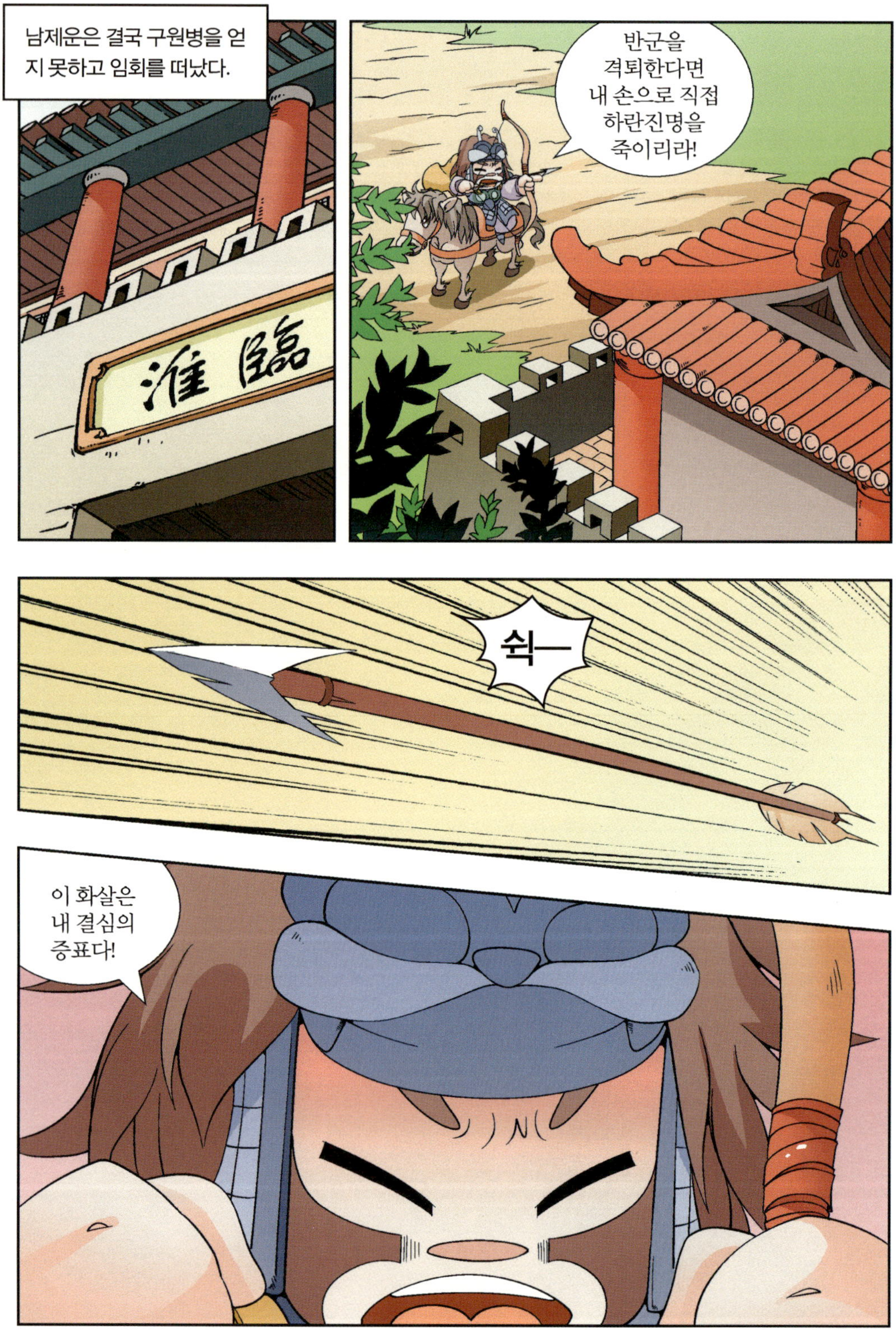

남제운은 결국 구원병을 얻지 못하고 임회를 떠났다.

淮臨

반군을 격퇴한다면 내 손으로 직접 하란진명을 죽이리라!

쉭—

이 화살은 내 결심의 증표다!

수양성

하란진명이 출병을 거부 했습니다.

구원병이 없으면 수양을 지키기 어렵다.

엉엉……

그럼 수양을 버리고 퇴각 하시죠!

안 된다!

도리   도리

수양은 강회로 통하는 요지라 이곳을 지켜야 강회의 안전이 보장된다!

쾅!

나라의 재정 수입 대부분이 강회에서 나오는데 이곳을 지키지 못하면 나라가 망하게 된다!

지금 우리가 할 수 있는 일은 수양을 사수하여 적의 전진을 막는 것이다!

몇 달만 더 버티다 보면 구원병이 올 수도 있다!

남제운, 왜 그러나?

콰당!

강행군에 지쳤나 보구나.

얼마나 힘드실까.

172

몸은 좀 어떤가?

뢰만춘, 성 안에 식량이 다 떨어져 갈 텐데 이 고기죽은 어디서 난 건가?

마지막 남은 말고기로 쑤었네.

지금 성 안에 식량이 다 떨어져서 전마를 잡아 허기를 채우는 실정이네.

아!

전마도 다 먹으면 나무껍질이나 쥐를 잡아 연명해야지!

757년 10월, 식량이 떨어진 지 오래된 당군은 더 이상 싸울 힘을 잃어 결국 수양성이 함락되고 말았다.

173

어서 가라!

폐하, 신이 수양성을 지키지 못 했으니 죽어서 악귀가 돼서라도 적을 다 없애겠습니다!

아닐 거야. 과장된 것이겠지.

장순, 싸울 때 이를 악물어 이가 다 빠졌다는데 사실이냐?

내 너희 역적 놈들을 다 죽이지 못하는 것이 원통해 이를 꽉 악물었다!

사실인지 한번 보고 싶구나.

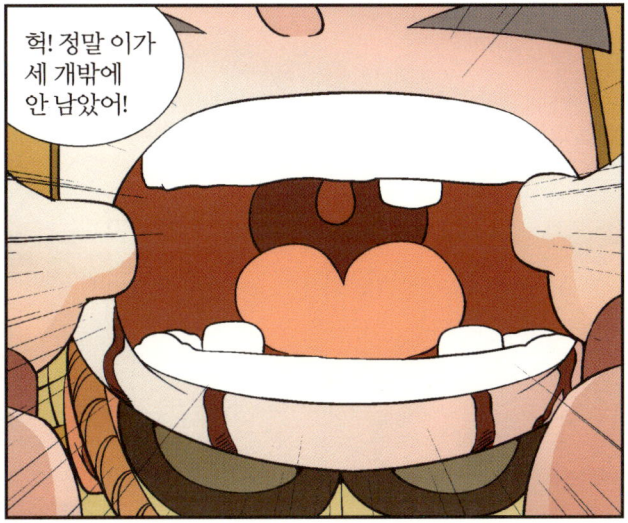

헉! 정말 이가 세 개밖에 안 남았어!

기개가 대단하군.

투항한다면 목숨을 살려 주겠다.

난 절대 항복하지 않는다!

여봐라, 장순을 끌고 가 참수하라!

쳇ㅡ

남제운, 항복하지 않겠느냐?

끙...

죽는 한이
있어도 절대
적에게 투항해서는
안 된다!

죽는 건 두렵지
않다. 다만 내 손
으로 하란진명 놈을
죽이지 못하는 것이
원통할 뿐이다!

장순과 남제운, 뢰만춘 등
장수 36명이 살해되고, 허
원은 압송되는 도중에 피
살되었다.

수양 함락 사흘 후 하란진
명과 교체된 하남절도사
장호가 출격해 나흘 만에
수양성을 수복했다.

수양 수성전은 이렇게 비극으로
끝이 났다. 후대에 장순과 허원
을 기리기 위해 쌍충묘를 건립
하고 허원과 장순을 각각 문안
존왕, 무안존왕이라고 칭했다.

176

이광필이 지혜로 사사명을 물리치다

장순 등이 수양성을 사수하던 바로 그때, 반군 대장 사사명은 10만 대군을 이끌고 태원으로 진격했다.

숙종은 이 소식을 듣고 반란을 평정하고 싶었으나 충분한 병력을 조달하지 못했다.

이광필, 군사를 이끌고 태원을 구원하시오!

네?

신이 거느린 사병 대부분이 삭방군에 차출돼 지금은 채 5천 명도 남지 않았습니다.

태원의 군대까지 같이 지휘하면 사사명에 대항할 병력은 될 것이오.

태원의 수비군이라야 고작 5천 명인데, 1만으로 어떻게 10만을 당해내라고……

그 사이 사사명이 이끄는 반군은 태원을 더욱 압박해 들어왔다.

반군이 태원을 겹겹이 포위했습니다.

병사들에게 반군이 성으로 들어오지 못하게 사수하라고 일러라!

예, 장군!

중과부적이라 굳게 지키는 것 외엔 달리 방법이 없다.

사사명은 아무리 공격해도 성이 쉽사리 함락되지 않자 당군을 성 밖으로 유인할 계책을 생각해 냈다.

사사명이 태상황과 양귀비로 분한 사병 둘을 성 아래로 보내 지금 공연을 벌이고 있습니다.

사사명이 머릴 썼구나.

군사들이 이를 보고 화가 머리끝까지 나 성문을 열고 결사전을 벌이자고 아우성입니다!

허락 없이 성을 나가는 자는 당장 목을 베겠다고 명해라!

예, 장군!

그리고 무대까지 통하는 땅굴을 파 공연하는 군사를 잡아 와라.

역으로 이용하자!

182

사 장군님, 태원 수장 이광필이 공연하던 병사의 목을 성 아래로 던졌습니다.

뭣?

史

가증스런 이광필 놈!

돌을 쏴라!

쿵!

으악!

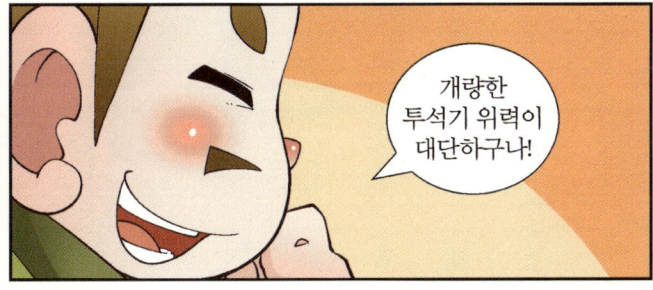

개량한 투석기 위력이 대단하구나!

183

사사명 진영

분부하신 비루(飛樓)가 완성 됐습니다!

수고했다!

비루는 운제*를 개량 한 것이다.

성과 높이가 같고 거대한 바퀴 가 있으며 가운데 병사를 숨길 수 있다.

비루를 성벽까지 이동 시키면 병사들이 쉽게 성벽을 넘어 갈 수 있다.

이제 이광필은 끝장이다!

* 운제雲梯
  성을 공격할 때 사용하던 높은 사다리.

184

반군 진영의 저 거대하고 괴상한 물건은 어디에 쓰는 것이냐?

저건 운제 같아 보이는데요.

운제라? 설마 사사명이 성벽을 넘어오려는 건가?

네?

정말 그렇다면 이제 어쩌죠?

그럼 우리는 운제에 대항할 수 있는 방법을 찾으면 된다.

성문 밖에 큰 구덩이를 파고 나무판으로 가린 다음 진흙을 덮어라. 거기를 밟으면 운제가 무너지며 구덩이에 빠질 것이다.

185

사사명은 이를 모른 채 비루를 끌고 태원성으로 진격했다.

돌격!

으악!

하하, 반군이 정말 구덩이에 빠졌습니다!

사사명은 날 따라오려면 아직 멀었다.

불화살을 발사하라!

쉭~

쉭~

쉭~

활활~

186

사사명 진영

죽일 놈!
비루를 모두
재로 만들어
버리다니!

비루에
돈 많이 들였
는데…

장군, 이광필
이 항서를 보냈
습니다.

거짓 항복이
아니냐?

태원성의
식량이 다 떨어져
더 이상 버틸 수
없다고 합니다.

뭔가…

그런
거였구나
……

좋다. 내일
태원성으로 가
이광필이 성문을
열고 항복하길
기다리자!

이제 항복 하겠소!

하하 ……

아이고!

분노한 사사명은 이광필과 결판을 보려고 했지만 범양을 지키라는 안경서의 명을 받고 하는 수 없이 돌아갔다. 태원에 남아서 성을 공격하던 부장들은 이광필에게 참패하고 철수했다.

장군, 병사들이 계속 구덩이에 빠지고 있습니다!

뭐라고?

태원 수성전은 역사에서 가장 모범적인 방어전으로 꼽힌다.

뜻을 이루지 못한 시성 두보

747년, 현종이 구현령求賢令을 발표한 후 재상 이임보가 시험을 주관했다. 이에 재주를 가진 선비들이 모두 도성으로 몰려들었다.

만일 시험에 합격한 선비가 폐하 앞에서 이 대인의 험담을 하면 어떻게 합니까?

그 전에 전부 낙방 시키면 된다.

시험에 한 명도 합격하지 않으면 폐하께서 의심하시지 않을까요?

그럴 리 없다.

영명하신 폐하께서 인재를 모두 기용하여 민간에 인재가 남아 있지 않다고 하면 된다.

두보, 방에
자네 이름이
붙었나?

합격자가
아무도 없네.

어떻게
그런 일이?

지금은 권력에
빌붙어야 발탁이
가능하다네.

휴…

이후 두보는 황제와 권문세가에게 시를 올려 인정을 받아 마침내 관직에 올랐다.

우위솔부의 주조참군이 된 걸 축하하네!

그게 무슨 축하받을 일인가?

10년 동안 난 "아침이면 부잣집 문 두드리고 저녁에는 살찐 말 뒤를 따라다니며 남은 술과 식은 안주를 먹고 가는 곳마다 슬픔과 고통을 맛보는"* 생활을 했네.

그런데 고작 병기와 창고 열쇠나 지키는 말단 관리라니!

쾅!

* 두보의 시 「증위좌승贈韋左丞」

191

안사의 난이 발발한 후 두보는 장안에서 달아났다가 도중에 불행히도 반군에게 포로로 잡혀 다시 장안으로 압송되었다.

두보는 지위가 높지 않은 관계로 삼엄한 감시를 받지 않아 행동이 자유로웠다.

세상에나! 장안성이 완전히 폐허가 됐잖아!

흑흑……

그대는 누군데 이리도 슬피 울고 있소?

난 왕손이라는 황실 종친이오. 폐하께서 촉으로 달아나시면서 날 데리고 가지 않았소.

흑흑

192

집 안의 물건들은 반군이 깡그리 약탈해 가서 여기서 구걸을 하며⋯⋯

이런! 반군은 장안성에 들어와 살육과 약탈을 저지르고

폐하는 목숨을 건지려 친척까지 내팽개치다니!

내 말이⋯

폐하와 반군 모두 인명을 초개같이 여기는구나!

장안성 머리 위의 흰 까마귀, 밤에 연추문 위를 날며 우네.

허리엔 보석 구슬과 산호초 차고 있는데, 가련하구나! 왕손이 길모퉁이에서 눈물 흘리네.

고종 황제 자손들 모두 코가 높아서, 왕족은 자연스레 평민과 다르다네.

시랑豺狼은 장안에 있고 황제는 촉 땅들에 있으니, 왕손은 천금 같은 귀한 몸 잘 보전하소서.*

* 두보의 시 「애왕손哀王孫」

전에 유람객 빼곡하던 곡강이 지금은 쥐 죽은 듯 고요하네.

태상황과 양귀비가 곡강 별궁에서 함께 지냈지만 지금은 이승과 저승으로 떨어져 있네.

소릉의 촌로가 울음을 삼키며 통곡하네. 봄날 몰래 곡강 언저리에 갔는데

강가 궁궐은 문마다 잠겨 있었네. 가는 버들잎 새 부들은 누굴 위해 푸르던가.*

* 두보의 시 「애강두哀江頭」

194

집에서 편지가 왔어!

집안이 평안하다니 다행이구나!

나라는 깨졌으나 산하는 그대로 있고, 도성에 봄이 오니 초목이 우거졌네. 시절이 어수선하니 꽃을 보아도 눈물이요, 이별이 한스러워 새소리에도 마음 놀라네.

봉화는 석 달 동안 이어지고, 집에서 온 편지 만큼에 해당하네. 하얗게 센 머리 긁어서 더욱 빠지고, 머리를 다 모아도 비녀 꽂지 못하네.*

드디어 장안을 탈출했다!

봉상으로 새 황제를 뵈러 가 충성을 다 해야겠다.

두보는 짚신을 신고 찢어진 옷에 양 팔뚝을 드러낸 채 숙종을 알현했다. 그는 마침내 좌습유에 임명돼 입조해 정사를 논하는 관원이 되었다.

* 두보의 시 「춘망春望」

방관의 부대가 전멸 하다니……

방관 대인은 위법을 저지르다가 반군에게 참패한 것입니다.

하란진명, 그가 무슨 위법을 저질렀소?

고하시오!

방관의 문객 동정란이 뇌물 받는 걸 도와줬 다고 합니다.

이런 돼먹지 못한! 당장 방관을 파면하라!

현명하 십니다.

196

197

좌습유의 직책이 폐하께 간언하는 것이니 두보는 잘못이 없습니다.

위척 대인의 말이 옳습니다. 두보를 처벌한다면 이후에 감히 직언하는 신하가 없을 것입니다.

위척과 장호가 그대를 위해 용서를 구하니 더 이상 죄를 추궁하지 않겠다!

성은이 망극합니다!

흥!

다행이야…

198

관직에 오른 지 보름 만에 폐하의 노여움을 샀구려.

지금은 살아서 장안을 나가는 것만도 다행이오.

맞소. 이번 일은 마음에 담아두지 마시오.

휴, 1년 동안 집에서 편지를 못 받아 가족들이 잘 지내는지 모르겠구려!

휴가를 얻어 가족을 보러 가는 건 어떻겠소?

조정 업무가 많아 지금 떠나는 건 시기적으로 좋지 않소.

폐하께서 화가 많이 나 있으니 잠시 자리를 비워 소나기를 피하도록 하시오.

가족을 만나고 돌아오면 앞으로 재능을 펼칠 기회가 올 것이오.

두 분 말이 맞소. 내일 휴가를 청하리다.

두보는 가족을 만나러 가는 길에 시로 각지의 견문 기록을 남겼는데 이를 '시사詩史'라고 부른다. 두보는 후대 사람들에게 '시성詩聖'으로 추앙받았다.

글자가
그 사람을
대변한 안진경

형님과 조카가
이렇게 비참하게
가다니!

어흑

안 대인께서는
포로가 된 후
안록산을 욕하다
혀가 잘리셨
습니다.

흑흑

756년, 상산성이 사사명에
게 함락돼 평원군 태수이자
유명한 서예가 안진경의 사
촌형인 안고경과 그의 아들
안계명이 피살되었다.

형님의 순국은
우리 안씨 집안의
자랑이다!

삼촌 ……

천명아, 왜 그러느냐?

낙양에서 부친의 시신을 찾아 조상 무덤에 안장했는데……

삼촌께서 비문을 써 주셨으면 합니다.

그러마!

얼마든지—

먹을 갈아라!

202

203

전에 내가 평원에 있고 고경 형님이 상산에 있을 때 계명이 항상 두 곳을 오가며 서신을 전해 준 기억이 나는구나.

아~

부친께서 태원윤 왕승업에게 구원을 청했는데 그가 나 몰라라 했습니다!

불쌍한 계명은 왕승업 이 소인 놈 때문에 죽은 것이구나!

부친의 비문을 새긴 후 동생의 제사를 지낼 생각입니다.

제삿날 꼭 내게 알리 도록 해라.

204

안진경의 집

곧 있으면 계명의 제사이니 그를 위해 제문을 써야겠다.

사삭—

대인, 붓에 먹물이 없습니다!

엇!

토문을 되찾아 적의 기세가 크게 꺾였지만 간신들이 구원병을 보내지 않아 성에서 외롭게 싸우다가 아버지는 포로로 잡히고 아들은 죽었구나.

계명아!

「제질문고祭侄文稿」는 안진경이 극도로 비분한 심정에서 써 내려가 글자 하나하나에 그의 감정 기복이 그대로 드러나 있다. 매우 진귀한 이 서예 작품은 천하 제2 행서로 칭송된다.

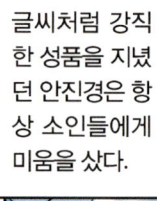

글씨처럼 강직한 성품을 지녔던 안진경은 항상 소인들에게 미움을 샀다.

안 대인, 어디 절도사로 나가고 싶소?

네?

재상 노기가 날 조정에서 쫓아내려 하는구나.

재상, 회서의 이희열이 배신했는데 어쩌면 좋겠소?

안진경이 나이만 앞세워 항상 날 가르치려 드는데 이 기회에 아주 없애 버리자!

잘됐군!

이희열은 젊고 용맹하여 덕망이 높은 대신을 보내야 설득할 수 있습니다.

즉시 안진경을 선위사에 임명해 이희열을 달래도록 하라!

어느 대신이 이 조건에 부합하오?

태자태사 안진경입니다.

208

이 조서가 내려지자 조정 대신들은 안진경은 이제 죽은 목숨이라고 여겼다.

이는 노기가 남의 손을 빌려 그를 죽이려는 것이다!

나는 황실 종친으로서 조정의 원로 한 분을 잃을 수 없다! 폐하께 안 대인을 보내지 말라고 몰래 상주해야겠다.

빨리 가서 안 대인이 못 가도록 막아라!

이면 대인, 안 대인께선 이미 한발 앞서 떠나 셨다 합니다.

뭐?

아! 하늘의 뜻이란 말인가!

안진경은 허주로 가 이희열을 만나 투항을 권유했는데 이희열은 안진경의 대쪽 같은 성품을 알고 오히려 그를 재상으로 기용하려 했다.

지금 원수께서 황제를 칭하려 하는데 마침 태사가 왔으니 준비된 재상이 아니겠습니까?

나이 여든에 무슨 재상이란 말이냐!

죽음도 두렵지 않은데 내가 그 따위 유혹에 넘어가겠느냐!

뭐? 황제?!

태사는 말로 해서 안 되겠구려!

좋게 봐줬더니─

여봐라, 태사를 옥에 가둬라!

210

내 말을 듣지 않으면 구덩이에 산 채로 묻어 버리겠다!

어디 얼마나 버티나 보자.

그만 날 협박하고 빨리 단칼에 죽여라!

요지부동

정말 고집불통 이구나!

1년 후, 이희열이 대량에서 황제를 칭했다. 얼마 후 그의 동생 이희천이 덕종에게 살해되자 이희열은 크게 노하여 환관을 보내 안진경을 목 졸라 죽이라고 명했다.

성지가 당도했소!

어떻게 장안에서 여기까지 온 것인가?

난 장안이 아니라 대량에서 왔소.

알고 보니 이희열의 앞잡이였구나!

죽음이 눈 앞에 닥쳐서도 입만 살았구나!

안진경의 글씨는 웅장하고 힘 있으며 기세가 드높아 마치 무사처럼 위풍당당했다. 그의 사람됨 역시 그의 글씨처럼 공명정대하고 강직했다.

글자가 바로 그 사람을 대변한다는 말은 안진경에게서 완벽하게 구현되었다.

당의 경제 부흥을 이끈 유안

안사의 난 동안 낙양이 반군에게 점령되어 강회에서 식량을 운반하는 뱃길이 끊겼다. 이후 안사의 난이 평정되자 강회의 뱃길을 개통하여 강남의 식량을 북방으로 원활하게 운반하는 것이 급선무가 되었다.

변송의 수로를 장기간 수리하지 않아 강남의 식량이 양한의 육로로만 운반되고 있소.

양한 육로는 길이 험하고 수송력이 한계가 있어서 이를 통해 운반되는 식량으로는 관중의 수요를 감당해 내기 어렵소.

유안, 변송의 수로를 다시 개통해 원래 강남 뱃길을 회복하시오!

명을 받들겠나이다!

유안은 몸소 문하를 따라 시찰한 후 뱃길 개통에 대한 문제점을 파악하고 대책 마련에 나섰다.

변송 수로가 막힌 근본적인 원인은 통제거에 진흙이 침전되었기 때문이다.

즉시 일손을 조직해 강바닥의 진흙을 제거해라!

예!

뱃길 수송에 관해서 한 가지 드릴 말씀이 있습니다.

말해 봐라.

전에는 뱃길을 따라 백성들이 배를 끄는 데 복역했습니다.

하지만 보수가 없어서 열심히 일하지 않은 탓에 배의 속도가 아주 느렸습니다.

그럼 이제 부터 관부에서 일꾼을 고용하 도록 하자!

좋은 생각이십 니다!

그대가 조선소 관리인가?

그렇습니다.

Hi~

일꾼들을 잘 감독해서 되도록 빨리 배를 건조하도록 하게.

예!

모든 일꾼은 시간에 따라 삯을 지급하고 조선소에 필요한 경비는 내게 수령하게.

비용은 얼마나 대주십니까?

배 한 척당 1천 관이네.

배 한 척 만드는데 그렇게 많은 돈은 필요하지 않습니다.

부담

배 만드는 기술자들 대개가 작은 이익을 탐해서 일부러 돈을 많이 책정했네.

네엣?

그래야 자재를 규정보다 적게 들이지 않고 항해에 꼭 맞는 튼튼한 배를 만들 것이 아닌가!

그런 깊은 뜻이 있으셨군요.

216

수로가 모두 완비되었고 배도 이미 건조가 끝났으니 식량 운반 선대는 언제 출발할까요?

식량 운반 노선이 확정되기 전까지 잠시 출발을 미룬다.

노선은 전에 운항했던 변송 수로를 이용하는 것이 아닙니까?

지금 삼문산 일대의 수로를 개척하려는 중이다.

하지만 삼문산 일대는 물살이 급해서 배가 다니기 어렵잖습니까?

아시면서…

현종 황제 시절에 기술자 양무렴과 섬군태수 이제물이 삼문 수로를 뚫으려다가

모두 실패했습니다.

배가 다닐 수 없다면 인부를 시켜 끌게 하면 되지!

파촉과 양강에서 삼 껍질, 대오리*를 조달해 기술자에게 배를 끄는 밧줄을 엮도록 하라!

예, 대인!

유안이 개통한 새로운 식량 운반 노선으로 운송 속도가 더욱 빨라졌을 뿐 아니라 비용도 크게 줄일 수 있었다.

강남의 식량 운반선이 온다!

*대오리
대나무를 가늘고 길게 쪼갠 것.

폐하, 강남에서 온 첫 식량 운반선 입니다!

이제 장안의 식량난은 걱정할 필요가 없어졌어!

식량난 이요?

그대가 떠난 지 얼마 안 돼 장안에 식량이 모자라기 시작해 지금 쌀 한 말에 무려 1천 문이나 나간다오.

쌀값이 더 올랐으면 식량 구하기가 하늘의 별 따기였을 것이오.

지금 궁에서도 식량을 제한적으로 공급하고 있는 실정이오.

세상에!

그대가 한의 소하보다 훨씬 낫구려!

과찬이 십니다!

유안의 수로 개통으로 관중의 식량 공급이 원활해지자 물가가 안정되고 경제도 크게 활성화되었다.

최원 대인, 무슨 일로 절 부르셨습니까?

유 대인이 식량 운반 노선을 개통한다고 국고의 은자를 다 써 버렸는데 메울 방법은 있으십니까?

이 문제를 해결하지 못하면 정적들에게 공격의 빌미를 제공할까 걱정입니다.

일깨워 주셔서 고맙습니다.

한 무제가 상홍양의 건의에 따라 염철을 전매하여 국고가 풍족해진 사례가 있지요.

제가 해결합죠~

건국 초기에는 식염의 자유매매제를 실시했다가

나중에 군비가 부족해지자 식염을 국가전매제로 바꿔 이를 각염법이라 부릅니다.

식염을 이미 나라에서 전매해 이익이 모두 국고로 귀속되는데 어떻게 더 많은 이익을 짜낸단 말입니까?

식염 매매에는 우리가 모르는 비밀이 있습니다.

나라에서는 많은 기관과 직위를 설치해 식염 전매를 관리하게 했는데

이런 지출이 어마어마해지면서 소금값의 상승을 부추겼습니다.

백성들이 관염을 살 돈이 없어 사염을 사게 되자 결국 나라의 수입은 늘어나지 않고 외려 줄었습니다.

일부 염관들은 소금을 판다는 명목으로 백성을 등쳐먹어 관리의 인상을 심각하게 훼손했습니다.

괘씸—

제게 국고 수입을 늘리면서 도 위의 문제를 해결할 방법이 있습니다.

정말이오?

어떻게…?

염사가 제염소에서 생산된 식염을 일괄 수매하여 도매로 염상에게 팔면

상인들이 다시 이를 각지에서 판매하는 겁니다.

좋은 생각이오! 그렇게 하면 소금 관리 기구가 줄어 지출을 크게 아낄 수가 있겠구려.

나라가 재화를 독점하면 염상이 제염공의 이익을 착취하는 것을 막을 수 있고 국고 수입도 늘릴 수 있습니다.

하핫—

그런데 염상이 관부에 각종 착취를 당하면 소금값이 오를 것 아니오?

그건 간단합니다. 폐하께서 염상에게 부가되는 세금을 줄여 주면 됩니다.

아하!

유안의 소금 전매제 개혁 방안이 아주 훌륭하오.

베리 굿!!

경들은 의견이 있으면 기탄없이 말해 보시오.

그런데 유 대인, 염사가 수매한 식염이 꼭 염상에게만 돌아간다고 어떻게 보장합니까?

관부에서 염적을 통합 관리하고 염상은 대대로 가업을 이어 염적에서 탈퇴하지 않게 하면 됩니다.

염상들이 길이 아주 멀고 인가가 드문 지역을 가려 하지 않는 문제는 어떻게 해결합니까?

그런 곳에는 창고를 설치해 소금을 저장합니다.

만약 염상이 오지 않으면 관부에서 소금을 싸게 팔면 됩니다.

다른 의견들이 있으시오?

없습니다!

그럼 새 각염법을 시행하겠소!

유안의 노력으로 나라의 재정 수입이 대폭 증가해 당의 경제는 회복세로 접어들었다. 유안의 뛰어난 재정 관리 능력은 관중, 소하와 자주 비견된다.

224

양염이 획기적인 조세 방안을 추진하다

식량 운송과 식염 전매 개혁 성공 후 유안이 담당한 재정 수입은 대폭 증가했다. 덕종은 유안을 매우 신임해 판탁지에 임명하고 재정 대권을 모두 그에게 맡겼다.

건국 초기에는 태부시가 계절마다 국고의 수지 장부를 제출하면 형부의 감시 하에 심사를 진행했습니다.

그런데 안사의 난 때 많은 장수들이 국고의 재물을 탈취하자 국고 관리원은 하는 수 없이 재물을 궁 안의 내고에 보관했습니다.

지금 국고 재물은 이미 폐하의 사유재산이 되어 실제 국고 재물이 얼마나 되는지 통계를 낼 수 없는 실정입니다.

웅성웅성

웅성웅성

유안, 방금 양염이 한 말이 모두 사실이오?

그런 일이…

맞습니다. 이 문제는 대종 황제 때부터 발생했습니다.

그럼 빨리 국고와 내고의 재물을 정확히 분리하시오!

그런데 시간이 많이 지나서 국고와 내고의 재물을 분리하기 어려울 텐데.

그 문제는 간단합니다.

궁중에서 매년 필요한 재물을 계산해 내고에 남겨 두고 나머지는 모두 국고에 환수하면 됩니다.

그렇게 하시오!

명에 따르겠습니다!

유안과 양염 사이에는 묵은
원한이 있어 양염은 유안을
극도로 미워하고 있었다.

양염, 원수는
외나무다리에서
만난다던데 꼭
우리를 두고 하는
얘기 같네.

새삼스레
뭘~

우리가
대종 때부터
철천지원수란
사실은 전혀 변함
없소이다.

그때 자네는
이부에서 내 조수로
있으면서 틈만 나면
내 자리를 노리지
않았나.

그건
······

227

업무 중에
대인이 항상 절 방해
했다는 사실을 모를
줄 아십니까!

쥐도 새도 모르게
처리했다고 생각
했는데 알고
있었구먼.

하… 하…

흥! 남이
모르게 하려면
아예 일을 꾸미지
말았어야죠!

폐하께서 날
신임하시니 아무리
밀어내려 해도
불가능할 걸세.

조정에서
나보다 재정에
밝은 대신은 없으
니까 말이야.

여유

만만

내 반드시 널
뛰어넘어 조정에
발붙이지 못하
도록 만들 테다!

두고 봐라—

228

양염의 집

양 대인, 균전제*와 조용조**를 반드시 개혁해야만 하오.

갑자기 무슨 개혁이야?

두 제도 모두 여러 해 동안 실시되었고, 타당하지 않은 점도 없는 것으로 알고 있는데.

하나만 알고 둘은 모르시는군요.

건국 초기에 조용조는 재정 수입의 주 근간이었습니다. 그런데 지금 재정 수입은 대부분 염세로 채워지고 조용조 수입은 아주 미미해졌습니다.

* 균전제均田制
  백성들에게 경작하도록 나눠준 일정량의 토지.

** 조용조組庸調
  토지를 받은 백성이 매년 납부해야 하는 곡식과 베.

안사의 난 때 많은 사람들이 어쩔 수 없이 고향을 떠났는데도 관부는 여전히 호적에 따라 세금을 거두고 있습니다.

이런 멍청한 놈들!

이렇다 보니 규정된 세수를 맞추지 못한 관원들이 교묘한 명목을 만들어 가혹한 세금을 농민에게 부과하고 있습니다.

아!

이러다간 농민의 저항이 일어나겠군.

맞습니다!

농민은 세금을 내지 못하니 궁지에 몰려 강도가 되고, 나라 재정은 세금이 걷히지 않으니 곤란에 빠졌습니다.

결국 악순환의 연속이로구먼.

양 대인이 이 난제를 해결한다면 폐하께서 대인을 틀림없이 다시 보실 겁니다.

조언 고맙소!

양염은 자신이 정리한 조세 개혁 방안을 가지고 덕종을 찾아갔다.

그대가 추진하려는 세법을 말해 보시오.

새 세법은 관부가 교묘한 명목으로 수탈하던 세금을 원천 봉쇄할 수 있습니다.

먼저 전해의 재정 지출 액수에 근거해 이듬해 징수할 세액을 확정합니다.

세액이 정해진 후에는 각 지방에 할당 세액을 통보하고

만약 기준을 초과해 세금을 징수한 관원은 형부에서 죄를 묻습니다.

또 농민에게 징수하는 토지세 외에 상업세를 부과해야 합니다.

전부터 상업세는 징수해 왔고, 유안이 이 모두를 책임지고 있잖소?

유안 대인은 상점에만 세금을 징수하고 유동 상인에게는 세금을 징수하지 않았습니다.

어!

상점을 연 많은 상인들은 이 점을 악용해 점포를 팔고 유동 상인으로 전업해 달아났습니다.

뜻밖에 그런 문제가 있었구려.

사실 이는 유안 대인이 상업세를 면해 주려고 쓴 꼼수입니다!

뭐라고?

고조 이래로 줄곧 중농억상 정책을 고수했는데 상업세를 면제해 주려 하다니!

울먹

맞습니다. 유 대인이 재정을 담당한 이후 상업세 수입이 많이 유실되었습니다!

흥, 유안을 절대 가만두지 않겠다!

계속 얘기하라!

예!

다음으로 각 가정의 재산 정도에 따라 부호와 빈호로 나누고 세금을 달리 징수해야 합니다.

그럼 기존의 인두세*를 폐지 하잔 말이오?

맞습니다!

또 기존의 호적 정책을 철폐하고 실제 거주 인구대로 호적을 재정리하여 관부에서 세금을 징수 해야 합니다.

* 인두세人頭稅
일정 연령 이상의 성인에게 일률적으로 부과되는 세금.

백성의 납세 편의를 위해 이후에는 호세*와 지세**만 매년 두 차례 납부하게 하십시오.

좋소. 짐이 당장 새 세법을 시행하리다!

현명하신 결정입니다!

유안, 두고 봐라! 흐흐

양염이 제기한 신 세법을 '양세법兩稅法'이라고 부른다. 빈부의 차이에 따라 세금을 달리 부과한 이 제도는 중국 조세 제도의 중대한 개혁으로 꼽히고 있다.

그대의 신 세법에 따라 올해 세금을 무려 1천 3백만 관이나 거두었소!

올레~

전보다 훨씬 많은 세금을 거두어 더 이상 국고가 빌 걱정은 없겠구려!

나라의 살림꾼이야!

* 호세戶稅
　집집마다 징수하던 세금.

** 지세地稅
　토지의 수익에 부과하던 세금.

당 下

당下

唐

인물소개

유우석劉禹錫
당의 문학가이자
철학가이다.
일찍이 감찰어사를
지냈으며, 왕숙문
정치 개혁 집단의
일원이다.

왕숙문王叔文
당 말기의 저명한
정치 개혁가이다.
영정永貞 혁신을
주도했지만
실패로 돌아갔다.

백거이白居易
당의 위대한
현실주의 시인으로
신악부新樂府 운동의
창시자이다. 원진과
더불어 '원백元白'
이라고 불린다.

원진元稹
당 중후기의 저명한 시인.
젊은 시절 백거이와 함께
'신악부'를 제창했다.

배도裵度
당의 명재상.
절도사를 억압하고
환관에게 강경책을
취해 나라를
안정시켰다.

이소李愬
당의 대장.
오원제가 반란을
일으키자 채주까지
눈이 오는 밤을 틈타
급히 달려 닭이 울
무렵 성에 돌입해
적을 대파했다.

한유韓愈

당 고문운동의 제창자로 후대에 당송팔대가 중 으뜸으로 꼽힌다. 정치적으로 천하 통일을 주장하고 번진의 할거에 반대했다. 헌종 때 배도를 따라 회서 번진의 난을 평정했다.

이염李炎

당 무종武宗. 도교를 신봉한 이염은 회창 5년에 불교 사원을 헐고 대량의 사찰 토지를 몰수했다. 이 조치로 당의 세수입이 크게 늘어나면서 중앙집권이 공고해졌다.

이덕유李德裕

당 말기의 저명한 정치가이자 시인. 정무를 주관하던 시절에 변방 방어를 중시하고 번진의 세력 약화에 힘을 쏟아 중앙집권을 강화했다. 이로써 내우외환의 국면이 잠시 억제될 수 있었다.

이앙李昂

당의 14대 황제인 문종文宗. 집권 기간에 정치가 암흑에 빠져 관료와 환관 사이에 싸움이 끊이지 않았다. 이후 당 사회는 몰락으로 빠져들었다.

황소黃巢

당 말기 농민 기의군의 수령. 그가 주도한 기의는 부패한 당 왕조를 무너뜨리고, 군벌 할거의 혼전과 암흑에 빠진 사회 국면을 타파하는 데 일조했다. 이로써 사회는 분열에서 통합으로 가는 과도기를 맞았다.

이침李忱

당의 18대 황제인 선종宣宗. 아명은 이이李怡다. 나라를 다스리는 데 힘써 계급 갈등이 다소 완화되고 백성이 점차 부유해졌다. 부패한 당에 잠시나마 중흥의 국면이 나타나 후대에 그를 '소小 태종'이라고 불렀다.

실패로 끝난 왕숙문의 개혁

805년 2월, 덕종이 세상을 떠나자 중풍으로 벙어리가 된 태자 이송李誦이 순종順宗으로 즉위했다. 순종은 즉위 후 왕숙문, 왕비 등을 중용하고 위집의를 재상에 봉해 황권을 강화할 야심을 품었다.

왕숙문을 기거사인 겸 한림학사에 임명하고, 왕비를 좌산기상시 겸 한림학사에 봉한다.

바둑이나 좋아하는 왕숙문을 기거사인에 봉하다니……

왕비 같은 남자 노리개가 상시가 됐어.

이견이 있으면 상소를 올리시오. 폐하께서 회답할 것이오!

퇴조 하시오!

244

환관들이 시장에서 터무니없이, 싼 가격으로 물건을 들여와 상인들에게 큰 피해를 입히고 있습니다.

위집의

위 상서의 문필이 뛰어나니 폐하께 올릴 궁시 철폐 상소문을 작성해 주시오.

문제 없습니다.

대인들께 인사 올립니다!

유종원, 유우석 대인이 오셨군요.

궁시 철폐 문제를 계속 논의해 봅시다.

먼저 '오방 소아'를 파면해 야 합니다.

오방집사는 들어 봤어도 오방소아는 금시초문이오.

유종원*

오방소아는 백성들이 오방 집사를 경멸해서 부르는 이름 입니다.

유우석이 잘 알고 있구려.

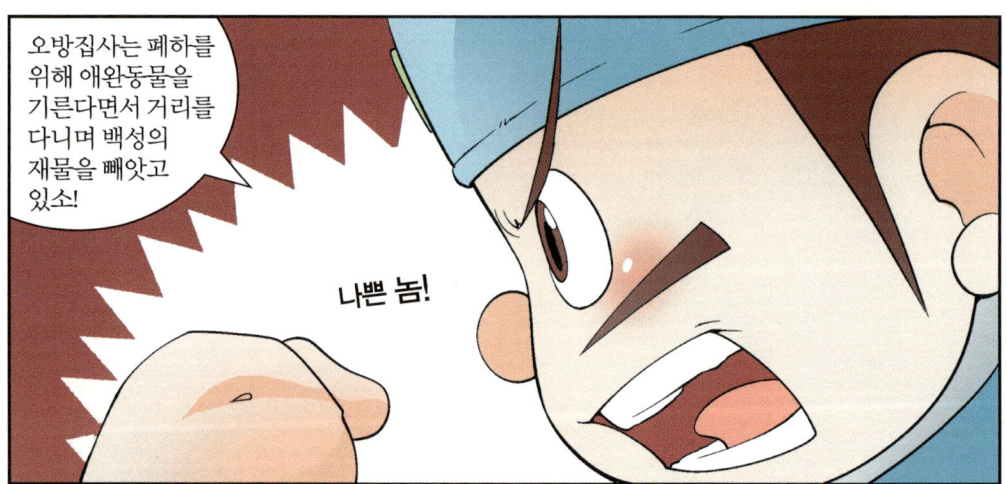

오방집사는 폐하를 위해 애완동물을 기른다면서 거리를 다니며 백성의 재물을 빼앗고 있소!

나쁜 놈!

저는 돌아가 상소문을 써 내일 폐하께 바치 리다.

폐하께서 빨리 허락해 주셔야 할 텐데.

*유종원柳宗元
당의 시인이자 개혁가. 왕숙문의 혁신 정치에 참여했지만 수구파의 배척으로 조정에서 쫓겨났다. 산문의 대가로 유명하다.

246

황궁 앞에 이 많은 백성들이 왜 무릎을 꿇고 있는 게냐?

폐하께서 궁시를 철폐하고 오방집사를 파면해 감사의 뜻을 전하는 것입니다.

우리가 정말 좋은 일을 했구나!

얼씨구~

지화자~

백성을 행복하게 하는 일에 더욱 매진합시다!

하하!

247

안 됩니다. 오늘 상서 회의가 있어 들어가실 수 없습니다.

난 위집의 대인을 만나러 왔다!

상서 회의 때는 손님 접견이 금지돼 있습니다!

계속 길을 막는다면 너희들을 파면시키겠다!

파… 파면?

248

그럼 위 상서께 알리고 오겠습니다.

고 상서, 오늘 점심은 정말 맛있구려!

많이 드시지요.

왕숙문 대인께서 찾아 오셨습니다.

상서 회의 때는 손님을 만나지 않는다는 걸 모르느냐!

저도 그렇게 말씀 드렸는데 왕 대인께서 알리지 않으면 저를 파면한다고……

내가 무슨 동네 북이야?

긴요한 일일 수도 있으니 잠시 나갔다 오리다.

우리는 기다리면서 식사나 합시다.

형부상서 고영

고 상서의 말대로 조금만 기다려 봅시다.

위집의가 나가고 잠시 후 사병이 들어와 보고했다.

위 상서께서 왕 대인과 식사를 하러 먼저 밖으로 출타하셨습니다.

이부상서인 나 정순유가 이런 대접을 받다니. 괘씸하구나!

250

251

한편 환관들은 왕숙문 등의 건의로 오방이 철폐되자 이를 갈며 길길이 날뛰었다.

왕숙문 이 죽일 놈이 내 오방을 모두 철폐하다니!

진정 좀…

왕숙문을 제거할 좋은 방법이 없겠나?

왕숙문은 폐하의 총애를 받고 있어서 쉽지 않을 거요.

순진하긴. 황제를 교체하면 자연스럽게 해결 될 문제 아니오?

설문진의 말이 맞다. 아예 황제를 쫓아내면 그만이다.

먼저 폐하께 태자를 책봉하게 한 다음 선위를 협박하면……

크흐흐

252

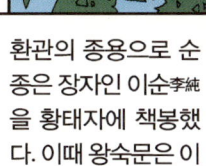

환관의 종용으로 순종은 장자인 이순李純을 황태자에 책봉했다. 이때 왕숙문은 이미 위험이 닥쳤음을 감지했다.

전쟁터에 나가 이기기도 전에 몸이 먼저 죽으니, 길이 후세의 영웅들 옷깃에 눈물 가득 채우게 하네.

전세를 뒤집을 기회가 올 수도 있으니 너무 괴로워 마십시오.

위집의 이 기회주의자가 이미 나와 결별을 선언했소.

이제 재앙에서 벗어날 길이 없소.

열심히 했건만…

위 대인은 장인인 태상경 두황상이 줄곧 우리를 반대해 나름대로 고충이 있었을 겁니다.

휴!

왕비 대인이 예부상서 두우에게 도움을 청하러 갔으니 희망을 가집시다.

기대 中

두우의 집

왕비, 이번에는 그대들을 도울 수가 없소.

흥!

조정 대신이나 환관 모두 그대들에게 불만이 아주 많소이다.

평소에 그렇게 거들먹거리더니 꼴좋구려.

두 대인
......

여봐라, 손님 가신다!

아! 저기…

805년 8월, 순종이 태자 이순에게 선위한 후 왕숙문 등 10명은 외지로 유배를 갔다. 이중 왕숙문과 왕비의 성이 왕씨고, 나머지 8명이 사마로 강등됐다 하여 이들을 '이왕팔사마'라고 부른다.

정치적 시련으로 평생을 보낸 유우석

'이왕팔사마' 사건으로 유우석은 낭주사마로 강등되었고, 그의 친한 벗인 유종원은 영주사마로 강등되었다.

814년, 조정에서 그들을 다시 부르는 조서를 발표하여 유우석과 유종원은 장안으로 돌아왔다.

우석, 우리는 아마 상서성에 임관할 것 같네.

지금 조정 관리들은 기개가 전혀 없어.

그런 놈들과 일해야 한다니 구역질이 난다고!

너무 불평 말게. 내 좋은 곳으로 데려감세.

어디로?

현도관! 올해 거기 복숭아꽃이 아름답게 폈다는구먼.

유종원

현도관

복숭아꽃을 보니 조정의 새로운 권력자들이 생각나는군.

좋은 곳에 왔는데…

머릿속이 온통 그들 생각뿐인가?

이 순간엔 좀 잊게!

앞쪽 담에 문인과 묵객들이 쓴 기념사나 보러 가세.

그래.

유종원의 우려대로 유우석의 시는 금방 조정 대신들 귀에 들어갔다.

유우석이 너무 무례하구나!

맞소이다!

'현도관의 복숭아나무 천 그루, 모두 내가 떠난 뒤 심은 것들이네.' 이 구절은 우리가 그를 배척해서 지금의 지위를 얻었다고 풍자한 것이오.

이런 놈을 장안에 남겨 두면 아니 되오!

괘씸한 놈!

258

유우석은 시 한 수로 말미암아 장안에 온 지 얼마 안 돼 다시 지방으로 쫓겨나는 신세가 되고 말았다.

우석은 파주자사로, 난 유주자사로 강등되었다.

파주는 너무 황량하고 인적이 드문 곳이다.

우석의 모친은 연세가 많아 그곳에서 결코 살 수가 없어.

내가 우석 대신 파주로 가겠다고 청해야겠어!

대인…

조정에 우리와 친분이 있는 사람은 배도 대인밖에 없으니 가서 사정 얘기를 해 봐야지.

유종원의 진심 어린 우정에 감동한 배도는 헌종을 뵙고 유우석의 딱한 사정을 말했다.

유우석을 파주에 보내는 건 그의 모친을 사지로 몰아넣는 것과 같습니다.

배도, 그게 무슨 말이오?

유우석의 모친이 연로하여 그와 함께 파주로 가게 된다면 도중에 병으로 쓰러질까 염려됩니다.

다른 아들이 모시면 되지 않소?

유우석은 외아들입니다.

이는 그를 불효자로 만드는 조치입니다.

들고 보니 그렇구려. 짐도 후대에 비난을 받기는 싫소.

유우석을 연주자사로 전임하라고 명하시오!

감사합니다, 폐하!

820년, 헌종이 환관에게 살해되고 목종穆宗 이항李恒이 즉위했다. 824년에 경종敬宗 이담李湛이 즉위했지만 유우석은 여전히 외지로 쫓겨나 있었다. 이때 그의 모친과 친구 유종원은 이미 세상을 떠났다.

휴……

백거이, 왜 그렇게 풀이 죽어 있나?

우리 둘의 운명을 한탄했네!

세상만사를 누가 알겠나. 다 좋게 생각하자고!

나에게 술잔 가져와 술을 따라주며 마시니, 그대와 젓가락으로 쟁반 두드리며 노래 부르네.

눈을 들어 경치 바라보면 적막하기 그지없고, 조정엔 관직이 넘쳐나지만 그대만 관운이 따라주지 않네.

시 짓는 데 최고 고수는 오직 그대뿐인데, 운명이 압박해 대니 어찌할 수가 없도다.

재주와 명성이 번번이 좌절당하니, 지난 23년간 그대가 당한 좌절 너무나도 많네그려.

자네의 시가 너무 의기소침해 있구만. 내 유쾌한 시를 지어봄세!

사천 같은 썰렁하기 그지없는 촌구석에서, 이 몸을 썩힌 지 어언 23년.

옛일을 회상하며 죽은 친구를 기리는 곡조를 읊노라니, 고향에 돌아와도 외려 격세지감이 드는구나. 가라앉는 배 옆으로 천 척의 새 배가 지나가고, 병든 나무 앞에는 만 그루의 새 나무가 꽃을 피우네. 오늘 그대의 노래 한 곡 들으니, 잠깐이나마 술 한 잔에 의지해 우울한 마음을 달래네.

그렇게 오랫동안 고생하고도 낙관적인 태도를 가질 수 있다니. 자네에게 배울 점이 너무 많네.

피차일반 아닌가!

좋지!

827년, 문종文宗이 즉위한 후 유우석과 백거이는 함께 낙양에 왔다가 백거이는 비서감에 임명돼 장안으로 부임했다. 1년 후에는 유우석도 장안으로 소환돼 주객낭중을 맡았다.

왜 날 끌고 현도관까지 온 건가?

복숭아꽃을 보려고.

지난번에 현도관 기념사로 그렇게 고통을 겪고도 또 여길 오나?

자네도 참!

등반에 실패한 산은 다시 올라야지!

하하ー

이곳도 이제 온통 채소와 이끼투성이로 변했군.

몇십 년 만에 왔더니 복숭아꽃도 없어졌어.

담장에 자네가 쓴 시가 아직까지 있을까?

가 보면 알겠지.

오, 여기 그대로 있네.

시흥이 갑자기 일어나는걸.

또 말썽을 일으키면 이제 도와줄 사람이 없다고.

적당히 고려해서 쓰시게.

그 넓은 현도관 뜰 안에 이끼가 반이나 끼었으니, 복숭아꽃은 깨끗이 사라지고 채소가 자라네. 복숭아나무 심은 도사 어디로 사라졌을까? 전에 왔었던 내가 오늘 다시 왔거늘.

이런, 또 사람들 귀에 거슬릴 시를 짓다니!

뭐가 두렵나?

배짱 있으면 날 다시 파주로 보내 보라지.

264

이 시 역시 금세 조정 대
신들 귀에 들어갔다.

유우석이 또
현도관에서 우릴
조롱하는 시를
지었어!

또?

시를
베껴 왔으니
보라고!

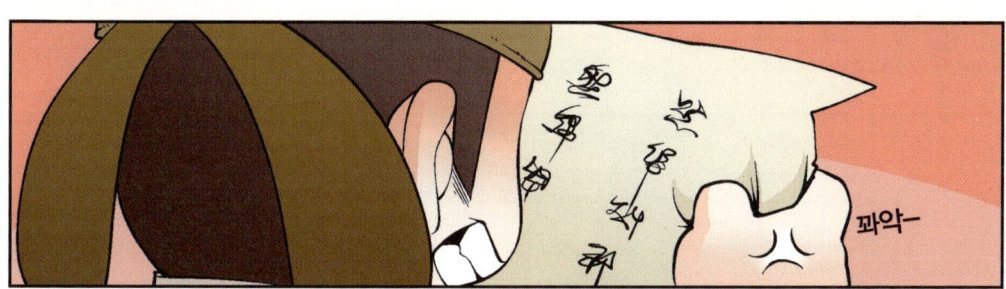

짜악—

조정의 권력자들
은 하나하나 떨어져
나갔지만 자기는
꼿꼿이 서 있다는
뜻 아닌가!

맞네.

생각만 해도
짜증나는 유우석
을 어떻게 해서든
장안에서 쫓아
내야 돼!

265

폐하께서 그를 매우 아껴서 쫓아내기가 쉽지는 않아.

그건 그리 어렵지 않네.

유우석이 조정에서 의지하는 사람은 배도라네. 그만 무너뜨리면 유우석도 끝장이라고!

환관들이 배도를 싫어하니 그들 앞에서 배도의 험담을 늘어놓자고.

그거 좋은 방법일세.

유우석, 이번엔 완전히 보내주마.

830년, 배도가 조정에서 축출되자 곧 유우석도 멀리 소주의 자사로 강등되었다.

266

백거이와 원진의 남다른 우정

당은 관리를 선발하기 위해 과거 제도를 실시했다. 약 50개의 과 중 명경과와 진사과가 관리로 등용되는 주요 통로였다.

고황 선생, 제 시집을 한번 봐 주십시오.

좋네.

자네가 백거이인가?

그렇습니다.

장안의 쌀값이 비싸 오래 머물기 만만치 않을 텐데.

신경 써 주셔서 감사합니다.

무성하게 자란 들판의 꽃, 해마다 한 번씩 시들었다 피어나네. 들불에 타도 없어지지 않고, 봄바람 불면 또 다시 돋아나네.

이 정도 재능이면 뭐라도 한 자리 하겠어!

특별히 날 찾아온 건 이 짧은 시나 읽으란 건 아닐 테고……

눈치 채셨군요.

쭈뼛

진사 시험을 치르려고 하는데…

선생은 유명한 시인이라 조정 관원들과 친분이 깊으시니……

나에게 청탁을 하러 온 것이구먼!

오호라~

자네 같은 인재도 드무니 시험 감독관에게 꼭 자넬 추천해 주겠네!

이처럼 유명한 문인을 찾아가 자신의 작품을 평가받고 시험 감독관에게 좋은 말을 해 달라고 청하는 일이 당대에는 풍속으로 자리 잡았다. 이를 '행권行卷'이라고 부른다.

와, 합격
이다!

스물아홉 살에
진사에 합격
하다니, 정말
대단한걸!

진사 합격사는
다시 이부의 시험을
통과해야 관리가
될 수 있다고.

그렇긴
하지.

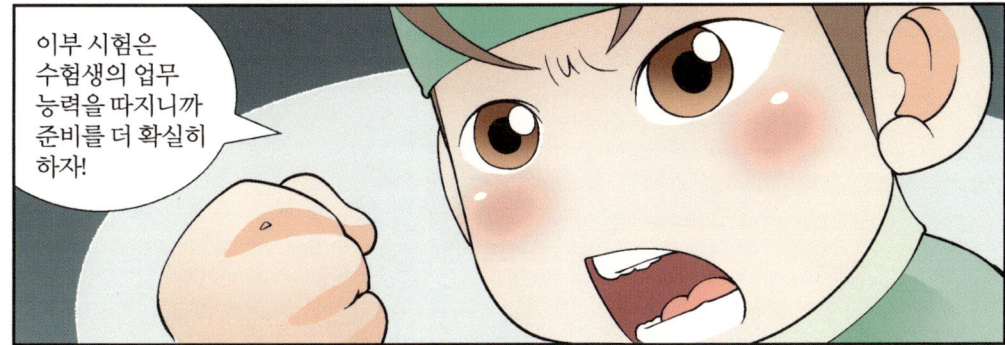

이부 시험은
수험생의 업무
능력을 따지니까
준비를 더 확실히
하자!

어, 사람이 왜 이렇게 많지?

명경과 수험생까지 와서 그래.

명경과 학생들은 사서오경을 한 자도 틀리지 않고 외워서 쓸 줄 아는 재주밖에 없잖아.

무턱대고 외우는 데는 따라갈 자가 없다고.

우리 명경과의 시험이 진사과보다 단순하다고 능력이 너희들보다 처지지는 않는다!

명경과는 한 번에 수백 명씩 뽑지만 우리 진사과는 1년에 수십 명만 뽑는다고.

서른에 명경이 되면 늦지만 진사는 쉰에 돼도 빠른 편이지.

이······

흥, 잘난 척 말라고!

명경과에도 인재가 많다고. 명재상 적인걸도 명경과 출신 이잖아.

우리를 변호 하는 진사과 학생을 만나게 되다니.

정말 고맙네!

난 백거이 라고 하네. 이제 부터 친구로 지내자고.

좋아. 난 원진이네.

비서성 교서랑은 겨우 도서 관리원이었군.

어, 자네도 비서성 교서랑에 임명됐나?

그래! 우린 정말 인연이 깊군.

그날 우리 명경과를 두둔해 줘서 얼마나 고마웠다고!

우리 할아버지, 아버지 모두 명경과 출신 이라……

나도 진사 시험을 치르고 싶은데 어머니가 반대하셔.

왜?

내가 향시에 합격하길 바라시다 보니 어려운 진사 보다 명경을 보게 하신 거야.

명경과 학생이 향시에 합격하긴 쉽지만 고관이 되기는 어렵잖아.

적인걸 대인처럼 나도 명경과 출신 재상이 될 기회가 있을지도 모르지!

하하

272

806년, 교서랑 백거이와 원진은 고급 관원 선발 시험에 참가했다. 원진은 1등으로 합격하여 좌습유가 되었다가 나중에 감찰어사로 임명되었다. 2등으로 합격한 백거이는 주지현위에 임명되었다.

신이 조사한 결과, 전 검남 · 동천절도사 엄려가 뇌물을 받고 법을 어겼습니다!

이 일에 또 누가 연루되었소?

탁지부사 최정, 관찰판관 노후, 섭도판관 최리와 수주자사 유몽 등입니다!

죄다 폭로하네. 무사하시려나…

즉시 이 사건을 형부로 넘기시오!

예, 폐하!

273

원진이 비리에 연루된 관원들을 잇달아 탄핵하자 조정 관리들을 그를 쫓아 낼 궁리에 몰두했다.

원진이 우릴 탄핵할 것 같나?

당연하지.

무슨 수를 써서라도 그를 조정에서 쫓아 내야 돼!

기필코!

그렇지 않으면 우리만 고달파 진다고.

맞는 말이야.

원진은 결국 장안에서 쫓겨나 지방을 전전하는 신세로 전락하고 말았다.

처음엔 강릉사 조참군으로 강등 됐다가 나중에 통주사마로 밀려 났다고.

지금 유일한 목표는 조정으로 다시 돌아가는 거야!

뭐?

조정 관원들에게 큰 미움을 샀는데 그들이 자넬 부를 리 있겠나?

환관의 세력이 관원보다 강하니 그들에게 몸을 의탁해야지!

무슨 수를 써서라도 조정으로 다시 돌아갈 거야!

출세를 위해서 라면 무슨 짓 이든 하겠단 말인가!

고관에 오를 수만 있다면 남들 이 손가락질해도 상관없네.

내가 정말 그렇게 한다면 날 다시는 안 볼 텐가?

그걸 말이라고 하나?

진짜?

공명과 녹봉에 미쳐 자신의 존엄을 파는 행위는 사람이 할 짓이 아니네!

276

원진이 환관에게 빌붙어 다시 조정 관직을 얻자 백거이는 그와 친구의 연을 끊었다. 그로부터 몇 년이 흘렀다.

원진 대인이 편지를 보냈습니다.

갖다 버려라!

원진 대인이 모함을 받아 동주자사로 쫓겨났다고 합니다.

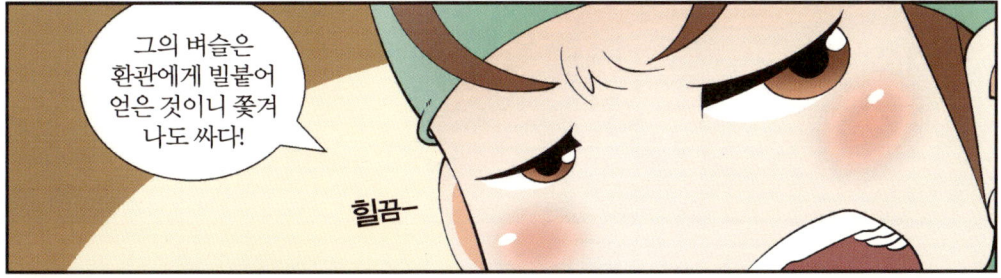

그의 벼슬은 환관에게 빌붙어 얻은 것이니 쫓겨나도 싸다!

힐끔―

편지를 줘 봐라.

어휴, 친구가 뭐라고.

277

영욕의 부침을 그림자와 몸이 함께하는데, 세상 인정 누가 옛날의 뢰의와 진중처럼 두터우랴. 포숙만이 오로지 나를 지극히 아끼는데, 증자는 살인하지 않았음을 스스로 입증해야 했네.

사실 원진은 잘못이 없다. 내가 내 기준을 그에게 강요하지 말았어야 했어.

이제 그를 용서하고 앞으로 좋은 친구가 되자는 편지를 써야겠다.

붓과 종이를~

원진과 함께 사회 현실을 반영한 시를 써서 폐하께 백성의 고통을 알려야겠어!

백거이와 원진은 시가의 풍격이 서로 흡사해 중당 시기에 현실을 반영한 시를 주로 썼다. 후세에 이들을 '원백'이라 부르고, 그들의 시파는 '원백시파'라 일컬었다.

이소가 눈 오는 밤을 틈타 채주를 기습하다

814년, 회서절도사 오원제는 조정에 세금을 바치지 않았을 뿐 아니라 여러 차례 다른 성들을 침범했다. 그러자 다른 절도사들도 오원제를 그대로 모방해 한쪽 지역을 차지하고 군림했다. 별도리가 없었던 헌종은 이소를 파견해 오원제를 토벌하라고 명했다.

새로 오신 절도사 이소 장군이시다!

절도사가 바뀌어서 또 싸우러 나가는 건 아니겠지?

280

오원제의 집

황제가 이소 같은 무명 소졸을 보내 감히 이 오원제吳元濟를 모욕하다니!

이소가 부임하자마자 싸움이 겁난다고 말했답니다.

물러터진 감처럼 쥐기도 전에 문드러졌구나!

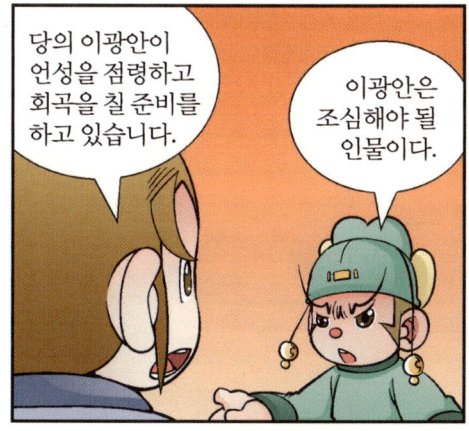

당의 이광안이 언성을 점령하고 회곡을 칠 준비를 하고 있습니다.

이광안은 조심해야 될 인물이다.

당군의 정벌군 중 가장 강한 놈이야.

이소는 걱정이 없으니 채주의 군사를 회곡으로 이동시키시죠.

좋은 생각이다!

이소의 군영

이 장군, 순찰을 돌던 중 오원제의 장수 정사량을 사로잡았습니다!

저놈은 오원제에게 악랄한 계책을 올리고 우리 군사를 많이 죽였습니다!

당장 저놈의 심장과 간을 꺼내 죽은 형제들을 위해 추도해야 합니다!

마음대로 해라. 난 조금도 두렵지 않다!

진정한 대장부다. 내 사람으로 만드는 게 낫겠어.

282

그를 풀어 주고 돌려 보내라!

이 장군!

비범한 영웅이 역적 오원제에게 충성을 바치는 것이 안타까울 따름이다!

휴···

저는 원래 조정의 관리였는데 오원제에게 포로로 잡혀 어쩔 수 없이 그를 위해 일했습니다.

네가 다시 조정을 위해 일한다면 너를 받아들이겠다.

성공!

기꺼이 따르겠습니다.

이소는 오원제가 채주의 방비를 소홀히 한 틈을 타 오원제를 사로잡을 대책을 강구했다.

오원제가 지금 채주에 머물고 있다고 합니다.

채주 공략에 앞서 요지인 문성책을 점령하면 오원제는 오른팔을 잃는 꼴이 됩니다.

문성책을 점령할 승산은 얼마나 되나?

9할입니다.

문성책을 지키는 오수림은 군중 사무에 관심이 없습니다.

좋다. 당장 문성책을 공격한다!

이소가 오수림을 사로잡은 후 그에게 채주를 공략할 계책을 묻자, 오수림은 회서기장 이우만이 이 임무를 수행할 수 있다고 대답했다. 이에 이소는 곧 계략으로 이우를 사로잡았고, 이우는 그 자리에서 투항했다.

이우, 채주를 점령할 확률은 얼마나 되나?

채주의 정예병이 모두 회곡으로 차출돼 지금 노약자와 부상병만 남아 있어

당장 쳐들어 가면 승리를 취할 수 있습니다!

채주를 공격하려면 먼 길을 가야 하는데 지금 병사들이 전쟁을 혐오해 명령에 복종을 안 할까 봐 걱정이오.

제게 아주 좋은 방법이 있습니다.

뭔가?

이렇게 하면……

아~

285

펄펄~

장군, 지금 어디로 행군 하는 겁니까?

알려줄 수 없다.

묻지 마!

무슨 대단한 비밀이라고?

이소는 돌아가기 만만치 않은 거리까지 왔을 무렵 갑자기 전군에 명령을 내렸다.

채주로 전속력으로 행군해 오원제를 사로잡는다!

네?

이우가 잘못된 계책을 올린 게 분명해. 이 날씨에 싸우는 건 사서 죽는 거라고!

저벅

저벅

이소의 군대는 120리 길을 밤새 행군하여 날 밝은 무렵에 채주 성에 도착했다.

성벽에 가득한 넝쿨을 타고 성 안으로 잠입한다!

날이 건조하니 불을 조심하라!

딱딱딱

앗, 누구냐?

저자를 감시하며 계속 딱따기를 치게 해라!

예!

오늘 날씨가 너무 추워서 성을 지키는 병사들이 다 자러 들어갔구나. 하늘도 우리 기습을 돕고 있어.

288

오원제의 숙소

대인, 당군이 쳐들어 왔습니다!

헛소리 마라! 할 일 없는 병사들이 장난을 치는 게다!

아함~

졸려 죽겠으니 한잠 자고 일어나 따끔히 혼내겠다.

훠이~ 훠이~

대인!!

제발
일어나라고!

채주가
당군에게 점령
됐다니까요!

또 헛소리구나!
회곡의 군사들이
너무 추워서
겨울옷을 가지러
온 게지.

당장
오원제를
잡아라!

쾅!

헉!

이소의 활약으로 오원제가
사로잡히자 다른 번진들은
불안에 떨다가 결국 조정
에 잇달아 귀순했다.

한유가 불교의 페단을 강하게 비판하다

헌종은 불교로 각 번진의 절도사를 교화하고자 불교를 대대적으로 추앙헸다. 당시 형부시랑이었던 한유는 이에 대해 불만이 가득했다.

한유, 돈 좀 빌려 주게.

그래, 얼마나 필요한가?

이상하네. 오늘 왜 이렇게 선선히 대답하지?

장적, 한 번만 더 떠들면 안 빌려줄 줄 알아!

헤헤……

단도직입적으로 말해서, 자네 돈은 부정하게 얻은 것이니 갚을 필요가 없네.

내가 힘들게 묘지명을 써서 번 돈인데 왜 부정하다는 것인가?

죽은 사람에게 아부해서 돈을 벌어놓고 뻔뻔하게 흰소리를 치다니.

죽은 사람이라……

왜 아무 말도 없는 건가?

자네는 사람이 죽으면 무엇이 된다고 생각하나?

한 줌 백골이 되지.

그런데 불교를 믿는 바보들은 왜 사람이 환생한다고 말하지?

쉿! 지금 폐하도 독실한 불교 신자라고!

폐하가 불교를 신봉해서 국가 대사를 그르치고 있다고!

폐하가 점점 양 무제를 닮아가는 것 같네.

망국의 징조가…

양 무제라고? 그럼 나라가 망하는 것 아닌가?

지난번에 사서를 찾아보다가 아주 심각한 문제를 발견했네.

무슨 문제인가?

최초로 불교를 믿은 한 명제가 재위 18년에 세상을 떠나고 한은 나라가 어지러워졌어.

송·제·양·진의 황제도 불교를 신봉했는데 왕조의 수명이 갈수록 짧아져서 양은 48년 만에 망했네.

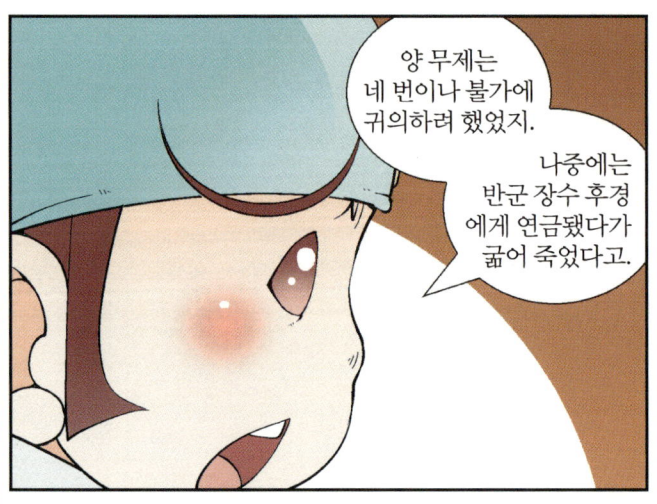

양 무제는 네 번이나 불가에 귀의하려 했었지.

나중에는 반군 장수 후경에게 연금됐다가 굶어 죽었다고.

불교를 믿은 황제들은 다 끝이 좋지 않았어.

함부로 그런 소리 말게!

누가 폐하를 저주했다고 모함이라도 하면 제 명에 죽지 못한다고!

뭐가 두렵나? 폐하께 올린 상소문에 이미 다 한 말인데.

자네 간덩이가 부었구먼!

벌떡-

294

폐하께서 법문사로 불사리*를 영접하러 가신다기에 간한 것이라고!

그 상소문에 뭐라고 썼나?

불사리를 불태워 물속에 뿌리라고 했네.

인과응보를 믿는 폐하께 그런 말은 다 헛소리일 뿐이네.

그래서 상소문 말미에 이런 말을 덧붙였지. 인과응보가 있다면 내가 다 감당하겠다고!

농담이 아니라 난 진지하다고!

* 불사리佛舍利
석가모니의 유골.

헌종은 한유의 상소를 보고 불같이 화를 냈다.

가증스런 한유 놈을 산 채로 살을 벗겨 버릴 테다!

탁!

폐하, 노여움을 푸십시오! 한유의 말이 격앙돼 있지만 좋은 뜻에서 나온 것입니다.

한유가 일을 저질렀군. 폐하의 화가 쉬이 가라앉지 않을 것 같아.

배 대인의 말이 옳습니다.

한유를 처벌하시면 누가 폐하께 충간을 하겠습니까!

많은 대신들의 청원으로 폐하도 결국 사형을 면하는 데 동의하였네.

그럼 난 평민으로 강등되는 것인가?

아니.

폐하께서 화를 못 이기시고 조주자사에 임명하셨다네.

조주?

조주는 황량하기 그지없어 사람이 살 곳이 못 되는데.

평민이 되느니만 못해. 으이구!

삼촌!

한상, 어떻게 여길 왔느냐?

제가 삼촌과 함께 조주에 가겠습니다.

구태여 그럴 필요는 없다.

어머니께서 꼭 삼촌을 돌보라고 하셨어요!

내 나이 이미 쉰이 넘었다. 길에서 죽어도 상관없으니 가서 어머니나 잘 모셔라.

안 됩니다! 전 꼭 같이 갈 거예요!

고집은…

아침에 구중궁궐에 상소문을 올렸는데, 저녁에 조주 팔천 리 귀양 떠나네. 성스런 황제를 위해 폐습을 없애려 했으니, 늙고 쇠약한 이 몸이야 남은 목숨 아까울 게 있겠나.

진령은 구름에 걸쳐 있는데 우리 집은 어디에 있나? 눈이 남관을 막아 말도 나아가지 못하네. 네가 멀리서 온 것은 응당 뜻이 있을 터, 내 뼈를 장기 서린 강가에서 잘 거두어 주게나.

299

조주

규정에 따라 새로 부임한 자사는 폐하께 감사 편지를 올려야 합니다.

지난번 상소문은 말이 너무 거칠어 폐하의 노여움을 샀으니 이번에는 사죄의 상소를 올려야겠다.

신이 거만하고 우매하며 예법을 몰라 지난번 불사리 일을 간하는데 불경한 언사를 쓴 건 만 번 죽어도 마땅합니다.

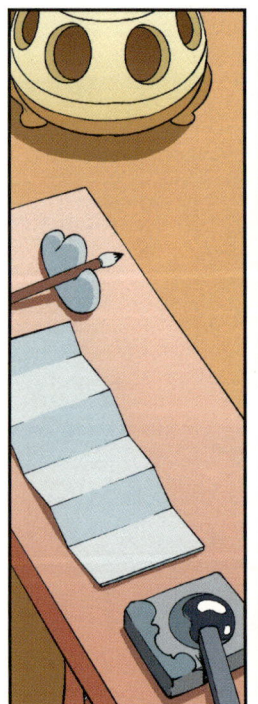

이 서한을 보시고 부디 노여움을 푸시기 바랍니다.

300

황보박, 짐이 한유에게 너무 심했다고 생각하느냐?

한유가 폐하 앞에서 내 험담을 가장 많이 늘어놨어. 그가 장안으로 돌아오면 나에게 좋을 게 없다.

한유는 아주 오만방자하니 따끔하게 혼내 기를 꺾어야만 합니다.

그 말도 맞구나. 그는 아직도 불사리 반대를 옳다고 여기니 말이다.

301

허나 조주 땅이 험하고 악어가 가득하며 장독이 심하다 하니 차마 그를 그곳에 두지 못하겠다.

그럼 다른 지방으로 전근을 보내심이 어떨까요?

그래야겠다!

원주자사가 줄곧 공석이니 그리로 보내야겠어.

820년 정월, 헌종은 환관 진홍지, 왕수징 등에게 살해되었다. 한유가 「논불골표」를 올린 지 채 1년도 지나지 않은 때였다.

문종의 환관 제거 계획이 실패로 돌아가다

당 후기에는 환관의 세력이 아주 막강했다. 경종은 환관을 구타했다가 즉위한 지 얼마 안 돼 암살당했다. 환관의 우두머리인 왕수징과 한림학사 위처후는 논의를 거쳐 경종의 동생 이앙을 당 문종으로 옹립했다.

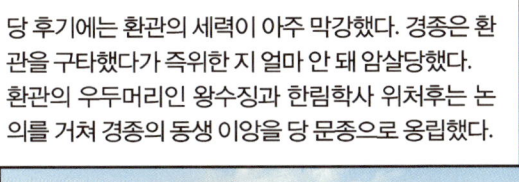

지금 환관이 군권을 장악하고 기고만장해 있소.

환관 세력은 반드시 제거돼야만 합니다!

송신석, 짐도 그대와 같은 생각이오.

그대가 환관 제거 임무를 맡아 주었으면 하오.

송신석은 환관을 제거하기 위해 뜻이 맞는 관료들을 하나씩 끌어들였다.

왕번, 폐하께서 환관을 제거하라는 밀지를 내리셨소!

폐하의 신임을 절대 저버리지 않겠습니다!

그대만 믿겠소!

하지만 왕번은 곧 자신의 결정을 후회하고 안절부절못했다.

환관을 제거하려다가 실패하면 어쩌지?

왕수징은 이 사실을 알고 곧장 송신석을 모반으로 엮어 선수를 쳤다.

송신석이 모반을 일으킨 사실을 아십니까?

알고 있소.

그럼 당장 그를 체포하십시오!

음.

일이 발각된 게 분명해. 왕수징이 이렇게 말하는 건 경거망동하지 말라는 경고다. 그냥 쥐 죽은 척하고 있자.

폐하!

왜 갑자기 혼절을 하십니까?

306

정주가 의술이 뛰어나니 진맥을 한번 짚어 보시지요.

내 신세가 왜 이런가. 부아가 치밀어 견딜 수가 없구나.

말씀을 못 하신다. 자세히 진찰해 보도록 하라!

음…

신이 써 준 처방대로 약을 드시면 며칠 안에 말씀을 하실 수 있습니다.

수고했다!

짐은 정주를 태복경에 임명한다!

엥?

완전 파격 승진 이고만.

정주는 원래 왕수징이 문종을 감시하기 위해 보낸 사람이었지만 문종은 그에게 높은 벼슬을 내려 자기 사람으로 삼고자 했다.

정주는 부덕하고 무능해 이런 중임을 맡을 수 없습니다.

곽승하 대인의 말이 맞습니다.

정주는 간사하고 교활하여 절대 그를 중용하시면 안 됩니다.

이규

308

여러 대신들이 반대하니 폐하께서는 명을 거두어 주십시오!

염려 마라. 짐이 꼭 그대를 태복경에 임명하고 말겠다!

적의 사람을 내 사람으로 만드는 것! 그것이 나의 전략이다!

835년, 정주는 태복경 겸 어사대부에 임명되었다. 그는 왕수징이 추천한 대신 이훈과 함께 문종의 가장 큰 신임을 얻었으며, 문종은 이들의 힘을 빌려 환관 세력을 제거하고자 했다.

지난번 계획이 실패한 이유는 송신석의 지위가 높아서 늘 왕수징에게 감시당했기 때문이다.

309

흥, 계획
실패는 내 밀고
때문이었지.

정주, 이훈, 너희들
은 왕수징의 심복이
라 밀모를 해도 환관
의 의심을 전혀
받지 않는다.

저희가 환관의
사정을 훤히 꿰고
있으니 송신석보다
완벽한 계책을 세울
수 있습니다.

이훈
대인의 말이
맞습니다.

이 계획이 성공
하면 난 벼슬이
또 오르겠지?
으ㅎㅎㅎ

왕수징과 앙숙인 구사량에게 그의 직위를 물려준다고 꼬드겨 왕수징을 독살하는 겁니다.

하지만 구사량도 환관이라 이렇게 되면 환관 세력을 일소할 수 없잖나?

이 계략이 성공한다면 우리의 계획에 빈틈이 없음을 뜻하니 다시 계략을 짜서 환관을 일망타진할 수 있습니다.

그리고 나선 내가 권력을 손에 쥐는 거지. 흐흐

얼마 후 왕수징은 문종이 보낸 사람에게 독살당했다. 그리고 곧이어 대규모 환관 소탕 작전이 실시되었다.

페하께서 금오청 뒤뜰 석류나무에 감로가 맺혔다던데, 사실입니까?

예, 구사량 대인. 감로를 마시면 8백 년까지 살 수 있다고 합니다.

쩔쩔

한약, 날이 이리 찬데 왜 그리 땀을 많이 흘리시오?

그럴 리가요?

휘익—

장막 뒤에 웬 병사들이지? 큰일이다. 누군가 우릴 죽이려고 해!

매복이 있다. 빨리 달아나자!

구사량은 곧 황궁으로 쳐들어가 문종을 협박해 자신들의 근거지인 내궁으로 향했다.

폐하, 반란이 일어났습니다!

뭐?

잠시 실례를 범하겠습니다!

이훈, 한약 등은 이 소식을 듣고 급히 환관들을 추격했다.

빨리 환관을 쫓아가 죽여라!

좀 천천히…

다다다

하지만 환관들은 이보다 앞서 선정문으로 들어가 궁문을 걸어 잠갔다.

환관이 달아났어. 이제 끝장이다!

난 죽었다!

빨리 도망가라. 늦으면 목숨을 부지하지 못한다!

환관은 재빨리 신책군神策軍을 모집해 이 일에 간여한 이들을 모두 도살했고, 문종은 연금을 당했다. 이로써 환관을 몰아내려던 계획은 수포로 돌아가고 말았다.

무종이 불교를 대대적으로 탄압하다

문종이 죽은 후 무종이 즉위했다. 도교를 신봉한 그는 도사 조귀진을 스승으로 삼고 불로장생술을 공부했다.

이덕유, 할 말이 뭐요? 짐은 빨리 단약을 제련하러 가야 하오!

폐하, 단약이라니요.

조귀진은 간신입니다. 그를 너무 가까이하지 마십시오!

아무 문제도 없는데 이덕유는 너무 잔소리가 많아.

참, 네가 말한 불로장생약은 언제 완성 되느냐?

그게……

나부산에 등원기 라는 도사가 있는데 불로장생술에 매우 정통합니다.

당장 그를 궁으로 불러라!

지금 황궁이 도사들로 득실대고 있소.

이신, 폐하께서 도교를 멀리하게 할 방법을 생각해 보시오.

폐하께서 이미 도교에 푹 빠지셔서 멀리하게 하기는 불가능합니다.

차라리 이 기회에 도교의 적수를 공격하는 것이……

도교의 적수? 불교 말이오?

맞습니다!

승려에게는 나라에 세금을 바치지 않는 특권이 있습니다.

백성들이 세금을 피하려고 잇달아 출가하는 통에 재정 수입이 크게 줄었습니다.

재정 수입보다 지출이 많은 지금이야말로 승려를 혼내줄 적기겠구려!

이덕유가 불교를 말살 하자는 데 찬성 하느냐?

저와 등원기는 무조건 찬성입니다!

맞습니다!

불교는 외래 종교라 반드시 금지해야 합니다.

불교를 폐지해야만 태상노군*에게 폐하의 도교에 대한 충심을 알려 불로장생할 수 있습니다.

늙는 거 싫어. 죽는 거는 더 싫어!

맞는 말이다. 당장 불교를 금지하도록 명하라!

* 태상노군太上老君
도교에서 노자를 높여 부르는 존칭, 또는 도교의 세 신神이나 신선 중 하나.

회창 5년(845)에 무종은 대대적으로 불교를 탄압하라는 명을 내렸다. 이 사건을 '회창의 폐불'이라고 부른다.

난 일본 승려 원인*이오. 이번에 불교 교리를 익히러 귀 절을 찾아왔소.

폐하께서 불교 금지령을 내려 우리도 제 몸 하나 보전하기 어려운 실정입니다.

보광왕사를 접수하라!

헉! 무슨 일이지?

길을 막지 말고 비켜라!

* 원인圓仁
일본, 평안平安시대 천태종의 승. 산문파山門波의 시조, 자각대사慈覺大師라고 한다. 838년 견당사로 당에 들어와 불교 교리를 전수받던 중 무종의 불교 탄압으로 일본에 돌아갔다.

승려들을 모두 원적지로 환속시켜라!

예!

어기 왜 이래? 너무 무섭다.

모든 철불과 동불을 녹이라는 폐하의 명이시다!

둥~

헉, 나도 동불상을 하나 가지고 있는데.

흑흑, 잠시 이곳에 모시겠습니다.

이보슈, 승복을 입고 거리를 활보하다 관부에 잡히면 어쩌려고 그러시오?

예?!

소승은 일본인인데 설마 잡아가겠습니까?

조마 조마

폐하께서 승복을 모두 불태워 없애라고 명하셨으니 조심하시오.

하북 번진*의 네 절도사가 불교를 신봉하니 그리로 가면 안전할 겁니다.

조언 감사합니다!

* 번진|藩鎭
중국 당나라 때에 변방에 설치하여 군대를 거느리고 그 지방을 다스리던 관아.

이 대인, 오대산의 승려 무리가 유주로 입대하러 간다고 합니다.

하북 유주에서 어찌 마음대로 군대를 확충한단 말인가?

유주는 절도사 장중무의 근거지라 폐하의 명이 먹히지 않습니다.

일단 도성에 주재한 하북의 관리를 만나 봐야겠다.

당장 부르겠습니다!

이덕유는 하북의 관리를 만난 자리에서 경고성 메시지를 전달했다.

오대산 승려들이 유주로 갔다던데 사실이냐?

그렇습니다.

그 승려들을 거두어 군대를 확충할 심산 아닌가?

아닙니다요!

승려들이 장수가 되고 병사가 된다고 유주의 군사력이 과연 나아질까?

그들을 받아들이는 건 손해 보는 장사다.

번거롭겠지만 내 뜻을 장 대인에게 전해라!

예, 대인!

유주 거용관

우리를 들어가게 해 주시오!

유주성 안으로 들어오는 승려는 모조리 죽이라는 대인의 명이시다!

아! 정녕 교리를 배울 길이 없단 말인가!

세상에 몸을 맡길 곳 하나 없구나!

그럼 산으로 들어가는 수밖에.

325

성덕, 위박은 불교를 금하지 않으니 그리로 가 보시오!

알려 주셔서 고맙소!

저벅

저벅

성덕과 위박에서도 승려를 내치면 어쩌지?

역시 일본으로 돌아가야겠어.

847년, 원인은 일본으로 돌아가 당에서 썼던 일기를 정리해 『입당구법순례행기』를 저술했다. 이 책은 당 무종의 불교 탄압 상황을 상세히 기록하여 귀중한 역사 가치를 지니고 있다.

무종의 불교 탄압 후 불교 각 종파가 거의 와해된 상황에서 무분별한 사찰과 불상 건축을 유일하게 반대했던 남선종만 살아남았다. 이후로 선종은 중국의 가장 중요한 불교 유파로 자리 잡았다.

선종이 당의 중흥을 이끌다

846년, 무종의 병세가 위독해졌지만 옹립할 태자가 없었다. 이에 정권을 장악하고 있던 환관 마원지, 구공무 등이 함께 모여 다음 황제 후보자에 대해 논의했다.

마 대인, 저는 광왕을 추천합니다.

그 바보 광왕 말이오?

구공무의 말이 옳소. 그럼 광왕을 옹립합시다!

바보라야 말을 잘 들어 조종하기 쉽습니다.

황제의 조서를 받들라. 광왕 이이를 황태숙에 봉한다!

백치 광왕을 황태숙에 세우다니!

환관의 꿍꿍이가 틀림없어.

다른 의견들 있습니까?

없소이다!

황태숙은 정무를 대리 하십시오!

저벅

저벅

멍~

강산이 이런 자 손에 들어갔으니 이 나라도 이제 끝이로구나!

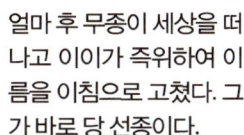

얼마 후 무종이 세상을 떠나고 이이가 즉위하여 이름을 이침으로 고쳤다. 그가 바로 당 선종이다.

이덕유, 그대가 정권을 독점한 폐해가 작지 않으니 형남절도사로 좌천한다!

네?

폐하, 신은 다만……

놀랬느냐?!

지금 짐의 명에 토를 다는 것이오?

아닙니다!

폐하의 말솜씨가 전과 전혀 딴판이야. 대체 어떻게 된 일이지?

329

선종의 바보 연기에 속은 환관들이 분통을 터뜨렸지만 때는 이미 늦었다.

폐하가 바보인 척 연기를 한 거였어.

그것도 모르고 그를 황제에 세우다니.

내가 눈이 삐었지!

그럼 몰래 죽여 버립시다!

경솔하게 행동하면 안 되오.

똑똑한 황제를 속이기 어려운 데다 만일 실패하면 우리 목이 달아난다고!

역시 주도면밀하십니다!

하루는 선종이 승상 영호도를 몰래 궁으로 불렀다.

영호도, 조정 모든 관원의 행적을 짐에게 낱낱이 보고하시오!

네?

오품 이상의 상급 관리 임면만 제가 폐하께 올려 재가를 받습니다.

육품 이하의 관리는 이부에서 직접 임면합니다.

그럼 육품 이하 관원의 상황은 승상이 모른다는 말이구려.

그렇습니다만……

즉시 조정 관원의 구체적인 행적을 정리해 짐에게 보여 주시오!

예, 폐하!

왜 저리 열심히야…

331

이후 관원의 임면은 반드시 짐에게 보고하라고 일러라.

자사급 관원은 입궁해 짐의 심사를 꼭 받아야 한다!

예, 폐하!

이자는 자격과 경력이 부족한데 어떻게 자사를 맡고 있지?

오늘 방주 자사의 상소를 보았소.

네?

새로 부임한 이 자사는 짐이 심사를 하지 않은 것 같던데.

승상이 한번 설명해 보시오.

탁

방주는 거리가 너무 멀어 장안에 오기가 쉽지 않은 터라……

털썩

짐이 자사를 심사하는 것은 그가 직위를 맡을 능력이 되는지 알아보기 위함이오.

짐의 명령도 바꾸는 걸 보니 승상의 권력이 짐보다 큰가 보오?

아닙니다, 폐하!

짐이 하루는 위주로 사냥을 나갔다 절에 향을 사르고 내려오는 백성을 만났소.

이군석, 짐이 왜 그대를 회주 자사에 임명했는지 아시오?

신이 우매하여 잘 모르겠습니다!

너희는 보살에게 무슨 소원을 빌었느냐?

저희는 예천현의 이군석 현령님을 유임시켜 달라고 기도했습니다!

청백리인 이 대인의 임기가 곧 끝나는데 그분을 떠나보내기가 너무 아쉽습니다.

이 절이 매우 영험하다 하여 특별히 찾아와 향을 올렸습니다.

보살님이 우리 소원을 들어주길 바라야죠.

음, 이군석 이라……

짐이 나중에 평복 차림으로 예천현을 방문하고서 그대가 청렴결백하고 백성을 자식처럼 아끼는 걸 보았소.

아, 그런 일이 있으셨 습니까?

예천현은 회주 관할이니 그대를 회주자사에 임명하면 백성의 소원을 간접 적으로 들어준 것 아니겠소.

'바둑 한 판으로 긴긴 날을 보낸다'는 그 이원 말이오?

신이 이원을 항주자사로 추천합니다.

맞습니다.

종일 바둑이나 두면서 시간을 허비하는 자를 어떻게 부모관* 으로 삼겠소?

시인들이 붓 가는 대로 쓴 구절을 어찌 사실로 믿으십니까?

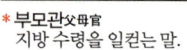

* 부모관父母官
   지방 수령을 일컫는 말.

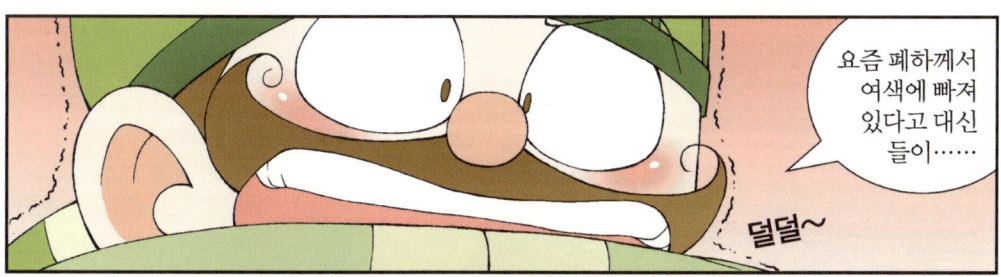

짐이 그 미녀를 죽여 음란한 마음을 끊어 버리겠소!

네?

목숨은 살려 주고 궁에서 내쫓기만 하면 어떨까요?

그녀가 살아 있으면 짐은 그녀 생각에 다시 그녀를 궁으로 부를 것 같소. 그래서 반드시 죽여야 하오.

불쌍한 것! 미안하구나.

선종은 만당 시기의 가장 훌륭한 황제로 '소小 태종'이라는 호칭을 얻었다. 그의 재위 기간 동안 썩을 대로 썩었던 나라에 중흥의 국면이 나타나, 이 시기를 그의 연호를 따 '대중大中의 치'라고 부른다.

338

당의 멸망을 재촉한 황소의 난

당 말기에 통치 계급이 부패하여 안으로는 환관이 전권을 쥐고 밖으로는 번진이 할거했다. 하지만 이런 것들이 결코 공명을 추구하는 지식인의 신념을 꺾지는 못했다.

휴, 이번에 또 떨어졌어.

왕선지, 넌 절대 모를 거야! 시험관들이 부정행위만 저지르지 않으면 난 장원급제라고!

네 실력이 모자라서 아닐까?

황소, 시험을 볼 때마다 떨어지니 이제 그만 보라고.

왕선지*

---

* 왕선지王仙芝
　당 말기에 황소의 난을 일으킨 주동자. 소금 밀매를 하다가 수탈과 기근이 심해지자 반란을 일으켰다.

가을 되어 9월 8일
기다리노니, 내 꽃이 핀
뒤에 온갖 꽃은 시들리.
하늘 찌를 한 무리 향
장안에 스며들어,
온 성 안 모두가 황금
갑옷 둘렀네.

자네 시는 살기
가 등등해. 내가
시험관이라도
자넬 안 뽑겠어.

자넨 본업인
소금상이나 열심히
하라고. 어쨌든 밥은
배불리 먹잖나?

그래야
겠어.

해마다 흉년이 들어 백성들은 배고픔을 참기 어려웠다. 874년, 왕선지는 스스로 천보평균대장군이라 칭하고 장원에서 봉기했다. 그는 복주와 조주를 공격하고 백성들에게 함께 반기를 들자고 호소했다.

당장 군사를 모아 그와 합류하겠다!

왕 장군이 이미 복주를 점령하고 대인에게 호응해 달라고 청했습니다!

그래?

당나라 황궁

힉-

신주, 광주, 여주, 수주, 서주, 기주를 모두 잃었다고?

341

반군의 기세가
엄청난데 그들을
궤멸할 방법이
없겠소?

그것보다는
투항을 권유하
는 게 나을 듯
합니다.

왕탁 대인의
말은 틀렸습니다.
그들을 무력으로
섬멸해야 합니다!

무력으로
맞서기엔 아군이
너무 약하오.

투항을
권유하는 게
맞소.

그럼 반군
수령 왕선지에게
무슨 관직을
내릴까요?

그를 좌신책
군압아 겸
감찰어사에
봉하시오.

이름뿐인
이런 직위를
왕선지가 마음에
들어 할까?

왕선지 군영

폐하의 조서를 받들라. 왕선지를 좌신책군압아 겸 감찰어사에 임명한다!

하하, 난 이제 고관이다!

으이구, 저 성질머리!

이제부터 우리는 모르는 사이다!

왜 내 몫은 없는 거냐? 일부러 날 쏙 빠뜨린 것 아냐?

이봐, 말로 하면 될 걸 왜 주먹을 쓰나?

황소가 가만 있지 않을 텐데.

큰일 났습니다! 황소의 부하와 우리 병사 간에 싸움이 붙었습니다!

뭐?

왕선지, 이제 자네랑 갈라서서 독립하겠다!

화내지 말라고. 내 투항 권유를 받아들이지 않겠네!

344

성지를 받아 들이고서 이제 와 번복하겠다고?

그거야 무르면 그만 아닌가.

이미 늦었네.

왕선지가 조정의 투항 권유를 거절했으나 그와 황소 사이의 갈등은 봉합되지 않았다. 결국 황소는 부하 2천여 명을 거느리고 왕선지를 떠나 독립했다.

상양, 너는 왕선지의 부하면서 왜 내게 몸을 의탁하는 것이냐?

비록 사이가 틀어졌지만 그의 전사 소식을 들으니 마음이 너무 아프구나!

왕 장군이 전사하여 남은 군사를 이끌고 찾아왔습니다.

왕선지가 죽었다고?

345

좋다! 이제부터 나를 대왕이라고 불러라!

하하하

왕선지의 부대가 합류한 후 아군은 더욱 막강해졌다!

맞습니다!

기왕 세력이 커졌으니 황 장군께서는 왕을 칭하십시오!

자립해서 왕이 돼야만 아군의 진정한 실력이 드러납니다!

짐이 보낸 투항 권유 사절이 황소에게 쫓겨서 돌아왔소.

346

황소의 군영

황제에게 내 무서움을 보여줄 테다!

흥, 날 사품 말직에 봉하겠다고!

탁!

황소가 광주를 점령하고 곧장 장안으로 북상 중인데 아군이 연전연패하고 있다고?

아무래도 황소를 이기기 어려운 상황입니다.

그럼 어쩌면 좋겠느냐?

황소가 장안으로 쳐들어오기 전에 빨리 도망가자!

880년, 희종이 성도로 달아나고 미처 도망치지 못한 관원들은 황소에게 투항했다.

장안을 점령했다! 이제 내가 황제가 될 차례다!

이제부터 난 대제大齊의 금통金統 황제다!

349

성도로 달아난 희종은 서둘러 장안을 되찾을 대책을 강구했다.

각 절도사에게 빨리 황소를 토벌하라고 명하십시오!

알겠다. 각 번진에 즉각 황소 토벌 조서를 내려라!

각 번진이 사방에서 쳐들어와 장안을 포위하자 황소군은 식량 공급이 완전히 차단되고 말았다. 황소는 더 이상 버티기 어려워지자 장안을 탈출해 태산 동남쪽 낭호곡으로 달아나 자결했다. 이로써 기의는 실패로 막을 내렸다.

다음 권에 계속됩니다…